# Reichsnotarordnung

## vom 13. Februar 1937

### Textausgabe

mit Einleitung, Anmerkungen und Sachregister
unter Beifügung aller wichtigen Nebenbestimmungen

Von

**Helmuth Schieck**

Notar in München, Stellvertreter des Präsidenten der Reichsnotarkammer, Mitglied der Akademie für Deutsches Recht und der Reichsführung des NSRB., Präsident der Bayer. Notariatskasse A. d. ö. R.

1937

J. Schweitzer Verlag (Arthur Sellier)
München, Berlin und Leipzig

Druck von Dr. F. P. Datterer & Cie., Freising-München.

# Vorwort

Die vorliegende Textausgabe soll einen kurzgefaßten Überblick über das seit dem 1. Juli 1937 geltende Notariatsrecht im Reiche geben. Deshalb ist ihr eine Einleitung vorausgeschickt, welche die Grundlagen des neuen Notariatsrechts in der geschichtlichen Entwicklung aufsucht und die wesentlichsten Grundzüge der Neugestaltung herausstellt. Die Anmerkungen beschränken sich auf das Notwendigste. Die Nebenbestimmungen sind insoweit beigefügt, daß die Ausgabe das gesamte tägliche Handwerkszeug des Notars in sich vereinigt; von der Wiedergabe größerer Gesetzesauszüge, wie solcher aus dem DBG., RDStO., RRAO., ZPO. (von einigen Ausnahmen abgesehen), RKostO., Reisekostengesetz, Beiträgegesetz und Reichshaushaltordnung, sowie aus den Besoldungsvorschriften für Assessoren mußte allerdings abgesehen werden, um den Umfang nicht über Gebühr zu vergrößern. Desgleichen unterbleibt die Wiedergabe der Formblätter zur Dienstordnung, die im Format dieses Buches schwer möglich ist; außerdem werden sie von allen einschlägigen Druckereien vorschriftsmäßig geliefert.

Es möge der Ausgabe vergönnt sein, dem Deutschen Recht und dem Deutschen Volk einen bescheidenen Dienst zu erweisen.

## Inhaltsverzeichnis

## Verzeichnis der gebrauchten Abkürzungen

Paragraphen ohne Beifügung des Gesetzesnamens oder einer Verordnung bezeichnen stets die Paragraphen der Reichsnotarordnung

| | | |
|---|---|---|
| a. A. | = | anderer Ansicht |
| a. a. O. | = | am angeführten Orte |
| Abs. | = | Absatz |
| AG. | = | Ausführungsgesetz |
| AktG. | = | Gesetz über Aktiengesellschaften und Kommanditgesellschaften auf Aktien |
| Anm. | = | Anmerkung |
| Art. | = | Artikel |
| AV. | = | Allgemeine Verfügung |
| BayerNotG. | = | Bayerisches Notariatsgesetz v. 9. 6. 1899 |
| Bd. | = | Band |
| Bek. | = | Bekanntmachung |
| betr. | = | betreffend |
| bzw. | = | beziehungsweise |
| BGB. | = | Bürgerliches Gesetzbuch |
| DBG. | = | Deutsches Beamtengesetz |
| desgl. | = | desgleichen |
| d. h. | = | das heißt |
| DJ. | = | Deutsche Justiz |
| DurchfBest. | = | Durchführungsbestimmungen |
| DNotZ. | = | Deutsche Notarzeitschrift |
| DNotZBayerBeil. | = | Bayerische Beilage zur Deutschen Notarzeitschrift |
| DOfN. | = | Dienstordnung für Notare |
| EHVfO. | = | Erbhofverfahrensordnung |
| ErbschStG. | = | Erbschaftssteuergesetz |
| ff. | = | und folgende |
| FGG. | = | Reichsgesetz über die Angelegenheiten der freiwilligen Gerichtsbarkeit |
| GBO. | = | Grundbuchordnung |
| GrErwStG. | = | Grunderwerbsteuergesetz |
| GVG. | = | Gerichtsverfassungsgesetz |

| | | |
|---|---|---|
| JMBl. n. F. | = | Justizministerialblatt neuer Fassung |
| JVBl. | = | Justizverwaltungsblatt |
| JW. | = | Juristische Wochenschrift |
| KG. | = | Kammergericht |
| KO. | = | Konkursordnung |
| LG. | = | Landgericht |
| NotBeamtO. | = | Bayerische Notariatsbeamtenordnung |
| NSDAP. | = | Nationalsozialistische Deutsche Arbeiter-Partei |
| OLG. | = | Oberlandesgericht |
| PFGG. | = | Preußisches Gesetz über die Angelegenheiten der freiwilligen Gerichtsbarkeit |
| Pfundtner-Neubert | = | Das neue Deutsche Reichsrecht von Pfundtner-Neubert |
| RAbgO. | = | Reichsabgabenordnung |
| RBesoldBl. | = | Reichsbesoldungsblatt |
| RdErl. | = | Runderlaß |
| RDStO. | = | Reichsdienststrafordnung |
| RGBl. I | = | Reichsgesetzblatt Teil I |
| RAGebO. | = | Gebührenordnung für Rechtsanwälte |
| RGSt. | = | Entscheidungen des Reichsgerichts in Strafsachen |
| RKostO. | = | Reichskostenordnung |
| RMdFin. | = | Reichsminister der Finanzen |
| RMdJ. | = | Reichsminister der Justiz |
| RMinBl. | = | Reichsministerialblatt |
| RNO. | = | Reichsnotarordnung |
| RRAO. | = | Reichsrechtsanwaltsordnung |
| RV. | = | Rundverfügung |
| S. | = | Seite |
| s. | = | siehe |
| StGB. | = | Strafgesetzbuch |
| StPO. | = | Strafprozeßordnung |
| UrkDB. | = | Durchführungsbestimmungen zum Urkundensteuergesetz |
| UrkStG. | = | Urkundensteuergesetz |
| usw. | = | und so weiter |
| VerglO. | = | Vergleichsordnung |
| VO. | = | Verordnung |
| z. B. | = | zum Beispiel |
| ZPO. | = | Zivilprozeßordnung. |

# Einleitung

Die Reichsnotarordnung vom 13. Februar 1937 ist der Schlußstein einer mehr als 1000jährigen Entwicklung. Unwillkürlich wendet sich bei ihrem Inkrafttreten am 1. Juli 1937 der Blick zurück auf die Geschichte des Notariats. Es besteht aber auch noch ein anderer Grund, diese Entwicklung kurz zu überfliegen. Jedes Gesetz, das nicht gerade einer Willkür entspringt — und das ist bei der RNO. ebensowenig, wie bei anderen Gesetzen des Dritten Reiches der Fall —, hat seine bewegende Ursache in der Vergangenheit. Die Kenntnis der Vergangenheit führt daher zur Erkenntnis der Ideen, die zu den Gesetzen geführt haben. Wenn man den Geist, den frühere Gesetze hatten, gehörig erfaßt, kann man den Geist, den die Gesetze Adolf Hitlers haben, besser bestimmen.

Das Notariat der Gegenwart hat verschiedene Wurzeln.

Die Bezeichnung „Notar" geht auf das lateinische Wort „notarius" zurück. Man verstand darunter in älterer römischer Zeit entsprechend der Herkunft des Wortes von „Nota" (die Abkürzung) jeden Schreiber, der sich auf Geschwindschrift verstand. Hauptsächlich wurde es aber für unfreie oder um Lohn dienende Privatschreiber gebraucht. Mochte es schon lange Sitte gewesen sein, daß die Kaiser Notare in diesem Sinne des Wortes in ihren Diensten hatten, so verstand man seit Gordian dem Jüngeren darunter vorzugsweise nur die kaiserlichen Geheimschreiber. Diese waren in einer besonderen Zunft (schola) zusammengeschlossen, die in mehrere Abteilungen zerfiel. Die vornehmste war die „tribuni et notarii", die im Rang der „viri illustres" standen. Diese hatten die Protokollführung im kaiserlichen geheimen Rat bei allen Verhandlungen über Staatsangelegenheiten. An der Spitze stand ein „primicerius notariorum". Welche Bedeutung dieses Amt hatte, erhellt am besten daraus, daß einer seiner Inhaber, Johannes, es sogar wagen konnte, nach dem Tode des Honorius im Jahre 423 die Hand nach dem kaiserlichen Purpur auszustrecken.

Neben den kaiserlichen gab es noch Notare des Präfekten und des Prätors, die im Range unter den ersteren standen.

Dem Wesen des heutigen Notariats ähnelte in der damaligen Zeit am meisten das aus dem griechisch-ägyptischen Rechtskreis stammende Tabellionat. Die Tabellionen, die als die Väter des heutigen Notariats angesehen werden können, tauchten bereits zu Ulpians Zeiten auf. Ihr Beruf war, für andere Urkunden zu schreiben. Auf den Märkten und öffentlichen Plätzen der Städte hatten sie Standplätze (stationes) für sich und ihre Gehilfen, in denen sie sich aufhielten. Sie waren keine staatlichen Beamten, besaßen auch keine öffentliche Glaubwürdigkeit, standen aber unter strenger staatlicher Kontrolle des „magister census". Dieser konnte ihnen bei Verfehlungen sogar die Berufsausübung untersagen. Die Betreibung des Tabellionates stand zu Justinians Zeiten jedem Freien, der die nötigen Rechtskenntnisse besaß und einer schon damals bestehenden Zunft (schola) angehörte, mit staatlicher Genehmigung offen. An der Spitze der „schola", in der die Tabellionen auch in Italien schon im 6. Jahrhundert zusammengeschlossen waren, stand, wie bei den römischen Kaisern, ein „primicerius".

Die Tätigkeit der Tabellionen bestand hauptsächlich darin, für andere Urkunden über Rechtsgeschäfte, schriftliche Eingaben und Testamente zu fertigen, ebenso Prozeßschriftsätze zu entwerfen. Bei der Aufnahme von Urkunden pflegten sie bekannte und gut beleumundete Zeugen zuzuziehen. Zunächst wurde über das Rechtsgeschäft ein Konzept (scheda) angefertigt und nach diesem die feierliche Ausfertigung für die Parteien (mundum) hergestellt; letzteres besorgten auch häufig die Gehilfen. Hierauf wurde die feierliche Ausfertigung vorgelesen, von den Parteien, Zeugen und dem Tabellio unterschrieben, wobei letzterer noch zu bemerken pflegte, daß er mit der Beurkundung beauftragt worden sei. Nach der Novelle 44 mußte der Tabellio bei der Anordnung und Aufnahme der Urkunde persönlich anwesend sein. Verstöße dagegen hatten zwar keinen Einfluß auf die Gültigkeit, führten aber zur Bestrafung des Tabellio. Selbst Krankheit und Überlastung gestatteten keine Ausnahme von der Anwesenheitspflicht; in ersterem Falle sollte der Tabellio die Parteien zu sich bescheiden, „cum pulchrius sit, pauca secure agere, quam in multis cum pericolo versari", sagt Justinian. Es war indes mit Zustimmung des magister census erlaubt, einen Gehilfen als Stellvertreter aufzustellen, für den in gleicher Weise die Anwesenheitspflicht galt. Um Fälschungen zu vermeiden, war auch ein besonderes Urkundenpapier vorgeschrieben, eine Vorschrift, die aber wegen der Papierknappheit nur für Konstantinopel galt. Denselben Zweck verfolgte die Beifügung eines Monogramms durch den Tabellio. Bei der Abfassung der feierlichen Ausfertigung benutzten die Tabellionen gerne Formulare. Sie begann mit der Zeitangabe, den Namen der Parteien und einer kurzen Feststellung, daß Zeugen zugegen seien; darauf folgte der sachliche Teil, am Schluß wurde Ort und Zeit nochmals kurz wiederholt. Die Urkunden hießen „instrumenta publica", genossen aber keinen öffentlichen Glauben.

War somit bei den Römern ein wohlgeordnetes Tabellionat vorhanden, so war den ältesten germanischen Völkerstämmen eine ähnliche Einrichtung unbekannt. Dies beweist einmal die Tatsache, daß sich bei den Stämmen, die mit den Römern nicht in Berührung gekommen waren, keine Spuren von öffentlichen Schreibern finden; zum anderen erklärt sich dies aus der Einfachheit des ältesten germanischen Gerichtsverfahrens und der Unzulässigkeit des Urkundenbeweises. Was sich bei den Stämmen findet, die sich im weströmischen Reich niederließen, mag wohl durch die mit ihnen zusammenlebenden Römer und die römische Kirche vermittelt worden sein.

Für die weitere Entwicklung des Notariats ist seine Fortbildung auf italienischem Boden vom 6. bis zur Mitte des 14. Jahrhunderts wesentlich.

Unter der Herrschaft der Ostgoten änderte sich an dem Tabellionat nichts; ebenso blieb es bestehen, als Italien unter griechische Herrschaft kam. Dagegen übte die Herrschaft der

Langobarden auf die Entwicklung einen wichtigen Einfluß aus. Ob die Langobarden die Sitte, über Rechtsgeschäfte Urkunden aufzunehmen, von den Römern übernommen haben, läßt sich schwer ermitteln. Aber die Gesetze Rothari's (643), die Bestimmungen über das Urkundenwesen enthalten, lassen schon zu dieser Zeit seine weite Verbreitung erkennen. Es gab bereits Personen, die für andere berufsmäßig Urkunden aufnahmen. Sie hießen „scribae publici" und sind wohl den Tabellionen gleichzusetzen; sie selbst nannten sich Notare. Die Bezeichnung als öffentliche Schreiber rührt daher, daß sie für jedermann Urkunden schrieben. Hier ist noch zu erwähnen, daß die langobardischen Könige in ihrer Hofkanzlei wie die römischen Kaiser Notare beschäftigten, ein Brauch, den sie vermutlich von den Franken übernommen haben. Diese Notare, die unter einem „Prothonotar" standen, dem „primicerius" der römischen Kaiser, hatten die Abfassung der schriftlichen Verfügungen der Könige zu besorgen, fanden aber auch als Sendboten Verwendung. Da bei dem Verfall der allgemeinen Bildung die königlichen Notare gewöhnlich aus den Tabellionen genommen werden mußten, änderten sich allmählich die Bezeichnungen, so daß sich auch die letzteren bald Notare nannten.

Auch die Kirche hatte auf die Entwicklung des Notariats großen Einfluß. Kirchliche Notare gab es schon vor Konstantin dem Großen. Sie bildeten einen geschlossenen Stand und wurden vom Papst ernannt. An den einzelnen Hauptkirchen waren sie zu Zünften (scholae) vereinigt, deren vornehmste die der sieben „notarii et regionarii", nach den sieben Bezirken Roms genannt, war, mit je einem Primicerius und Secundicerius an der Spitze. Ihre Aufgabe war, die Reden der Kirchenväter niederzuschreiben und bei den Synoden Protokoll zu führen. Auch die höheren Geistlichen beschäftigten Notare, die vorgenommene Ordinationen oder kirchliche Manumissionen zu schreiben hatten. Als kirchliche Notare wurden nur Geistliche bestellt. Der Aufnahme in eine Zunft ging eine Prüfung über ihre Rechtskenntnisse voraus. Frühzeitig war auch schon die Beeidigung eingeführt worden. Die kirchlichen Notare bekleideten, wie die königlichen, ein öffentliches Amt. Ihre Zahl stieg stark an durch ein Kapitulare Karls des Großen, wonach jeder Bischof und Abt wenigstens einen Notar haben sollte. Sie nahmen häufig auch schon Urkunden über Rechtsgeschäfte auf, an denen die Kirche nicht beteiligt war.

Kehren wir nach Italien zurück. Hier unterwarfen die Franken die Langobarden, und Karl der Große wurde Kaiser. Er wie seine Nachfolger hatten ebenfalls eine Hofkanzlei mit einem „apocrisiarius" an der Spitze, einem „cancellarius" oder „referendarius" und unter ihnen stehende Notaren. Zu letzteren wurden Deutsche, und zwar nur Geistliche, genommen, da diese fast allein über die nötigen Kenntnisse verfügten. Damit war eine Entwicklung eingeleitet, die es mit sich brachte, daß auf Jahrhunderte hinaus kein Laie mehr als Notar in der fränkischen und deutschen Reichskanzlei nachzuweisen ist. Diese Notare waren Beamte, sie nannten sich „notarii imperatoris".

Im Gegensatz zu ihnen standen die freiberuflichen Tabellionen. Für ihr Ansehen war sicherlich nicht ohne Einfluß, daß Karl der Große 774 den Geistlichen das gewerbsmäßige Urkundenschreiben verbot. Größere Bedeutung für ihre Weiterentwicklung gewann ein Kapitulare von 803, das den königlichen Sendboten befahl, für die Grafschaftsgerichte Notare und Schöffen auszuwählen. Diese aus den Tabellionen gewählten Notare hatten die Geschäfte der Gerichtsschreiber zu besorgen. Sie unterschrieben sich nunmehr „notarii Domini regis", „notarii imperatoris" oder „notarii sacri palatii", gleichgültig, ob sie bei Gericht oder außerhalb desselben eine Urkunde aufnahmen, ohne wie die Notare der Hofkanzlei zum König in einem Anstellungsverhältnis zu stehen. Nach einer Verordnung Lothars I. (843) sollten diese Gerichtsnotare, deren mehrere für jeden Gau aufgestellt waren, die Urkunden über Rechtsgeschäfte vor versammeltem Gericht aufnehmen. Nur in Krankheitsfällen sollten sie sich zur Partei begeben, die Urkunde durch Zeugen bestätigen lassen und gleich nach Anfertigung dem Grafen und den übrigen im Gericht anwesenden Freien vorzeigen, damit diese sich von ihrer Echtheit überzeugten. Ihren Gau durften die Gerichtsnotare nur mit Zustimmung des zuständigen Gaugrafen überschreiten. Aus den Gerichtsnotaren, die fast allein über Rechtskenntnisse verfügten, wurden regelmäßig auch die Richter gewählt. Sie nannten sich dann „judex et notarius" oder nur „notarius Domini imperatoris" oder „notarius sacri palatii". Diese Titel der Gerichtsnotare, die sich in ihren Bezeichnungen durch nichts mehr von den Notaren der Hofkanzlei unterschieden, sowie die damit verbundenen Vorteile mögen die Tabellionen veranlaßt haben, um ihre Wahl in das Grafengericht beim Kaiser oder Sendboten nachzusuchen. Auf diese Weise vermehrte sich die Zahl der Gerichtsnotare so sehr, daß aus der ursprünglichen Anwesenheits**pflicht** beim Gaugericht allmählich ein Anwesenheits**recht** wurde. Schließlich bildete sich die Gewohnheit heraus, daß jeder Notar ins Volksgericht gewählt wurde, und gegen Ende des 11. Jahrhunderts bestand bereits die allgemeine Überzeugung, daß zur Betreibung des Notariats eine Ernennung nötig sei. Da es nur zwei höchste Gewalten gab, den Kaiser und den Papst, nahm man an, daß nur diese oder deren Beamte in ihrem Namen die Autorisation erteilen könnten. Demgemäß gab es kaiserliche und kirchliche Notare.

Die Bezeichnung für berufsmäßige Urkundenschreiber war längst nicht mehr streng beibehalten worden. Wenn auch in Rom „scribiarius", in Ravenna „tabellio" und in Oberitalien „notarius" für denselben Beruf regelmäßig gebraucht wurde, so wechselten doch die Bezeichnungen. Die Zusätze „imparatoris" oder ähnliches fanden sich bei allen Titeln in gleicher Weise. Ferner wurde noch verschiedentlich bei der Bezeichnung der Ort der Niederlassung angegeben z. B. „notarius civitatis Revennatis".

Die eigentliche Ernennung zum Notar erfolgte bis zum 12. Jahrhundert, wie früher, durch Zünfte, die nunmehr „collegia notariorum" hießen, in die der Notar aufgenommen und von denen er zum Notar ernannt sein mußte. Die kaiserliche oder päpstliche Autorisation war nur notwendig zur Ausübung des Berufes; sie gewann jedoch allmählich an Bedeutung und wurde schließlich im 12. Jahrhundert als die eigentliche Ernennung angesehen. Das Recht, Notare zu ernennen, wurde seit der Mitte des 12. Jahrhunderts auch den Pfalzgrafen, die es schon seit der Karolingerzeit in Italien gab, vom Kaiser verliehen. Solche Pfalzgrafen wurden vom Kaiser und vom Papst weiter ernannt. Der Kaiser gab aber auch noch höheren Geistlichen das Recht, Notare zu ernennen.

Für die Fortbildung des Notariats, vor allem die Art und Weise der Amtsausübung, waren folgende Gesichtspunkte von Einfluß: Die Gesetzgebung war seit Justinian unbedeutend. Die Veränderungen der folgenden Jahrhunderte sind in erster Linie auf die sich aus der Praxis entwickelnden Gewohnheiten zurückzuführen, in denen sich vor allem der Einfluß der germanischen Völker Geltung verschaffte. Ursprünglich war es üblich, daß die, welche Tabellionen werden wollten, bei älteren Notaren in die Lehre gingen und von ihnen in der Hauptsache praktischen Unterricht erhielten. Ein gewisses Maß von Kenntnissen war erforderlich, da ursprünglich dem Eintritt in die Zunft der Notare, später der kaiserlichen Ernennung, eine Prüfung vorausging. Als mit dem Anfang des 12. Jahrhunderts das römische Recht wieder eifriger studiert wurde, erfuhr auch das Notariat durch die Glossatoren eine wissenschaftliche Bearbeitung. In Bologna wurde in Nachahmung der dortigen Rechtsschule auch eine Hochschule für das Notariat errichtet. Ebenso wurde eine Reihe von Büchern über das Notariat verfaßt. Das bedeutendste der vielen Werke ist die „summa artis notariae" von Rolandinus Passagerii, auch kurz Rolandina genannt. Während früher die Gewohnheiten, die germanischen Volksrechte, das römische und kanonische Recht die Quellen des Notariats waren, wurde mit dem Einfluß der Glossatoren das römische Recht als erste Rechtsquelle angesehen, neben dem sich die Gewohnheiten erhielten, die Eingang in die Stadtrechte und dort auch ihre Fortbildung fanden.

War, wie bereits besprochen, eine höhere Autorisation zur Ausübung des Notariats notwendig, so galt folgendes: Notar konnte nur ein gut beleumundeter Freier — Geistlicher oder Laie — werden, der im Besitze der nötigen Rechtskenntnisse war.

Die Prüfung, die ursprünglich, solange nur Aufnahme in die Zunft erforderlich war, diese vornahm, erfolgte später, seit eine höhere Autorisation notwendig wurde, durch den Ernennenden. Weiter blieb die Aufnahme in die Zunft erforderlich. Sodann wurde der Anwärter beeidigt. Endlich kam noch die lehensrechtliche Investitur mit Feder und Schreibzeug (per pennam et calmarium) dazu mit den Worten: „Accipe potestatem condendi chartas publicas secundum leges et bonos mores". Schließlich wurde der neue Notar noch in eine besondere Liste (matricula) eingetragen.

Die Zünfte der Notare haben ihren Ursprung in der Schola der kaiserlichen Notare in Ostrom. Von dort sind sie nach Westrom gekommen, wo sie als „schola tabellionum" auftraten. Für ihre Weiterentwicklung war von Bedeutung, daß gerade bei den Germanen der Brauch des genossenschaftlichen Zusammenschlusses Gleichberechtigter in besonderem Maße bestand. Seit dem 12. Jahrhundert befanden sich in allen größeren Orten Zünfte als „collegia", „scholae" oder „societates notariorum" Sie hatten eine eigene Verfassung. Mitglied konnte später nur werden, wer bereits zum Notar ernannt war, oft war auch noch ein gewisses Alter und die Nichtausübung bestimmter Geschäfte Voraussetzung. Wer diese Bedingungen erfüllte, mußte aufgenommen werden, wofür allerdings ein Einkaufsgeld zu entrichten war. Die Zunft hatte ihre eigenen Organe. Die notwendigen Mittel wurden durch das Einkaufsgeld, Strafen und Beiträge aufgebracht. Nur wer der Zunft angehörte, durfte das Notariat ausüben. Nahm ein Notar, ohne Mitglied der Zunft zu sein, eine Urkunde auf, so genoß sie keine Glaubwürdigkeit, sondern wurde nur als Privaturkunde gewertet; außerdem wurde der Notar von der Zunft in Strafe genommen. Die Besorgung der Schreibergeschäfte bei öffentlichen Behörden stand ebenfalls nur den Notaren der Zunft zu. Diese wurden von der Zunft dafür aufgestellt. Daraus ist zu erklären, daß Notare die verschiedensten Wirkungskreise hatten. Die Vorsteher hatten über die Mitglieder in allen Notariatsangelegenheiten Gerichtsbarkeit, sie konnten auch Notare, die bei der Aufnahme von Urkunden gewisse Formen nicht beachteten, in Strafe nehmen sowie neu eintretende Mitglieder einer Prüfung unterziehen. Ferner hatten sie Sorge für die Protokollbücher verstorbener Notare zu tragen und die lebenden Notare zu ordnungsmäßiger Führung der Protokollbücher anzuhalten. Sie konnten jederzeit die Mitglieder versammeln, bedurften aber dazu nach verschiedenen Stadtstatuten der Genehmigung des Podesta. Die Mitglieder waren verpflichtet, anständig zu leben, nicht zu spielen, keine Wirtshäuser zu besuchen und einfache Kleidung zu tragen. Hilfsbedürftige Notare wurden aus Mitteln der Zunft unterstützt.

Die Grundsätze, welche bei der Abfassung der Urkunden in Italien in diesem Zeitabschnitt Anwendung fanden, knüpften an frühere Bräuche an. Zunächst mußte der Notar beauftragt sein, eine Urkunde aufzunehmen (rogatio), was ausdrücklich bemerkt wurde. Ferner war die Zuziehung von Zeugen erforderlich, die, solange in älteren Zeiten das Prinzip der persönlichen Rechte galt, der Nation der Parteien angehören mußten. Denn nur sie konnten bezeugen, daß die nötige Rechtsform, die sich nach der Nationalität der Parteien zu richten hatte, angewandt wurde. Ihre Zahl wechselte je nach dem zu beurkundenden Rechtsgeschäft, war aber uneinheitlich, was auf die Vermischung des langobardischen, römischen und fränkischen Rechts zurückzuführen ist. Die Zeugen mußten einen guten Leumund haben. Erforderlich war ihre Anwesenheit, nicht dagegen ihre Unterschrift. Die Anfertigung eines Entwurfes (scheda) war weiter in Übung. Die Vorteile, die ein solcher Entwurf beim Tode des Notars oder Verlust der feierlichen Ausfertigung bot im Zusammenhang mit der Vorschrift des kanonischen Rechtes, über Gerichtsverhandlungen Akten zu führen, die wiederum den als Gerichtsschreibern tätigen Notaren oblag, begünstigte die Einführung von Protokollbüchern. In diese mußte nach den Statuten der verschiedenen Städte bald ein Auszug, bald der Wortlaut der Urkunde eingetragen werden. So war es möglich, jederzeit eine weitere feierliche Ausfertigung herzustellen. Nach einer Verordnung Gregors IX. von 1230, die an bestehende Gewohnheiten anknüpfte, konnte auf Antrag der Beteiligten ein Notar aus Entwürfen eines verstorbenen Notars eine feierliche Ausfertigung herstellen und vom Richter beglaubigen lassen, wodurch diese Beweiskraft erhielt. Ähnliche Bestimmungen finden sich im Anschluß hieran in den Statuten der meisten Städte. In verschiedenen Städten wurden sogar eigene Registraturen eingerichtet, in denen Abschriften der Urkunden aufbewahrt wurden. Die Urkunde fing wie bei den römischen Tabellionen regelmäßig mit der Angabe von Ort und Zeit an, die häufig am Schluß kurz wiederholt wurden. Die für die Parteien bestimmte feierliche Ausfertigung, die aus dem meist kürzeren Entwurf hergestellt wurde, bezeichnete Parteien und Zeugen mit Vor- und Zunamen; sie mußte ihnen stets vorgelesen werden. Früher war ihre Unterzeichnung durch die Parteien notwendig; seit dem 12. Jahrhundert wurde es die Regel, diese nicht unterschreiben zu lassen. Dagegen war die Unterschrift des Notars erforderlich, da erst durch sie die Urkunde eine notarielle Urkunde wurde. Wie es nun schon frühzeitig bei den Päpsten, Bischöfen und fränkischen Königen Brauch war, zur Beglaubigung statt der Unterschrift ein Monogramm und ein Siegel beizufügen, so bürgerte es sich auch bei den Notaren ein, neben dem Namen noch mit einem Monogramm zu unterzeichnen, aus dem sich das Notariatssiegel entwickelt hat.

Besonderheiten galten bei der Aufnahme von Urkunden durch kirchliche Notare, bei der Beurkundung vor versammeltem Gericht und bei Beglaubigungen.

Wie stand es nun mit der Beweiskraft notarieller Urkunden? Wie in der römischen Zeit die Urkunden der Tabellionen keinen öffentlichen Glauben genossen, so blieb dies auch in den folgenden Jahrhunderten der Fall. Dazu trug vor allem bei, daß den Rechten der germanischen Eroberer der Urkundenbeweis fremd war. Das Rechtsbuch der Langobarden gewährte dem Besitzer einer Urkunde im Prozeß gewisse Vorteile. Ein weiteres Beweisvorrecht räumte ein Gesetz des Langobardenkönigs Ratchis von 746 gewissen, von einem öffentlichen Notar (scriba publicus) aufgenommenen Urkunden ein. Durch die karolingische

Gesetzgebung wurde die Beweiskraft notarieller Urkunden noch weiter ausgedehnt, in der Folge aber, vor allem durch Otto I., wieder eingeschränkt. Die Ausbildung des Unterschiedes zwischen der öffentlichen und privaten Urkunde gehört erst einer späteren Zeit an. Sie ist auf die Beeinflussung des Prozeßverfahrens durch die wissenschaftliche Beschäftigung der Glossatoren mit dem römischen Recht, auf die Lehre der Kanonisten und die Praxis der geistlichen Gerichte zurückzuführen. Seit dem Anfang des 12. Jahrhunderts taucht immer häufiger der Ausdruck „instrumentum" für die Notariatsurkunde auf. Bereits 1169 wird in einem geistlichen Gericht die Urkunde eines Notars als „instrumentum publicum" (öffentliche Urkunde) bezeichnet, wenngleich hier der Notar und die Urkundszeugen trotzdem noch eidlich vernommen wurden. Erst Alexander III. bestimmte in einer Decretale, daß eine notarielle Urkunde auch nach dem Tode der Zeugen ausreichende Beweiskraft habe. Seit dieser Zeit stand im kanonischen Recht fest, daß eine Notariatsurkunde eine für sich beweisende öffentliche Urkunde („instrumentum publicum") sei. Diese Auffassung fand in der Folge allgemeine Anerkennung.

Es bestand Gefahr, daß mit dem starken Wiederaufblühen des römischen Rechts viel gutes, das auf den Einfluß der germanischen Volksrechte zurückzuführen war, wieder verschwinde. Sie wurde gebannt durch die emporstrebenden italienischen Städte, die Gewohnheiten durch ihre Stadtverfassungen festhielten, und die in gleicher Richtung wirkenden Notare, die mit den Städten eng verbunden waren. Die Notare waren aber auch für die Fortentwicklung des Rechts von maßgebender Bedeutung. Kein wichtigeres Rechtsgeschäft kam ohne ihre Mitwirkung zustande. Sie trugen zur Verbreitung der durch die Wissenschaft gewonnenen Erkenntnisse wesentlich bei. Mit dem Aufblühen des Handels im 12. Jahrhundert, in dessen Mittelpunkt Italien stand, gewann ihre Tätigkeit Einfluß weit über die Grenzen des Landes hinaus. In den Händen der Notare lag bekanntlich auch die gerichtliche Beurkundung. Hiemit hängt die vom italienischen Notariat entwickelte Bildung exekutorischer

Urkunden zusammen. Sie tauchten zuerst in der Mitte des 13. Jahrhunderts als „instrumenta guarentigiata" in toskanischen Stadtrechten auf. Man leitete das Institut aus dem römischen Recht her: „Confessus in jure pro judicato habetur". Das dabei fingierte Geständnis mußte ursprünglich vor dem Richter, konnte später aber auch vor dem Notar abgelegt werden. Auf diese Weise entwickelte sich die Unterwerfung unter die sofortige Zwangsvollstreckung. Erleichtert wurde diese Entwicklung dadurch, daß man den Notar auf Grund Vereinbarung der Parteien als eine Art Richter ansah. Damit trug das Notariat auch zur Einführung des Urkunden- und Wechselprozesses bei.

Während das Notariat in Italien eine so glänzende Entwicklung aufweist, spielt es um dieselbe Zeit in Deutschland eine ganz untergeordnete Rolle. Dies hat seinen Grund in der damals bestehenden Gewohnheit, wichtige Geschäfte vor versammeltem Gericht abzuschließen, wo genügend Zeugen für den Abschluß vorhanden waren. Eine etwa aufgenommene Urkunde diente nur zur Unterstützung des Gedächtnisses der Zeugen. Diese Sitte erhielt sich auch noch nach der Änderung der Gerichtsverfassung. Besonderen Abbruch tat jedoch der Ausdehnung des Notariats die Verbreitung des Siegelrechts.

Karl der Große hatte eine Hofkanzlei nach dem Muster der päpstlichen mit eigenen Notaren, die Beamte waren und vermutlich aus den gewöhnlichen Notaren genommen wurden. Die Schreiber der Urkunden, deren Gebrauch bereits bekannt war, waren durchwegs Geistliche, die sich „notarius", „presbyter", „clericus" und „amanuensis" nannten. Sie unterlagen in der Betreibung dieses Geschäftes keinen Beschränkungen. Schon vor dem Erlaß Karls d. Gr. über die Wahl von Notaren zu Gerichtsschreibern war es in den deutschen, zur fränkischen Monarchie gehörenden Ländern üblich, über die bei Gericht geschlossenen Rechtsgeschäfte Urkunden aufzunehmen. Die Schreiber dieser Urkunden unterschieden sich aber in nichts von den anderen; ein Unterschied bildete sich auch nach dem erwähnten Erlaß, im Gegensatz zu Italien, nicht heraus; sie nannten sich auch nicht „notarii imperatoris". Damals war es auch bei den größeren Kirchen bereits Sitte, eigene Schreiber zu halten, die die Urkunden für die Kirche aufnahmen und als Gerichtsschreiber auf den geistlichen Gerichten tätig waren. Was die äußere Form der Urkunden betrifft, so waren diese in der Regel nach Formularen abgefaßt. Die Anfertigung eines Entwurfes (scheda) war unbekannt. Die Urkunden enthielten Angaben über Ort und Zeit und wurden von den Zeugen, Parteien und dem Notar unterschrieben; wer nicht schreiben konnte, setzte ein Kreuz darunter. Ein Unterschied zwischen öffentlichen und privaten Urkunden bestand nicht, die Urkunden hatten auch keine rechtliche Beweiskraft.

Von der Mitte des 9. Jahrhunderts bis zum Anfang des 14. Jahrhunderts erlitt das Notariat in Deutschland noch weitere Rückschläge. Der Verfall der karolingischen Gerichtsverfassung wirkte sich auch auf das Urkundswesen ungünstig aus. Die Schwierigkeit, die Echtheit einer Urkunde zu beweisen, wurde immer fühlbarer. Diese Umstände begünstigten die Einführung eines neuen Institutes, nämlich des Siegelrechts, das seit dem 11. Jahrhundert große Bedeutung erlangte. Es stand zunächst den Adeligen zu, später auch den Bürgerlichen, und berechtigte zur Besiegelung von Urkunden in eigenen Angelegenheiten. Die Dienstherren konnten auch für ihre Dienstleute siegeln, der Vater für die Familienangehörigen; sonst waren nur die berechtigt, für andere zu siegeln, die infolge der ihnen zustehenden öffentlichen Gewalt ein Siegel führten. Eine mit dem Siegel des Gegners und der gehörigen Zahl von Zeugen versehene Urkunde lieferte vollen Beweis. Der Schreiber der Urkunde kam für die Beweiskraft nicht in Frage, weshalb er in ihr regelmäßig gar nicht erwähnt ist. Dadurch verloren die Notare fast gänzlich ihre Bedeutung. Auch bei den Gerichten in Deutschland verloren sie ihre Bedeutung mit dem Verfall der Grafschaftsverfassung. Bei den neuen Provinzial-, Hof- und Landgerichten war ihre Anwesenheit nicht erforderlich. Wurden dabei Urkunden aufgenommen, so konnte dies jeder Schreiber tun, zumal der Urkunde höhere Glaubwürdigkeit nicht zukam.

Die Urkundenschreiber der damaligen Zeit waren entweder Beamte weltlicher oder geistlicher Großer oder Privatschreiber im Dienst des niedrigen Adels, die jedoch in keiner Weise öffentlichen Glauben genossen. Diese Verhältnisse in Deutschland änderten sich mit dem Beginn des 14. Jahrhunderts. In diese Zeit fällt die Übernahme des römischen Rechts und des italienischen Notariats, wie es in Italien im 12. und 13. Jahrhundert durch die Praxis und die Statuten und besonders infolge des germanischen Einflusses ausgebildet worden war. Die Einführung ist darauf zurückzuführen, daß Deutsche in Bologna die Rechte studierten, dabei auch das Notariat kennen lernten und es dann mit nach Deutschland brachten. Die ersten derartigen Notare wurden noch in Italien ernannt. Sie erwähnten ihre Ernennung, die damals in Deutschland noch nicht erforderlich war, ausdrücklich in den Urkunden. Der Verfall der Gerichtsverfassung erleichterte ferner die Einführung des kanonischen Prozeßverfahrens. Dieses stellte im 13. Jahrhundert den Grundsatz auf, daß über alle Verhandlungen vor Gericht eine Urkunde von einer öffentlichen Person aufgenommen werden sollte. Als öffentliche Personen kamen aber nur Notare in Frage, die, wie früher in Italien, nunmehr auch in Deutschland zu öffentlichen Notaren ernannt wurden. Endlich trug zur Verbreitung des Notariats bei, daß der Kaiser und die Fürsten und auch die Städte in ihren Kanzleien diese neuen Notare beschäftigten. Die Ernennung der neuen Notare lag zunächst nur beim Kaiser und beim Papst, wobei sich die Notare gerne von beiden bestätigen ließen und sich dann „apostolica et imperiali auctoritatibus notarius" nannten. Das Recht, Notare zu ernennen, wurde dann noch einigen Großen verliehen. Im 14. Jahrhundert fand aber auch in Deutschland die Sitte Eingang, Hofpfalzgrafen zu ernennen. Karl IV. ernannte die ersten, denen das Recht verliehen war, Notare zu bestellen. Er schuf sogar Pfalzgrafen mit dem Recht, ihrerseits selbst wieder Pfalzgrafen zu ernennen. Auf diese Weise wurde deren Zahl stark vermehrt, noch mehr aber die Zahl der Notare, die seit Friedrich III. regelmäßig von jenen ernannt wurden; denn dieses Recht war meistens mit der Pfalzgrafenwürde verbunden. Dies führte zu argen Mißständen, da die Pfalzgrafen häufig gar nicht in der Lage waren, die Eignung des Notars festzustellen.

Für die Ernennung galten die gleichen Grundsätze wie in Italien. Es fand eine Prüfung durch den Pfalzgrafen statt; ihr folgten die Beeidigung und die Investitur des Notars. Dagegen gab es in Deutschland keine Matrikel und auch keine Zünfte der Notare. Gewöhnlich wurden Geistliche, die die nötige Bildung besaßen und bei den geistlichen Gerichten als Gerichtsschreiber bevorzugt wurden, später auch andere Personen ernannt.

Die Notariatsurkunde verdrängte das Siegelrecht in Deutschland nur ganz allmählich. Die Abfassung der Urkunde wies gegenüber dem Brauch in Italien keine wesentlichen Unterschiede auf. Soweit sich Verschiedenheiten ergaben, sind sie darauf zurückzuführen, daß viele Bestimmungen in Italien galten, deren allgemein verbindliche Kraft in den Statuten der Städte oder den Satzungen der Zünfte wurzelte. Das Notariat fand aber in der Gestalt Eingang, die es durch die Bearbeitung der Glossatoren gewonnen hatte, so daß die Bestimmungen der Statuten und der Zünfte nicht für verbindlich gehalten wurden. Die Notariatskollegien (Zünfte) blieben in Deutschland fremd. Nunmehr wurde auch ein Entwurf, Protokoll genannt, angefertigt. Dabei war die Anwesenheit der Zeugen notwendig, nicht dagegen ihre und der Parteien Unterschrift, während der Notar unterschreiben mußte. Die Einrichtung der Protokollbücher, ihre Aufbewahrung und Registrierung, wie sie nach italienischen Statuten vielfach vorgeschrieben war, fand in Deutschland nicht Eingang. Wichtig war auf dem Entwurf die genaue Zeit- und Ortsangabe. Die für die Parteien bestimmte feierliche Ausfertigung sollte möglichst keine Rasuren und Durchstreichungen aufweisen. Bei der Unterschrift auf letzterer gab der Notar seinen Namen und Stand an, kraft wessen Gewalt er ernannt sei, bescheinigte seine Gegenwart beim Abschluß sowie die Anfertigung der feierlichen Ausfertigung und fügte noch ein Monogramm, jedoch kein Siegel bei.

Bei der Beglaubigung von Abschriften verfuhr man in derselben Weise wie in Italien.

Feste Gebührensätze waren in Deutschland in dieser Zeit unbekannt. Das Entgelt unterlag der Vereinbarung der Parteien.

Die Hauptbeschäftigung der Notare bestand in der Aufnahme von Urkunden; man benützte sie aber auch zu Geschäften, die sie in Italien nicht zu besorgen pflegten, z. B. zu Insinuationen, Ladungen und Einlegung von Rechtsmitteln.

Nach der Einführung des italienischen Notariats in Deutschland kümmerte sich die Gesetzgebung bis zum Ende des 15. Jahrhunderts sehr wenig um die neue Einrichtung. Erst der große Plan Maximilians I., die allgemeine Rechtssicherheit durch Anordnung des ewigen Landfriedens und Errichtung des Reichskammergerichts wieder herzustellen, schuf hierin Wandlung, da die Notare mit dem Gerichtswesen in enger Verbindung standen. Die Mißbräuche im Notariat zwangen aber auch selbst zu Gegenmaßnahmen. Dem neu entstandenen Notariat in Deutschland fehlte eine einheitliche Rechtsprechung, die feste Grundsätze hätte entwickeln können. Dazu kam, daß das rezipierte römische Recht nur wenige Bestimmungen über das Notariatswesen enthielt, dieses vielmehr wesentlich durch Gewohnheit, Statuten der Städte und Satzungen der Zünfte Regelung und Weiterbildung gefunden hatte. Endlich fehlte es an einer einheitlichen wissenschaftlichen Fortbildung. Das schlimmste war aber die wahllose, mehr von eigennützigen Erwägungen als von Rücksichten auf das allgemeine Wohl geleitete Ernennung von zahlreichen, vollkommen ungeeigneten Personen, selbst Schustern und Metzgern, zu Notaren durch die Pfalzgrafen. Wenn auch noch eine Prüfung vorgeschrieben war, so nahm man sie doch nicht genau; in sehr vielen Fällen stand die Höhe der dem Pfalzgrafen zu zahlenden Sporteln im umgekehrten Verhältnis zu den verlangten Kenntnissen. So ist der bekannte Ausspruch von Baldus „imperitia notariorum destruit mundum" neben der Bezeichnung der Notare als „indoctum pecus" durch Casias nur zu verständlich, beweist aber mehr die Schuld der Pfalzgrafen als die der Notare.

Zuerst brachte die 1495 errichtete Reichskammergerichtsordnung einige Bestimmungen über die Insinuation und Ladung durch Notare. Im § 25 des Reichsabschiedes von Lindau aus dem Jahre 1497 hieß es, daß es so viele ungeschickte und ungelehrte Notare gebe, die nächste Versammlung solle hierin Wandel schaffen. Eine schon wirksamere Reform versuchte der darauffolgende Reichstag von Freiburg. Nach ihm sollten in Kammergerichtssachen nur Notare zugelassen werden, und nur Urkunden der Notare Beweiskraft haben, die ein Zeugnis ihres Fürsten oder der sonstigen Obrigkeit beibrächten, oder sich vor dem Kammergericht einer Prüfung unterzogen hätten. Die Ernennung durch den Pfalzgrafen sollte nicht mehr genügen. Diese Notare sollten dann in eine Matrikel eingetragen werden und außerdem ihre Unterschrift und ihr Monogramm beim Kammergericht einreichen. Weiter sollte noch ein Edikt erlassen werden mit dem Gebot an die einzelnen Landesherren, die Notare richtig prüfen zu lassen. Diese Anordnung des Reichsabschiedes gelangte jedoch nicht zur Ausführung.

Erst die Reichsnotariatsordnung von 1512, das bedeutendste Notariatsgesetz des ersten deutschen Reiches, schuf die gesetzliche Grundlage zur Abstellung der vordringlichsten Mängel. Das Gesetz wurde von einer vom Kaiser beauftragten Kommission von drei Männern entworfen und in einen Nebenabschied des Reichstags von Cöln aufgenommen. Der Titel lautet: „Kaiser Maximilians des Ersten Ordnung zu Unterrichtung der offenen Notarien wie die ihre Ämter üben sollen, zu Cölln aufgerichtet 1512."

In der Vorrede sagt der Kaiser: Da er nun mit Sicherheit erfahren habe, daß im Reich Viele Notare wären oder werden wollten, welche völlig untauglich, leibeigen oder durch begangene Verbrechen öffentlich berüchtigt seien, hiedurch aber viele Untertanen in Unglück gestürzt würden, habe es für notwendig erachtet werden müssen, diesen Übeln durch Erlassung eines neuen Gesetzes Einhalt zu tun.

Das Gesetz besteht aus vorangehenden 24 Paragraphen, die allgemeine bei Notariatsurkunden zu befolgende Grundsätze aufstellen, darauf folgen 4 Titel, die von Testamenten, der Verkündung der kaiserlichen Briefe, „Anwäldensetzung" und von Appellationsinstrumenten handeln. In § 1 wird den Notaren befohlen, bei Ausübung ihres Amtes nach dieser Verordnung, nach dem, was sie in ihren Eiden gelobt, und nach dem Inhalt gemeiner Rechte oder löblicher Gewohnheiten und Gebrauch eines jeden Ortes sich zu richten. Damit war der Rechtszersplitterung nun wieder um so mehr Tür und Tor geöffnet, als auch die einzelnen Landesherren das Recht hatten, Partikulargesetze über das Notariat zu erlassen. Es war aber auch nicht die Absicht des Kaisers, ein Gesetz zu erlassen, das den Gegenstand erschöpfte; vielmehr sollte die Verordnung nur das bei der Ausübung des Notariats Wesentliche enthalten, um den Notaren eine sichere Anleitung zur Vermeidung der gröbsten Fehler zu geben. Nicht eingeführt wurden durch die Reichsnotariatsordnung die Zünfte, die in besonderem Maße in Italien zur Hebung des Notariats beigetragen hatten.

Trotz dieser schwerwiegenden Mängel hätte die Notariatsordnung für die fernere Entwicklung des Notariats große Bedeutung erlangen können. Sie fand indes keine Beachtung. Die mangelhafte Reichsverfassung entbehrte der Kraft, die Befolgung des Gesetzes zu erzwingen. Deshalb vermochten auch die nachfolgenden Gesetze den Verfall des Reichsnotariats nicht aufzuhalten. Seit dem unwesentlichen Jüngsten Reichsabschied von 1654 wurden keine Reichsgesetze über das Notariat mehr erlassen.

Eine neue Anregung für seine Erhaltung und Fortbildung erhielt das Notariat in den einzelnen Ländern durch die Partikulargesetzgebung. Die Geschichte des Notariats dieser Zeit bietet einen interessanten Beleg für den Verfall des Reiches, aber auch dafür, wie allmählich und sicher die Landeshoheit an Bedeutung gewann und die Verhältnisse notwendig zu dieser Entwicklung führten. Da die Pfalzgrafen vollkommen ungebildete Leute zu Notaren ernannten, verlangten allmählich immer mehr Landesfürsten noch eine besondere Prüfung vor der Zulassung zur Ausübung des Amtes, so Herzog Johann zu Jülich, Cleve und Berg im Jahre 1528. Eine ähnliche Bestimmung enthält die Bairische Landesordnung von 1553 und der Mecklenburg'sche gemeine Bescheid von 1575. Die erneuerte Brandenburgsche Kammergerichtsordnung von 1700 verlangt ausdrücklich, daß nur solche Notare zur Praxis zugelassen werden, die die Rechte an der Universität studiert haben. Schließlich nahmen die Landesherrn ganz allgemein das Recht der Ernennung von Notaren für sich in Anspruch und gestatteten nur den von ihnen Ernannten die Ausübung des Amtes. Wenn hierin auch eine Mißachtung der Reservatrechte des Kaisers lag, so war dieser gegenüber den Reichsständen doch ohnmächtig und nicht in der Lage, sein Recht zu behaupten. Mit der Auflösung des Heiligen Römischen Reiches Deutscher Nation im Jahre 1806 war dann das Ende der kaiserlichen und päpstlichen Notare gekommen.

Der Zustand des Notariats, der sich im Anschluß hieran in Deutschland entwickelt hat, war an Buntheit kaum zu übertreffen. Es bildeten sich hauptsächlich folgende Formen des Notariats heraus:

In Preußen war durch die Carmersche Gesetzgebung von 1781 das Notariat von der Anwaltschaft getrennt, aber schon einige Jahre später wieder mit ihr vereinigt worden. Diese Verfassung blieb bis zum Inkrafttreten der RNO. erhalten.

Im Rheinland war unter Napoleon das französische Notariat zur Einführung gelangt, das sich aus dem italienischen stetig entwickelt hatte. Seine Hauptgrundsätze waren die ausschließliche Zuständigkeit des Notars im Beurkundungswesen und Trennung der Anwaltschaft vom Notariat. Trotz der seit 1888 und 1890 rechtlich zugelassenen Verbindung beider Berufe verblieb es regelmäßig tatsächlich beim früheren Zustand.

Auch in Bayern bestand seit 1861 das Nurnotariat.

Baden erhielt 1889 das Behördennotariat mit der Zuständigkeit des Notars auch in Nachlaßsachen; eine Verbindung mit der Rechtsanwaltschaft war unzulässig.

Eine Besonderheit zeigte Württemberg mit seinen Gerichts- und Amtsnotaren mit behördlichem Charakter, bei denen eine

Verbindung mit dem Anwaltsberuf ebenfalls unzulässig war. In einzelnen kleineren Ländern gab es überhaupt kein Notariat.

Die großen Hoffnungen, die Kaiser Maximilian I. an seine Reichsnotariatsordnung geknüpft haben mochte, hatten sich nicht erfüllt. Der Zerfall des Reiches hatte notwendig auch den Zerfall seiner Einrichtungen zur Folge gehabt. Mochte sich auch in einzelnen Ländern im 19. Jahrhundert ein ausgezeichnetes Notariatswesen entwickelt haben, so fehlte doch das Reichsnotariat. Auch dem zweiten Reich konnte es nicht gelingen, im Rahmen seiner großen Justizgesetzgebung das Reichsnotariat zu schaffen; es scheiterte an engstirnigem Partikularismus und parlamentarischer Verantwortungslosigkeit. Die Bestrebungen des Deutschen Notarvereins, der seit seiner Gründung im Jahre 1871 das Reichsnotariat gefordert hat, konnten erst dann ihre Erfüllung finden, als Adolf Hitler und seine Bewegung im geeinten Dritten Reich die politischen Voraussetzungen dafür geschaffen hatten.

Die neue RNO. vom 13. Februar 1937 ist aber nicht nur der Schlußstein einer langen, wechselvollen Entwicklung, sondern auch der Grundstein zu einem neuen Gebäude, dessen Gestaltung Aufgabe der Zukunft ist.

Die Grundgedanken der RNO. vom 13. Februar 1937 sind folgende:

Das Notariat ist seinem ganzen Charakter nach eine freiberufliche Einrichtung. Der Notar entfaltet seine Tätigkeit im wesentlichen im Dienste Privater, woran seine Aufgabe nichts ändert, den Willen der Privaten in Bahnen zu lenken, die dem Wohl der Gesamtheit entsprechen oder doch wenigstens nicht abträglich sind. Dabei erfüllt er allerdings in den meisten Fällen staatliche Hoheitsaufgaben; denn durch die auf Antrag erfolgte Beurkundung eines Rechtsgeschäftes und deren Unterzeichnung durch den Notar errichtet er eine öffentliche Urkunde, die vom Staat mit der Kraft ausgestattet ist, gegenüber jedermann vollen Beweis des beurkundeten Vorgangs zu schaffen. Aber selbst bei der Urkundstätigkeit ist die Aufgabe des Notars, die Parteien bei der privaten Willensbildung zu betreuen, fast ebenso wichtig wie die Ausstattung des rechtlich einwandfrei geformten Willens mit öffentlicher Beweiskraft. Diese betreuende und beratende Tätigkeit des Notars nimmt aber einen weiten Raum auch dort ein, wo er keine staatliche Hoheitsaufgaben wahrnimmt. Nur ein Teil seiner Tätigkeit besteht also in der Erfüllung staatlicher Hoheitsaufgaben, während der überwiegende Teil seiner Aufgaben auf dem Gebiet der Betreuung privater Interessen liegt. Schon im Jahre 1935 stellte daher Reichsminister Dr. Frank bei der Eröffnungssitzung der Reichsnotarkammer die Forderung auf: „Es muß eine Stelle da sein, die gleichzeitig in dem Schnittpunkt der Autorität des Staates und seiner traditionellen Rechtssicherungsgarantie einerseits steht und andererseits der freien Elastizität der Willensbildung und Gestaltung der eigenen Belange dient." Diese Erkenntnis und die weitere Erwägung, daß der berufsständische Zusammenschluß aller Notare zu einer Reichsnotarkammer, die nicht nur als Selbstverwaltungskörper, sondern vielmehr noch als Stelle lebendiger Rechtsfortbildung geradezu unentbehrlich ist, nur im Rahmen eines freien Berufes denkbar erscheint, führte dazu, ein Notariat ohne Behördencharakter und einen freiberuflichen Notar ohne Beamteneigenschaft zu schaffen, der nicht ein festes Gehalt vom Staat, sondern Gebühren von den ihn beauftragenden Parteien bezieht. So wurde dem Notar die Stellung eines Amtsträgers eingeräumt. Der Begriff des Amtsträgers hat gerade in der neueren Zeit an Bedeutung gewonnen und findet auf die Personen Anwendung, die, ohne in einem festen Anstellungsverhältnis zum Staat zu stehen, neben anderer Tätigkeit auch staatliche Hoheitsfunktionen ausüben. Diese Stellung ändert nichts daran, daß der Notar in einem engeren Verhältnis zum Staat steht und, wie der Beamte, in einem besonderen Treueverhältnis zum Führer. Seine berufsrechtliche Stellung wird jedoch nicht durch die Beamtengesetze, sondern ausschließlich durch die RNO. geregelt.

Der zweite tragende Pfeiler der RNO. ist die Einführung des Nurnotariats. Während der Anwalt seinem ganzen Aufgabenbereich nach Interessenwalter einer Partei ist, ist der Notar unparteiischer und rechtsgestaltender Mittler zwischen den Parteien. Dieser im tiefsten Wesensgrund beider Berufe ruhende Gegensatz mit seinen mannigfaltigen, im täglichen Leben aufsteigenden Folgerungen muß den Anwaltsnotar in zahllosen Fällen in einen schwer zu lösenden Interessenwiderstreit bringen. So dürfte es insbesondere häufig einer Partei schwer fallen, in dem Anwaltsnotar, der regelmäßig die Gegenpartei vertritt, gerade bei dem Beurkundungsgeschäft den Unparteiischen zu sehen. Das Vertrauen auf die völlige Unparteilichkeit ist aber nicht nur notwendig für den beurkundenden Notar und den gesamten Berufsstand, sondern auch für einen reibungslosen Rechtsverkehr. Diese naheliegende Erkenntnis findet ihre Bestätigung in der geschichtlichen Entwicklung. Das Notariat hat sich in den fremden Ländern mit Nurnotariat zu einer besonderen Blüte entwickelt. Auch in Deutschland hat es sich gezeigt, daß die Kunst urkundlicher Festlegung des Vertragswillens der Beteiligten unter Wahrung ihrer einander entgegenstehenden Belange in den bisherigen Gebieten des Nurnotariats einen wesentlich höheren Stand erreicht hat, als in den Gebieten des Anwaltsnotariats (Jonas DJ. 1937 S. 276), desgleichen das Vertrauen der gesamten Bevölkerung zum Notariat als Einrichtung und zum einzelnen Notar als unparteiischem Rechtsgestalter.

Die in der RNO. vorgesehenen Abweichungen von diesem Grundsatz für dünn besiedelte Gebiete und für die bisherigen Gebiete des Anwaltsnotariats in der Übergangszeit sind Ausnahmebestimmungen. Die Länge der Übergangszeit und die wirtschaftliche Hebung des Anwaltsstandes gewährleisten im Interesse beider Berufe und ihres Nachwuchses, vor allem aber im Interesse des rechtsuchenden Volkes einen allmählichen, reibungslosen Übergang zu der nunmehr gesetzlich festgelegten Idealgestaltung der freien Rechtspflege.

Die ausschließliche Zuständigkeit der Notare für den Teil ihrer Tätigkeit, der hoheitliche Funktionen einschließt, hat die RNO. nicht gebracht. Sie läßt es vorläufig bei den bisherigen Verhältnissen. Mögen auch die verschiedenartigsten Gesichtspunkte bei der später zu erwartenden Lösung dieser Frage ihren Einfluß ausüben: Die ausschließliche Zuständigkeit des Notars in Beurkundungssachen ist das logische Gegenstück zum Nurnotariat, ein klar zutage liegendes Gebot unparteiischer, unabhängiger Rechtspflege und eine selbstverständliche Folgerung aus dem Grundsatz klarer Aufgabenscheidung. Es wird Aufgabe der Nurnotare sein, sie sich als letzten Vertrauensbeweis zu verdienen, Aufgabe des Gesetzgebers, ihnen die Möglichkeit dazu zu bieten.

Eine in jeder Beziehung besonders erfreuliche Neuerung gegenüber dem Zustand vor 1933 ist die berufsständische Zusammenfassung aller deutschen Notare in der Reichsnotarkammer. Der im Deutschen Recht wurzelnde Gedanke des genossenschaftlichen Zusammenschlusses Gleichgestellter, der schon oft in unserer Geschichte zu einer fruchtbaren Entwicklung geführt hat, verspricht auch hier wieder zu einer glücklichen Neugestaltung beizutragen. In der Geschichte des Notariats selbst haben die Zünfte der Notare, die Vorgänger der heutigen Kammern, schon einmal eine hervorragende Rolle gespielt. Die hohe Entwicklung des italienischen Notariats unter bestimmendem germanischem Einfluß ist gerade ihnen in besonderem Maße zu verdanken. Die 1934 geschaffene Reichsnotarkammer hat erneut den Beweis für die fruchtbringende Tätigkeit eines derartigen berufsständischen Zusammenschlusses insbesondere durch ihre weitreichende Mitarbeit an der Vereinheitlichung des Notariatsrechts und der nun vorliegenden RNO. erbracht. Auch die neue Reichsnotarkammer soll einer der wesentlichsten Träger fortschreitender Rechtsentwicklung im Dienste des Deutschen Rechts und der Deutschen Wirtschaft und damit des ganzen Deutschen Volkes werden und wird alle Kraft in diesem Sinne einsetzen. Daneben ist es wichtigste Aufgabe der Reichsnotarkammer, über Ehre und Ansehen ihrer Mitglieder und des gesamten Berufsstandes zu wachen. Ihr obliegt auch die fürsorgliche Betreuung der Berufsangehörigen durch Schaffung von Versorgungseinrichtungen, für deren Gestaltung Bayern bereits ein wohlgelungenes Vorbild aufweist, sowie die Unterstützung der mit Rücksicht auf die Eigenschaft der Notare als öffentlicher Amtsträger beibehaltenen staatlichen Dienstaufsicht bei allen ihren Maßnahmen.

So ist die RNO., wie schon oben erwähnt, nicht nur der Schlußpunkt hinter einer tausendjährigen wechselvollen Entwicklung, sondern auch ein neuer Beginn. Als solcher aber ist sie Aufgabe für die Notare und Wegweiser zu dem Dienst, dem sie sich alle mit ganzer Kraft geweiht haben und in Zukunft weihen werden:

Dem Dienst am Deutschen Volk und seinem Recht.

# 1. Reichsnotarordnung

Vom 13. Februar 1937 (RGBl. I, 191)

Auf Grund des Artikels 5 des Ersten Gesetzes zur Überleitung der Rechtspflege auf das Reich vom 16. Februar 1934 (Reichsgesetzblatt I S. 91)[1] wird folgendes verordnet[2]:

1. Siehe S. 222.
2. Damit ist auch das Notariatswesen als letzter Zweig der Justizverwaltung im Reiche vereinheitlicht.

## Erster Teil
## Das Amt des Notars

### 1. Abschnitt
### Bestellung zum Notar

#### § 1

Als Rechtswahrer auf dem Gebiet vorsorgender Rechtspflege[1], insbesondere für die Beurkundung von Rechtsvorgängen[2], werden Notare[3] bestellt[4]. Sie unterstehen, soweit nicht ein anderes bestimmt ist[5], ausschließlich den Vorschriften dieser Verordnung[6].

1. Im Gegensatz insbesondere zur streitigen Rechtspflege, zur Zwangsvollstreckung und zum Strafrecht.
2. Über die Zuständigkeit im einzelnen s. §§ 22—26 nebst Anmerkungen.
3. Über den strafrechtlichen Schutz der Amtsbezeichnung Notar s. § 6 des Gesetzes vom 1. 7. 1937 (S. 223). Über die Fortführung der Amtsbezeichnung nach Erlöschen des Amts s. § 41.

4. Über das Verfahren bei der Bestellung s. AV. vom 14. 6. 1937 A III (S. 172).

5. Abweichende Bestimmungen, insbesondere Bezugnahme auf andere Gesetze und Verordnungen enthalten die §§ 3 Abs. 1 u. 2, 5 Abs. 4, 8 Abs. 1 u. 2, 17 Abs. 2, 18 Abs. 2, 20, 22 Abs. 2, 38 Abs. 1 Ziff. 2 u. Abs. 3, 40, 42 Abs. 2 u. 3 Ziff. 2, 59 Abs. 2, 60 Abs. 1, 63 Abs. 1 u. 2, 69, 74, 77 Abs. 3, 80 bis 87 u. 91.

6. Insbesondere also nicht dem Deutschen Beamtengesetz und der Gewerbeordnung (s. § 2).

## § 2

Die Notare sind Träger eines öffentlichen[1] Amts[2,3] und führen ein Amtssiegel[4]. Sie stehen zum Führer und zum Reich in einem öffentlich-rechtlichen Treueverhältnis. Ihr Beruf ist kein Gewerbe[5].

1. Daher staatliche Dienstaufsicht (§§ 65ff.) und Dienststrafverfahren (§§ 68ff.) bei Verletzung von Amtspflichten und kein ehrengerichtliches Verfahren.

2. Aber nicht Beamte im Sinne des DBG., wenn auch dieses an manchen Stellen für anwendbar erklärt ist. S. auch Einleitung S. 21.

3. Übergangsvorschriften s. § 76 Abs. 1 u. 2.

4. Näheres hierüber s. § 2 DOfN. (S. 122).

5. Er unterliegt also nicht den Vorschriften für die gewerbliche Wirtschaft und der Gewerbesteuer.

## § 3

(1) Zu Notaren dürfen nur Reichsbürger[1] bestellt werden, die die Fähigkeit zum Richteramt[2] besitzen[3].

(2) Wer nicht für sich und für seinen Ehegatten den Anforderungen an die Reinheit des Bluts, die Voraussetzung für die Ernennung zum Beamten sind[4], entspricht, darf nicht zum Notar bestellt werden[5].

1. S. Reichsbürgergesetz vom 15. 9. 1935 (S. 223) und Erste Verordnung hierzu vom 14. 11. 1935 (S. 224).

2. Über die Fähigkeit zum Richteramt s. §§ 2 u. 4 GVG. (S. 226) nebst Anmerkung.

3. Ausnahme hiervon für die Württembergischen Bezirksnotare und Bezirksnotaranwärter s. § 85 II.
4. Vgl. §§ 25, 59, 72 und 180 Abs. 3 DBG.
5. Bei nachträglichem Wegfall der Voraussetzungen ist der Notar seines Amtes zu entheben. § 38 Abs. 1 Nr. 1.

## § 4

Nur solche Personen sind zu Notaren zu bestellen, die Gewähr dafür bieten, daß sie jederzeit rückhaltlos für den Nationalsozialistischen Staat eintreten[1,2] und die nach ihrer inneren Haltung und ihren Leistungen für das Amt eines Notars geeignet sind[3].

1. Hierüber zu entscheiden ist Sache der NSDAP.; daher vorherige Anhörung oberster Parteistellen. S. AV. vom 14. 6. 1937 A III 3 a.
2. Bei nachträglichem Wegfall der Voraussetzungen ist der Notar seines Amtes zu entheben. § 38 Abs. 3 mit § 71 DBG.
3. Hierüber zu urteilen ist nicht nur Sache der Dienstaufsichtsbehörden, sondern auch des Präsidenten der Reichsnotarkammer, der daher durch den Reichsminister der Justiz vor der Bestellung eines Notars regelmäßig gehört werden wird.

## § 5

(1) Als Notar soll in der Regel[1] nur bestellt werden, wer sich einem einjährigen Probedienst und einem dreijährigen Anwärterdienst als Notariatsassessor unterzogen hat[2].

(2) Der Assessor steht während des Probe- und Anwärterdienstes in einem öffentlich-rechtlichen Dienstverhältnis zum Reich[3]. Er hat dieselben allgemeinen Amtspflichten wie der Notar[4,5,6]. Er erhält für die Dauer des Probe- und Anwärterdienstes die gleichen Bezüge wie ein Assessor im staatlichen Probe- und Anwärterdienst[7]. Grundsätzlich sind diese Bezüge dem

Assessor auf Grund einer Vereinbarung mit dem Notar zu zahlen, dem er überwiesen ist[8]. Soweit der Notar diese Bezüge nicht zahlen kann, gewährleistet — vorbehaltlich der Bestimmung im § 84 Nr. III Abs. 2 Buchstabe c — die Reichsnotarkammer die Zahlung[9].

(3) Der Assessor kann aus dem Dienst entlassen werden, wenn er sich zur Bestellung zum Notar als ungeeignet erweist[10].

(4) Die näheren Bestimmungen über den Probe- und Anwärterdienst trifft der Reichsminister der Justiz[11].

1. Eine Ausnahme von dieser Regel gilt für den Anwaltsnotar (§ 8 Abs. 2) und insofern, als der Reichsminister der Justiz im Einzelfall die Fristen kürzen kann (AV. vom 14. 6. 1937 A II 8 Abs. 2 und 11, S. 168).

2. Entsprechendes gilt für die Laufbahn des Richters und Staatsanwalts (VO. vom 29. 3. 1935 RGBl. I S. 487) und für Rechtsanwälte (§§ 2 bis 14 RRAO.).

3. Daher untersteht der Assessor der ständigen Dienstaufsicht des Reichs, ohne daß er dadurch die Stellung als Beamter erhält. Seine Besoldung ist reichsrechtlich geregelt, wird aber nicht vom Reich geleistet. Amtsträger ist der Assessor auch nur dann und insoweit, als er zum Notarvertreter bestellt ist. Andererseits steht er in rechtlichen Beziehungen zu dem Notar, dem er zugeteilt ist, da dieser ihn grundsätzlich zu besolden hat. Eine Haftung des Reichs besteht für den Assessor nicht (§ 21 Abs. 2).

4. Über die Amtspflichten s. insbesondere die §§ 9, 11 Abs. 2 bis 4, 12 Abs. 2, 15—28 und 58, ferner die gesamte DONot. (S. 121) und die AV. vom 14. 6. 1937 A II 4, 9 Abs. 2, B I Abs. 1 (S. 162).

5. Für den Assessor als Notarvertreter s. § 30 Abs. 2 und § 33 Abs. 2, als Notarverweser § 40 je mit Verweisungen.

6. Der Assessor kann auch in gewissen Grenzen eine selbständige Tätigkeit ausüben, soweit sie die Zuständigkeiten des Notars aus den §§ 25 und 26 betrifft. S. hierzu § 21 Abs. 2 und AV. vom 14. 6. 1937 A II 4, 9 Abs. 5 (S. 162).

7. Maßgebend ist derzeit die Diätenordnung für außerplanmäßige Beamte, Anlage 5 zum Reichsbesoldungsgesetz vom

16. 12. 1927 (RGBl. I S. 349 und RBesoldBl. S. 154) im Zusammenhalt mit der ersten, zweiten und dritten Gehaltskürzungsverordnung vom 1. 12. 1930 (RGBl. I S. 517), vom 5. 6. 1931 (RGBl. I S. 279) und vom 8. 12. 1931 (RGBl. I S. 378) je nebst Durchführungsverordnungen. Ein neues Reichsbesoldungsgesetz ist in Vorbereitung. Übergangsregelung für die bayer. Notariatsassessoren s. AV. vom 14. 6. 1937, Übergangs- und Schlußbestimmungen V 1 Abs. 1.

8. Die Überweisung erfolgt durch den Präsidenten des Oberlandesgerichts. S. AV. vom 14. 6. 1937 A II 3, 9 Abs. 3 (S. 161). Eine Vereinbarung, welche hinter der gesetzlichen Besoldung zurückbleiben würde, ist unstatthaft.

9. In Bayern tritt bis auf weiteres an Stelle der Reichsnotarkammer die Bayerische Notariatskasse.

10. Ohne Dienststrafverfahren als reine Verwaltungsmaßnahme. S. AV. vom 14. 6. 1937 A II 5 Abs. 3, 10 (S. 163). Im übrigen aber gelten auch für die Notariatsassessoren die §§ 68ff. RNO. nebst § 107 RDStO., d. h. Dienststrafverfügung aber kein Dienststrafverfahren.

11. Diese näheren Bestimmungen sind niedergelegt in der AV. vom 14. 6. 1937 A II (S. 157).

## § 6

**Es werden nur so viele Notare bestellt, wie den Bedürfnissen einer geordneten Rechtspflege entspricht[1].**

1. Diese Bestimmung entspricht dem § 15 Abs. 2 RRAO. und sieht wie diese von der Einführung des numerus clausus ab. Sie macht für die Zukunft die unheilvolle Personalpolitik in den Gebieten des Anwaltsnotariats unmöglich, die wahllos alle unbescholtenen Rechtsanwälte ohne jede Rücksicht auf die Bedürfnisse der Rechtspflege zu Notaren ernannte und so eine riesige Zahl von Notaren schuf, deren geringe Praxis ihnen keinerlei Möglichkeit bot, Erfahrungen auf dem Gebiete des Notariatsrechts zu sammeln. Wegen der Übergangszeit s. § 8 Abs. 2 nebst Anmerkungen. — Die Bedürfnisse einer geordneten Rechtspflege umfassen auch die Forderung, daß an einem Amtssitz nicht mehr Notare bestellt werden, als dort ein hinreichendes Auskommen finden können.

## § 7

Die Notare werden zur hauptberuflichen[1,2,3] Amtsausübung auf Lebenszeit[4,5,6] bestellt[7].

1. Damit ist die alte Streitfrage Anwaltsnotar oder Nurnotar im Sinne des Letzteren entschieden. Die Bestimmung ist deswegen das Kernstück der RNO. Näheres s. Einleitung S. 21.
2. Ausnahmen s. § 8 Abs. 1 u. 2 nebst Anmerkungen.
3. Über Nebenbeschäftigungen s. § 9.
4. In Bayern gilt bis zum 1. April 1942 in Abweichung hiervon mit Rücksicht auf den Nachwuchs noch die bisherige Altersgrenze von 68 Jahren. § 84 I.
5. Übergangsvorschrift für Anwaltsnotare s. § 76 Abs. 2.
6. Über vorzeitiges Erlöschen des Amtes und vorläufige Amtsenthebung s. §§ 36—43 u. 70.
7. Ausgenommen sind die Bezirksnotare in Württemberg und bis auf weiteres die badischen Notare. §§ 85 u. 86.

## § 8

(1) Der Notar kann, wenn dies einer geordneten Rechtspflege dienlich ist[1], bei dem Amtsgericht[2], in dessen Bezirk er seinen Amtssitz hat[3], als Rechtsanwalt zugelassen werden[4]. Die Zulassung kann bei einer wesentlichen Änderung der Verhältnisse zurückgenommen werden[5].

(2) Soweit in bestimmten Gerichtsbezirken nach der bisherigen Rechtsentwicklung[6] ein Bedürfnis besteht, können vorläufig dort auch Rechtsanwälte für die Dauer ihrer Zulassung bei einem bestimmten Gericht als Notare zu nebenberuflicher Amtsausübung bestellt werden[7]. Die Vorschrift des § 5[8] findet insoweit keine Anwendung[9,10].

1. Es handelt sich um die Fälle, in denen in einem bestimmten Ort oder Bezirk ein Notar im Interesse der Bevölkerung notwendig ist und auch ein Rechtsanwalt gebraucht wird, ein Notar und ein Rechtsanwalt jedoch kein Auskommen finden könnten.

Voraussetzung ist jedoch, daß nicht bereits ein Rechtsanwalt am Ort ist und dem Bedürfnis nach notarieller Betreuung der Bevölkerung nicht mit den Mitteln des § 11 Abs. 4 (weitere Geschäftsstelle, Sprechtag) Rechnung getragen werden kann. Auf alle Fälle muß es unbedingt vermieden werden, auf diese Weise unter Verstoß gegen § 7 die Verbindung beider Berufe in zahlreichen Fällen wieder einzuführen oder gar neu einzuführen, wo bisher das Nurnotariat bestand.

2. Nicht auch bei dem übergeordneten Landgericht gemäß § 18 RRAO.

3. S. § 11 Abs. 1 und § 13 Satz 2.

4. Der Notaranwalt. Über das Verfahren bei der Zulassung s. AV. vom 14. 6. 1937 A III 3 c (S. 178). Er untersteht auch den Vorschriften der RRAO.

5. Das heißt, wenn die in Anm. 1 geschilderten Voraussetzungen nachträglich wegfallen. Verfahren wie in Anm. 4.

6. Ganz Nord- und Westdeutschland mit Ausnahme von Hamburg, Rheinland, Lippe und Birkenfeld; in Württemberg kann aus den wenigen Anwaltsnotaren nicht auf eine entsprechende Rechtsentwicklung geschlossen werden.

7. Der Anwaltsnotar. Dieser ist nur übergangsweise noch vorgesehen; s. AV. vom 14. 6. 1937 A III 4 S. 179.

8. Also kein vorheriger Probe- und Anwärterdienst als Notar, wie auch umgekehrt für den Notaranwalt des Abs. 1 der Probe- und Anwärterdienst als Rechtsanwalt naturgemäß entfällt.

9. Besondere Vorschriften für den Anwaltsnotar s. § 36 Abs. 1 und § 76 Abs. 2.

10. Besondere gemeinsame Vorschriften für den Notaranwalt und den Anwaltsnotar s. §§ 10, 26 Abs. 2, 42 Abs. 3 Nr. 2, 70 Abs. 3, 74.

## § 9

(1) Der Notar darf nicht zugleich besoldeter Beamter sein; Ausnahmen für den Einzelfall kann der Reichsminister der Justiz zulassen.

(2) Der Notar bedarf der Genehmigung[1] der Aufsichtsbehörde[2].

a) zur Übernahme einer Nebenbeschäftigung gegen

Vergütung, insbesondere zu einer gewerblichen Tätigkeit,

b) zum Eintritt in den Vorstand, Aufsichtsrat, Verwaltungsrat oder in ein sonstiges Organ einer auf Erwerb gerichteten Gesellschaft, Genossenschaft oder eines in einer anderen Rechtsform betriebenen wirtschaftlichen Unternehmens.

(3) Nicht genehmigungspflichtig ist die Übernahme des Amts als Testamentsvollstrecker, Konkursverwalter oder Vormund oder einer ähnlichen auf behördlicher Anordnung beruhenden Stellung[3], sowie eine wissenschaftliche, künstlerische oder Vortragstätigkeit.

(4) Der Notar bedarf der Genehmigung auch zum Betrieb eines Gewerbes durch seinen Ehegatten. Dies gilt nicht, wenn die Ehegatten getrennt leben[4].

1. Unter Berücksichtigung seiner Verpflichtung gemäß § 16, der Bevölkerung als Urkundsperson zur Verfügung zu stehen.

2. S. § 65. Die Zuständigkeit der verschiedenen Dienstaufsichtsstellen zur Erteilung der Genehmigung sowie nähere Erläuterungen der einzelnen genehmigungspflichtigen Nebenbeschäftigungen s. AV. vom 14. 6. 1937 C II (S. 191).

3. Die Übernahme derartiger Ämter ist also keine Amtstätigkeit des Notars als solchen im Sinne des § 26.

4. Übergangsregelung s. § 76 Abs. 4.

## § 10

Der Notar, der nicht selbst als Rechtsanwalt zugelassen ist[1], darf sich nicht mit einem Rechtsanwalt zu gemeinsamer Berufsausübung verbinden oder mit ihm gemeinsame Geschäftsräume haben. Die Aufsichtsbehörde[2] kann für den Einzelfall Ausnahmen zulassen[3].

1. S. § 8 Abs. 1.

2. S. § 65; hier der Oberlandesgerichtspräsident (Fußn. 3).

3. Die Voraussetzungen der Genehmigung sind näher geregelt in der AV. vom 14. 6. 1937 C I 2 a (S. 189). Auch abgesehen von den dort gemachten Einschränkungen sollte die Genehmigung nur in ganz besonderen Ausnahmefällen erteilt werden, um nicht die grundsätzliche Trennung von Anwaltschaft und Notariat auf diesem Wege zu vereiteln.

## § 11

(1) Dem Notar wird ein bestimmter Ort als Amtssitz [1] zugewiesen. Eine Verlegung [2] des Amtssitzes ist nur mit Zustimmung [3] des Notars zulässig.

(2) Der Notar hat an dem Amtssitz seine Geschäftsstelle zu halten [4]. Er hat am gleichen Ort auch seine Wohnung zu nehmen; die Aufsichtsbehörde [5] kann ihm aus besonderen Gründen gestatten, außerhalb des Amtssitzes zu wohnen.

(3) In Städten von mehr als hunderttausend Einwohnern kann dem Notar ein bestimmter Stadtteil als Amtssitz zugewiesen werden.

(4) Dem Notar kann zur Pflicht gemacht werden, mehrere Geschäftsstellen zu unterhalten [6]; im übrigen ist er ohne Genehmigung [7] der Aufsichtsbehörde [8] hierzu nicht befugt. Das gleiche gilt für die Abhaltung auswärtiger Sprechtage [9].

1. S. auch §§ 13 Satz 2, 29, 42 Abs. 1 Nr. 3.
2. Über die Aktenverwahrung im Falle der Verlegung s. § 39.
3. Also nicht mehr, wie bisher in fast allen Ländern, im Dienststrafverfahren.
4. S. aber Abs. 4.
5. § 65; hier der Oberlandesgerichtspräsident, s. AV. vom 14. 6. 1937 C I 2 b (S. 189).
6. Es handelt sich um die Fälle, die bereits in § 8 Fußn. 1 behandelt wurden, ferner um solche, in denen eine Notarstelle vorübergehend verwaist ist. Zuständigkeit: Der Reichsminister der Justiz. AV. vom 14. 6. 1937 C I 3 (S. 191).

7. Übergangsregelung s. § 76 Abs. 4.

8. § 65; Zuständigkeit wie in Fußn. 6.

9. Sprechtage kommen besonders in solchen größeren Orten in Frage, die wirtschaftlich und nach der Behördengliederung zum Ort des Amtssitzes gehören, verkehrstechnisch aber schwer zu erreichen sind. Zur Erteilung der Genehmigung ist der Oberlandesgerichtspräsident zuständig, AV. vom 14. 6. 1937 C I 2 c (S. 190), wo auch nähere Richtlinien für die Genehmigung gegeben sind.

## § 12

(1) Der Amtsbezirk des Notars ist der Oberlandesgerichtsbezirk, in dem sich sein Amtssitz befindet[1, 2].

(2) Der Notar darf Amtshandlungen außerhalb seines Amtsbezirks nur vornehmen, wenn Gefahr im Verzuge ist[3] oder die Aufsichtsbehörde[4] es genehmigt[5].

(3) Ein Verstoß berührt die Gültigkeit der Amtshandlung nicht[6].

1. Diese Bestimmung bedeutet für die Notare in manchen Teilen des Reiches eine erhebliche Erweiterung ihrer örtlichen Zuständigkeit.

2. Standesrechtlich erleidet die örtliche Zuständigkeit andererseits wieder eine starke Einschränkung. Vom berufskameradschaftlichen Standpunkt aus, der auch in der Veröffentlichung DNotZ. 1936 S. 224 deutlich zum Ausdruck kommt, gebietet es die den Berufskameraden gegenüber gebotene Rücksichtnahme, daß der Notar außerhalb des Amtsgerichtsbezirkes, in dem sein Amtssitz liegt, Beurkundungen und Beglaubigungen nur in Ausnahmefällen und nur mit Zustimmung des oder der Notare vornimmt, in deren Amtsgerichtsbezirk die Beurkundung oder Beglaubigung stattfinden soll. Die Beobachtung dieser Berufskameraden gegenüber gebotenen Rücksichtnahme ist eine selbstverständliche Standespflicht. S. auch AV. vom 14. 6. 1937 C I 2 d (S. 190).

3. Dies kann insbesondere der Fall sein bei der Beurkundung von letztwilligen Verfügungen, unter Umständen auch bei der Aufnahme von Protesturkunden.

4. § 65; hier der Oberlandesgerichtspräsident im Benehmen mit dem anderen Oberlandesgerichtspräsidenten, in dessen Be-

zirk die Amtshandlung vorgenommen werden soll. S. AV. wie in Fußn. 2.

5. Voraussetzung der Genehmigung s. AV. a. a. O.

6. Er ist jedoch eine Verletzung der Amtspflicht und wird daher in der Regel eine Dienststrafverfügung oder ein Dienststrafverfahren zur Folge haben. S. §§ 68ff. Amtshandlungen außerhalb der Reichsgrenzen sind schlechterdings unzulässig.

## § 13

Die Notare werden vom Reichsminister der Justiz durch Aushändigung einer Bestallungsurkunde bestellt[1, 2]. Die Urkunde soll den Amtsbezirk[3] und den Amtssitz[4] des Notars bezeichnen und die Dauer der Bestellung (§ 7 u. § 8 Abs. 2)[5] angeben.

1. Über das Verfahren bei der Bewerbung um eine Notarstelle und bei der Bestellung zum Notar s. AV. vom 14. 6. 1937, A III (S. 172).

2. Die Aushändigung der Bestallungsurkunde ist zur Begründung der Amtseigenschaft als Notar einerseits unerläßlich und andererseits auch dann ausreichend, wenn die Voraussetzungen der §§ 3, 4 u. 6 nicht gegeben sind. Letzterenfalls ist der Notar jedoch gemäß § 38 Abs. 1 wieder des Amtes zu entheben.

3. § 12 Abs. 1.

4. § 11 Abs. 1.

5. S. auch § 76 Abs. 2 und § 81 I.

## § 14

(1) Nach Aushändigung der Bestallungsurkunde hat der Notar folgenden Eid zu leisten[1]:

„Ich schwöre: Ich werde dem Führer des Deutschen Reiches und Volkes, Adolf Hitler, Treue halten, die Gesetze beachten und das mir übertragene Amt unparteiisch und gewissenhaft verwalten, so wahr mir Gott helfe."

(2) Gestattet das Gesetz den Mitgliedern einer Reli-

gionsgemeinschaft an Stelle des Eides andere Beteuerungsformeln zu gebrauchen, so kann der Notar, der Mitglied einer solchen Religionsgesellschaft ist, diese Beteuerungsformel sprechen. Erklärt der Notar, daß er Bedenken habe, den Eid in religiöser Form zu leisten, so kann er den Eid ohne die Schlußworte leisten.

(3) Der Notar leistet den Eid vor dem Präsidenten des Landgerichts, in dessen Bezirk sich sein Amtssitz[2] befindet. Vor der Eidesleistung soll er keine Amtshandlung vornehmen[3, 4, 5].

1. Übergangsvorschrift s. § 76 Abs. 3.
2. § 11 Abs. 1.
3. Zuwiderhandlungen berühren die Gültigkeit nicht, doch werden sie kaum vorkommen, da der Landgerichtspräsident angewiesen ist, die Bestallungsurkunde (§ 13) dem Notar erst bei der Vereidigung auszuhändigen; s. AV. vom 14. 6. 1937, A III 3 b (S. 178).
4. Beeidigung des Notarvertreters § 31 Abs. 1.
5. Beeidigung des Notarverwesers § 4 VO. v. 26. 6. 1937 (S. 109).

## 2. Abschnitt

## Ausübung des Amts

### § 15

(1) Der Notar hat das Amt getreu seinem Eide[1] zum Wohl der Volksgemeinschaft[2] zu verwalten.

(2) Er hat seine Amtstätigkeit[3] zu versagen, wenn sie mit seinen Amtspflichten[4] nicht vereinbar wäre, insbesondere wenn seine Mitwirkung bei Handlungen verlangt wird, mit denen erkennbar[5] unerlaubte oder unredliche Zwecke verfolgt werden[6].

(3) Der Notar hat sich durch sein Verhalten in und außer seinem Berufe der Achtung und des Vertrauens,

die seinem Berufe entgegengebracht werden[7], würdig zu zeigen. Er darf nicht dulden, daß ein seinem Hausstande angehörendes Familienmitglied eine unehrenhafte Tätigkeit ausübt[8].

1. § 14. Hierin liegt die selbstverständliche Pflicht zur Treue gegenüber dem Führer, dem Reich und dem Volk, zur Beachtung der Gesetze und zu gewissenhafter Amtsführung, sowie die Pflicht zu strengster Unparteilichkeit, durch die sich der Beruf des Notars ganz wesentlich von dem des Rechtsanwalts unterscheidet mit einer Deutlichkeit, die den Hauptgrund für die durch die RNO. grundsätzlich anerkannte Unvereinbarkeit beider Berufe bildet.

2. Aufgabe des Notars ist es, die privatwirtschaftlichen und familienrechtlichen Belange der Bevölkerung auf dem ihm anvertrauten Gebiet wahrzunehmen. Dabei ist es seine vornehme Pflicht, darauf zu achten und hinzuwirken, daß durch die Wahrung privatrechtlicher Belange das Wohl der Volksgemeinschaft nicht beeinträchtigt oder gefährdet wird im Sinne des Deutschen Grundgesetzes „Gemeinnutz geht vor Eigennutz".

3. Das sind alle Handlungen der in den §§ 22 bis 26 bezeichneten Art.

4. S. insbesondere §§ 9, 12 Abs. 2, 14 Abs. 3 S. 2, 15 Abs. 1 und 3, 17 Abs. 1, 19, 28, 33 Abs. 1 S. 2, 43 Abs. 2. Ferner sämtliche Vorschriften der DOfN. (S. 121), die ergangenen und noch zu erlassenden Anordnungen der Dienstaufsichtsbehörden und der Präsidenten der Reichsnotarkammer, der Notarkammern und in Bayern der Notariatskasse, je im Rahmen ihrer Zuständigkeiten, endlich die zahlreichen, den Notaren durch das BGB., das FGG., die Steuergesetze und die Kostenordnung auferlegten Pflichten.

5. Der Notar muß überzeugt sein, daß es sich um derartige Zwecke handelt. Hegt er nur begründete Zweifel, so hat er eine Amtstätigkeit nach §§ 22 bis 24 unter Feststellung seiner Zweifel in der Urkunde vorzunehmen (§ 16), eine Amtstätigkeit nach §§ 25, 26 jedoch abzulehnen.

6. Gleichgültig, ob das beantragte Geschäft nichtig oder anfechtbar ist oder den selbstverständlichen Grundsätzen von Sitte, Anstand und Moral zuwiderläuft.

7. Hierin liegt eine besonders wichtige Amtspflicht, denn die

dem Notar obliegende Amtstätigkeit erfordert es, daß er der unanfechtbare Vertrauensmann aller ehrlich und anständig denkenden Volksgenossen ist und bleibt.

8. Die Vorschrift entspricht dem § 3 Abs. 3 DBG. und dem § 31 Abs. 2 RRAO.

## § 16

Der Notar darf seine Urkundstätigkeit (§§ 22 bis 24)[1] nicht ohne ausreichenden Grund[2] verweigern. Über Beschwerden wegen Amtsverweigerung wird im Aufsichtswege[3] entschieden.

1. Im Gegensatz zu der sonstigen amtlichen Tätigkeit gemäß §§ 25 und 26.

2. Ausreichende Gründe: Verstoß gegen die Amtspflichten des § 15 (s. dort mit Anmerkungen), rechtliche Verhinderung (§ 17 Abs. 1 RNO., §§ 170, 171 FGG. (S. 229), §§ 2234, 2235, 2276 BGB. (S. 240), Befangenheit (§ 17 Abs. 3), Nichtzahlung des Vorschusses (§ 7 mit § 144 RKostO.), tatsächliche Verhinderung aus triftigem Anlaß.

3. Landgerichtspräsident, § 65 und AV. vom 14. 6. 1937, C I 1 Abs. 2 (S. 188).

## § 17

(1) Der Notar[1] ist bei der Urkundstätigkeit (§§ 22 bis 24)[2] von der Ausübung seines Amtes ausgeschlossen[3]:

1. wenn er bei der den Gegenstand des Amtsgeschäfts bildenden Angelegenheit selbst beteiligt ist oder zu einem Beteiligten[4] in dem Verhältnis eines Mitberechtigten oder Mitverpflichteten steht;
2. wenn sein Ehegatte, früherer Ehegatte oder Verlobter beteiligt ist;
3. wenn er mit einem Beteiligten in gerader Linie oder im zweiten Grade der Seitenlinie verwandt oder verschwägert ist[5];
4. wenn er gesetzlicher Vertreter oder Mitglied eines

zur Vertretung ermächtigten Organs[6] eines Beteiligten ist oder zu einem Beteiligten in einem ständigen Dienst- oder ähnlichem ständigen Geschäftsverhältnis steht[7];

5. wenn er in der den Gegenstand des Amtsgeschäfts bildenden Angelegenheit Bevollmächtigter eines Beteiligten ist.

(2) Ein Verstoß berührt die Gültigkeit der Amtshandlung nicht, soweit sich nicht aus den §§ 2234, 2235, 2276 des Bürgerlichen Gesetzbuchs[8]) oder aus den §§ 170, 171 des Reichsgesetzes über die Angelegenheiten der freiwilligen Gerichtsbarkeit[9]) ein anderes ergibt.

(3) Der Notar kann sich der Ausübung des Amts wegen Befangenheit enthalten. Sind bei einer Angelegenheit mehrere beteiligt und ist der Notar für einen von ihnen in der Sache früher als gesetzlicher Vertreter oder Bevollmächtigter[10] tätig gewesen oder in anderer Sache gegenwärtig als Bevollmächtigter tätig, so soll er vor einer Urkundstätigkeit[11] die anwesenden Beteiligten fragen, ob sie gegen seine Mitwirkung Widerspruch erheben. Der Widerspruch ist unbeachtlich, wenn er nicht unverzüglich erfolgt[12].

1. Auch der gegebenenfalls zugezogene zweite Notar, der Notarvertreter (§ 32 Abs. 2) und der Notarverweser (§ 40 mit § 3 der VO. vom 26. 6. 1937, S. 108).

2. Im Gegensatz zu der übrigen Amtstätigkeit nach §§ 25 und 26.

3. Neben den nachstehenden Ausschließungsgründen gelten für bestimmte Angelegenheiten auch die Ausschließungsgründe der in Abs. 2 angeführten Gesetzesstellen. Verstöße gegen die letzteren haben Nichtigkeit zur Folge, Verstöße gegen die Ausschließungsgründe des Abs. 1 berühren als solche die Gültigkeit nicht.

4. Der Begriff des Beteiligten ist hier ein weiterer als in § 168 Satz 2 FGG. (s. S. 229); er umfaßt alle, auf deren Rechte und Pflichten der beurkundete Vorgang unmittelbar einwirkt. (Jonas-Hornig in Pfundtner-Neubert Anm. 4 zu § 17 RNO.). Das gleiche gilt für eine Urkunde, unter welcher der Notar eine Unterschrift beglaubigt. Dieser weitere Begriff des Beteiligten gilt für den ganzen § 17.

5. §§ 1589, 1590 BGB. (s. S. 239).

6. Beim Aufsichtsrat einer Aktiengesellschaft nur beschränkt, soweit sie die Gesellschaft vertreten können; §§ 97, 199 Abs. 2 AktG. (s. S. 253).

7. S. auch Beschluß der Reichsnotarkammer vom 8. 3. 1935 DNotZ. 1935 S. 268.

8. Siehe S. 240.

9. Siehe S. 229.

10. Nicht auch in seiner Amtseigenschaft als Notar.

11. Nur nach den §§ 22 bis 24, nicht aber bei einer Amtstätigkeit nach den §§ 25 u. 26.

12. Frage und Antwort werden zweckmäßig in der Urkunde oder dem Beglaubigungsvermerk festgehalten.

## § 18

**(1) Der Notar erhält für seine Tätigkeit Gebühren [1].**

**(2) Einem unbemittelten Beteiligten, dem nach den Vorschriften der Zivilprozeßordnung das Armenrecht zu bewilligen wäre [2], hat der Notar seine Urkundstätigkeit (§§ 22 bis 24) [3] vorläufig [4] gebührenfrei [5] zu gewähren [6].**

1. Und zwar ausschließlich nach der RKostO. vom 25. 11. 1935 (RGBl. I S. 1371), da hier selbstverständlich nur die Amtstätigkeit des Notars gemeint ist im Gegensatz zu einer etwaigen Nebenbeschäftigung im Sinne des § 9.

2. §§ 114 ff. ZPO. Die Bestimmungen sind, weil sie auf die streitige Rechtspflege zugeschnitten sind, nicht wörtlich sondern sinngemäß anzuwenden.

3. Nicht seine sonstige Amtstätigkeit nach §§ 25, 26.

4. § 125 ZPO.

5. Nicht auch auslagenfrei; die Schreibgebühren der Reichskostenordnung gelten als Auslagen.

6. Durch den § 18 im Zusammenhalt mit § 2 ist klargestellt, daß der Beruf des Notars, der inhaltlich ein öffentliches Amt ist, wirtschaftlich zu den „freien Berufen" gehört.

## § 19

(1) Der Notar[1] hat, soweit nicht ein anderes bestimmt ist[2], über die ihm bei seiner Berufsausübung bekanntgewordenen Angelegenheiten Verschwiegenheit gegen jedermann zu bewahren[3,4] und diese auch den bei ihm beschäftigten Personen zur Pflicht zu machen[5]. Die Pflicht zur Verschwiegenheit fällt weg, wenn die Beteiligten[6] den Notar davon befreien; ist ein Beteiligter verstorben oder eine Äußerung von ihm nur mit unverhältnismäßigen Schwierigkeiten zu erlangen, so kann an seiner Stelle die Aufsichtsbehörde[7] die Befreiung erteilen.

(2) Bestehen im Einzelfall Zweifel über die Pflicht zur Verschwiegenheit[8]), so kann der Notar die Entscheidung der Aufsichtsbehörde[7] nachsuchen. Soweit diese die Pflicht verneint, können daraus, daß sich der Notar[1] geäußert hat, Ansprüche gegen ihn nicht hergeleitet werden[9].

(3) Die Pflicht zur Verschwiegenheit bleibt auch nach dem Erlöschen des Amts bestehen[10].

1. Natürlich auch der Assessor (§ 5 Abs. 2 Satz 2), der Vertreter (§ 30 Abs. 3) und der Verweser (§ 40 mit § 3 der VO. vom 26. 6. 1937, S. 108).

2. Von der Pflicht zur Verschwiegenheit gelten folgende Ausnahmen:

a) auf Grund der RNO. und ihrer Nebenbestimmungen: Gegenüber dem Präsidenten der Reichsnotarkammer und dem zuständigen Kammerpräsidenten (§ 58 Abs. 1), gegenüber den Aufsichtsbehörden (§ 66 Abs. 2), im Dienststrafverfahren, gegenüber dem Präsidenten der Notariatskasse und dessen Beauftragten (nur in Bayern; § 84 III Abs. 6 Satz 3), in beschränkter Form gegenüber allen, die Anspruch auf Ausfertigung, beglaubigte Abschrift oder Einsicht der Urkunden oder Akten haben (§ 15 Abs. 3 DOfN., S. 132, nebst Anmerkungen).

b) gegenüber der NSDAP.: Dem Stellvertreter des Führers und dem Gauleiter sind Auskünfte zu erteilen im Umfange der AV. des RMdJ., veröffentlicht in DJ. 1935 S. 282, 426, 612.

c) auf Grund von Steuergesetzen: Den jeweils zuständigen Finanzämtern. S. insbesondere RAbgO. §§ 188, 189, 189a bis d (siehe S. 248), Wechselsteuergesetz § 18 (siehe S. 251), UrkDB. vom 6. 5. 1936 (RGBl. I S. 424) §§ 13, 42, 50, DurchfBest. z. GrErwStG. vom 22. 1. 1935 (RMin.-Bl. S. 38) §§ 3 bis 7, ErbschStG. § 27 Abs. 2 (siehe S. 249). Das Wertzuwachssteuergesetz vom 14. 2. 1911 (RGBl. S. 33) legt in § 38 ebenfalls eine Mitteilungspflicht für Notare fest, jedoch „nach näherer Bestimmung des Bundesrats". Eine Mitteilungspflicht besteht hiernach zur Zeit nicht mehr.

Die §§ 175, 183 RAbgO. gelten für ihn lediglich in seiner Eigenschaft als Steuerpflichtiger; auch in ihnen liegt eine beschränkte Ausnahme von der Verschwiegenheitspflicht.

d) im Devisenrecht: Pflicht zur Mitteilung einschlägiger Geschäfte an die Steueraußendienststelle des Landesfinanzamts, s. Erlaß des Reichswirtschaftsministers betreffend die Auslegung des § 32 der Devisenordnung für Rechtsanwälte vom 23. 5. 1932 und dessen Anwendung auf die Notare (DNotZ. 1936 S. 514) und AV. des RMdJ. vom 3. 4. 1936 (DJ. S. 596).

e) aus Strafgesetzen: § 139 StGB. (s. S. 244), § 13 des Sprengstoffgesetzes vom 9. 6. 1894 und § 9 des Gesetzes gegen den Verrat militärischer Geheimnisse vom 3. 7. 1893.

f) im Strafprozeß: Für Anwaltsnotare und Notaranwälte, soweit sie als Rechtsanwälte handeln, s. §§ 52 und 53 Abs. 1 Ziff. 3 StPO. (S. 246). Für Notare als solche gilt im Strafverfahren kein Zeugnisverweigerungsrecht.

g) im Zivilprozeß: Hier gilt nach wie vor das Zeugnisverweigerungsrecht der §§ 383 Abs. 1 Ziff. 5 mit 385

Abs. 2 ZPO. (s. S. 247). Eine Befreiung durch die Aufsichtsbehörde kommt nur noch in Frage gemäß § 19 Abs. 1 Satz 2 zweiter Halbsatz.

b) allgemein: Wenn höhere Belange der Allgemeinheit im Einzelfalle die Durchbrechung der Verschwiegenheitspflicht fordern. Für Zweifelsfälle s. Abs. 2.

3. Zu verschweigen sind nicht nur die Tatsachen, die der Notar in Ausübung, sondern auch die er bei Ausübung seines Amts erfahren hat. Die Bestimmung ist also außerordentlich streng.

4. Mit seinen Mitarbeitern darf der Notar natürlich alles besprechen, was zur Ermöglichung der Mitarbeit nötig ist, zumal ihnen selbst Verschwiegenheit auferlegt ist.

5. S. hierzu RGSt. 54, 360.

6. Unter Beteiligten sind hier alle diejenigen zu verstehen, zu deren Gunsten die Verschwiegenheitspflicht besteht, gleichgültig, ob sie auch Urkundsbeteiligte oder Geschäftsbeteiligte sind oder nicht.

7. § 65; hier der Landgerichtspräsident, AV. vom 14. 6. 1937, C I 1 Abs. 2 (S. 188).

8. Dies ist insbesondere der Fall beim Widerstreit zwischen Belangen des Einzelnen und der Gesamtheit.

9. Und zwar weder strafrechtlich noch dienststrafrechtlich noch zivilrechtlich gemäß § 21.

10. Folgen der Verletzung der Verschwiegenheitspflicht: §§ 21 und 68 RNO. sowie §§ 300, 353b und 359 StGB. (s. S. 245).

## § 20

**Die näheren Vorschriften über die Verzeichnisse und Bücher[1] des Notars, über die Führung der Akten[2] und über Amtsschilder[3] trifft der Reichsminister der Justiz. Er bestimmt auch die amtlichen Zeitschriften, zu deren Bezug die Notare verpflichtet sind[4].**

1. DOfN. §§ 6—14 (s. S. 124).
2. DOfN. §§ 20—22 (s. S. 136).
3. DOfN. § 3 (s. S. 123).
4. DOfN. § 4 (s. S. 123).

## § 21

(1) Verletzt der Notar[1] vorsätzlich oder fahrlässig die ihm einem anderen gegenüber obliegende Amtspflicht[2,3] so hat er diesem den daraus entstehenden Schaden zu ersetzen[4]. Die Vorschriften über die Amtspflichtverletzungen von Beamten der Reichsjustizverwaltung, die sie bei Ausübung der Rechtspflege begangen haben, gelten entsprechend[5]. Die Vorschrift des § 839 Abs. 1 Satz 2 des Bürgerlichen Gesetzbuchs bleibt jedoch bei Amtsgeschäften der in den §§ 25, 26 dieser Verordnung bezeichneten Art im Verhältnis zwischen dem Notar und dem Auftraggeber außer Anwendung[6].

(2) Hat ein Assessor im Probe- oder Anwärterdienst bei selbständiger Erledigung eines Geschäfts der in den §§ 25, 26 bezeichneten Art eine Pflichtverletzung begangen, so haftet er in entsprechender Anwendung des Abs. 1[7]; hatte ihm der Notar das Geschäft zur selbständigen Erledigung überlassen, so haftet er neben dem Assessor als Gesamtschuldner[8]; im Verhältnis zwischen dem Notar und dem Assessor ist der Assessor allein verpflichtet. Durch das Dienstverhältnis des Assessors zum Reich (§ 5 Abs. 2) wird eine Haftung des Reichs nicht begründet. Ist der Assessor als Vertreter des Notars tätig gewesen, so bestimmt sich die Haftung nach § 35[9,10].

1. Vertreter: §§ 30 Abs. 3, 35; Verweser: § 40 mit §§ 3 u. 7 VO. vom 26. 6. 1937 (s. S. 108).

2. Bezüglich der gesamten Amtstätigkeit des Notars gemäß §§ 22 bis 26 — im Gegensatz zu einer Nebentätigkeit gem. § 9 — gibt es nur noch eine Amtshaftung gem. § 21; eine vertragliche Haftung ist daneben nicht gegeben. § 21 regelt also die Notarhaftung erschöpfend.

3. Über die Amtspflichten s. § 15 nebst Anm. (S. 36). Auf deren Einhaltung kann, abgesehen von § 40 Abs. 1 Satz 2,

§ 41 Abs. 3 DOfN. (s. S. 151), von den Beteiligten nicht verzichtet werden, dagegen natürlich auf Schadensersatz.

4. §§ 249ff. BGB. (s. S. 234).

5. §§ 839, 840, 852, 853 BGB. (s. S. 237ff.). Eine Haftung des Reiches für Amtspflichtverletzungen des Notars gem. Art. 131 der Reichsverfassung (s. S. 252) nebst dem ihn näher ausführenden Gesetz vom 22. 5. 1910 (RGBl. S. 798) in der Fassung des § 4 des Gesetzes vom 30. 6. 1933 (RGBl. I S. 433) ist ausgeschlossen durch § 5 Ziff. 1 der VO. vom 3. 5. 1935 (RGBl. I S. 587).

6. Das Verfahren zur Erlangung von Schadensersatz ist der ordentliche Rechtsweg; der Verwaltungsrechtsweg ist ausgeschlossen durch den entsprechend anzuwendenden § 147 DBG. Das Landgericht ist ohne Rücksicht auf die Höhe des Streitwertes ausschließlich zuständig, § 71 Abs. 2 Nr. 2 GVG. (s. S. 226); Revision ist stets zulässig, § 547 Ziff. 2 ZPO. (s. S. 248).

7. Andernfalls gemäß §§ 823ff. BGB. (s. S. 237).

8. §§ 421 bis 424 BGB. (s. S. 236).

9. Ob die Herbeiführung einer Gesamtberufshaftpflichtversicherung auf Grund des § 45 Abs. 3 durch die Reichsnotarkammer erfolgen wird, steht dahin, da derartige Versicherungen nicht mehr gewünscht werden. Für Bayern besteht eine solche, s. § 84 III Abs. 2 Buchst. f nebst Anm. (s. S. 96).

10. Eine zusammenfassende Darstellung der Rechtsprechung zur Amtshaftung des Notars, die bereits Rücksicht auf die RNO. nimmt, s. DNotZ. 1937 S. 367, 455, 529, 592.

## 3. Abschnitt
## Die Amtstätigkeit

### § 22

(1) Die Notare sind zuständig [1], Beurkundungen jeder Art vorzunehmen sowie Unterschriften, Handzeichen und Abschriften zu beglaubigen [2]. Zu ihren Aufgaben gehören insbesondere auch die Beurkundung von Versammlungsbeschlüssen, die Vornahme von Verlosungen und Auslosungen, die Aufnahme von Vermögensver-

zeichnissen, die Anlegung und Abnahme von Siegeln[3], die Aufnahme von Protesten, die Zustellung von Erklärungen sowie die Ausstellung sonstiger Bescheinigungen über amtlich von ihnen wahrgenommene Tatsachen[4].

(2) Die Notare sind auch zuständig, Auflassungen[5] entgegen zu nehmen, Teilhypotheken- und Teilgrundschuldbriefe auszustellen sowie die Auseinandersetzung eines Nachlasses oder des Gesamtguts einer Gütergemeinschaft (§§ 86, 99 des Reichsgesetzes über die Angelegenheiten der freiwilligen Gerichtsbarkeit[6]) nach Maßgabe der hierüber zu erlassenden Vorschriften[7] zu vermitteln.

(3) Die Notare sind ferner zuständig, freiwillige Versteigerungen durchzuführen. Eine Versteigerung beweglicher Sachen[8] sollen sie nur vornehmen[9], wenn diese durch die Versteigerung unbeweglicher Sachen oder durch eine von dem Notar beurkundete oder vermittelte Vermögensauseinandersetzung veranlaßt ist.

1. Die §§ 22 bis 26 enthalten die näheren Ausführungen zu der allgemeinen Umreißung der Aufgaben des Notars in § 1. Jede Tätigkeit des Notars ist nunmehr eine Amtstätigkeit unter Ausschließung jedes privatrechtlichen Auftrages (s. auch Anm. 2 zu § 21).

2. Übergangsregelung s. §§ 78 bis 80.

3. Soweit sie im Rahmen eines Nachlaßsicherungsverfahrens vorzunehmen ist s. bis auf weiteres § 77 Abs. 3 nebst Anm.

4. Eine Ausnahme hiervon, die nicht übersehen werden darf, bringt § 23 Abs. 1, die allerdings nach herrschender Ansicht keine Ausnahme ist, weil es sich zum Beispiel bei der Feststellung einer Bevollmächtigung nicht um die Bescheinigung einer Tatsache, sondern um ein rechtliches Urteil handelt.

5. Über alle deutschen Grundstücke. S. bisher schon § 1 der VO. vom 11. 5. 1934 (RGBl. I S. 378).

6. Siehe S. 226.

7. Diese Vorschriften sind noch nicht ergangen, sondern sind erst bei der beabsichtigten Neuregelung des Erbrechts und der Ergänzung des FGG. zu erwarten. Bis dahin s. § 77 Abs. 3 nebst Anm.

8. Und zwar ohne die nach den Vorschriften für das Versteigerergewerbe vom 30. 10. 1934 (RGBl. I S. 1091) erforderliche Genehmigung.

9. Diese Bestimmung steht aber nicht der Beurkundung des Vorganges und des Ergebnisses einer von einem anderen vorgenommenen derartigen Versteigerung entgegen, soferne die Beurkundung verlangt wird.

## § 23

(1) Die Notare sind zuständig, Bescheinigungen über die Vertretungsberechtigung der bei einer Beurkundung oder Unterschriftsbeglaubigung Beteiligten auszustellen, sofern sich die Vertretungsberechtigung aus einer Eintragung im Handelsregister oder einem ähnlichen Register ergibt[1]. Die Bescheinigung hat die gleiche Beweiskraft wie ein Zeugnis des Registergerichts[2].

(2) Der Notar darf die Bescheinigung nur ausstellen, wenn er zuvor das Register oder eine beglaubigte Abschrift desselben eingesehen hat[3]. Er hat den Tag der Einsichtnahme des Registers oder den der Ausstellung der Abschrift in der Bescheinigung anzugeben[4].

(3) Die Bescheinigung ist auf die Urkunde oder ein damit zu verbindendes Blatt zu setzen[5].

1. Also zum Beispiel nicht dann, wenn sie sich aus einer vorgelegten Vollmacht ergibt, mag diese auch eine öffentliche oder öffentlich beglaubigte Urkunde sein. In Bayern war dies bisher zulässig.

2. Zum Beispiel im Sinne der §§ 32, 33 GbO. (s. S. 241).

3. Hierzu kann er sich nicht eines zuverlässigen Mitarbeiters bedienen. § 41 Abs. 1 Satz 2 DOfN. (s. S. 151) ist nicht entsprechend anzuwenden.

4. Die Zuverlässigkeit der Bescheinigung ist nur dann gewähr-

leistet, wenn die Einsicht unmittelbar vor ihrer Ausstellung erfolgte.

5. Die Ausstellung der Bescheinigung kann also niemals ein selbständiges Amtsgeschäft sein, sondern immer nur Hilfsgeschäft zu einer Beurkundung oder Beglaubigung.

## § 24

(1) Zur Abnahme von Eiden sowie zu eidlichen Vernehmungen[1] sind die Notare nur zuständig, wenn der Eid oder die eidliche Vernehmung nach dem Recht eines ausländischen Staates oder nach den Bestimmungen einer ausländischen Behörde oder sonst zur Wahrnehmung von Rechten im Ausland erforderlich ist[2].

(2) Die Aufnahme eidesstattlicher Versicherungen[3] steht den Notaren in allen Fällen zu, in denen einer Behörde oder sonstigen Dienststelle[4] eine tatsächliche Behauptung oder Aussage glaubhaft gemacht werden soll.

(3) Die Notare sind ferner befugt, zu einer Amtshandlung[5] zugezogene Dolmetscher zu beeidigen.

1. Die Beeidigung hat im Zweifel entsprechend den Vorschriften der §§ 478 bis 484 ZPO. zu erfolgen, doch ist dabei auch auf besondere Formvorschriften des betreffenden ausländischen Staates, sofern dies gewünscht wird, Rücksicht zu nehmen, außer wenn sie mit den deutschen Gesetzen unvereinbar sind.

2. In der Übergangszeit ist die Zuständigkeit in manchen Ländern weiter gemäß § 77 Abs. 3, nach welchem die landesrechtlichen Zuständigkeiten zur Beeidigung von Zeugen und Sachverständigen im Rahmen von Auseinandersetzungsverfahren vorläufig weiterbestehen.

3. Diese ist bereits nach § 22 Abs. 1 zulässig. Die Bestimmung bedeutet also eine Einschränkung der Zuständigkeit des § 22 Abs. 1.

4. Also nicht gegenüber Privaten. Der Begriff der „sonstigen Dienststelle“ wird erst von der Rechtsprechung zu klären sein; auf jeden Fall gehören dazu die Dienststellen der NSDAP. und ihrer Gliederungen.

5. Gemeint sind wohl nur eigene Amtshandlungen des Notars.

## § 25

Die Notare sind auch zuständig, Geld, Wertpapiere und Kostbarkeiten, die ihnen von den Beteiligten[1] übergeben sind, zur Aufbewahrung oder zur Ablieferung an Dritte zu übernehmen[2].

1. Beteiligter bedeutet hier nichts anderes, als den Hinterleger, nicht etwa den an einem anderen Amtsgeschäft Beteiligten, wie bisher in Art. 4 Bayer. NotG. Allerdings wird die Hinterlegung aus Anlaß eines anderen Amtsgeschäfts (Hypothekregelung usw.) die Regel sein; Ausnahmen von dieser Regel s. z. B. § 107 Abs. 2 AktG., §§ 3 und 4 des Ges. vom 4. 12. 1899 (RGBl. S. 691).

2. Auf das Verfahren der Hinterlegung findet die Hinterlegungsordnung keine Anwendung; maßgebend sind allein die Vorschriften der §§ 10—13 DOfN. (s. S. 128).

## § 26

(1) Zu dem Amt[1] des Notars gehört auch die sonstige Betreuung der Beteiligten auf dem Gebiet vorsorgender Rechtspflege[2], insbesondere die Anfertigung von Urkundenentwürfen und die Beratung der Beteiligten. Der Notar ist auch, soweit sich nicht aus anderen Vorschriften Beschränkungen ergeben[3], in diesem Umfange befugt, die Beteiligten vor Gerichten und Verwaltungsbehörden zu vertreten.

(2) Nimmt ein Notar, der zugleich Rechtsanwalt ist[4], Handlungen der in Abs. 1 bezeichneten Art vor, so ist anzunehmen[5], daß er als Notar tätig geworden ist, wenn die Handlung bestimmt ist, Amtsgeschäfte der in den §§ 22 bis 25 bezeichneten Art vorzubereiten oder auszuführen[6]. Im übrigen ist im Zweifel anzunehmen, daß er als Rechtsanwalt tätig geworden ist[7].

(3) Soweit der Notar kraft Gesetzes ermächtigt ist, im Namen der Beteiligten bei dem Grundbuchamt oder

bei den Registerbehörden Anträge zu stellen (insbesondere § 15 der Grundbuchordnung[8], § 100 Abs. 2 Satz 2, § 129, § 147 Abs. 1, § 159, § 161 Abs. 1 des Reichsgesetzes über die Angelegenheiten der freiwilligen Gerichtsbarkeit[9])[10], ist er auch ermächtigt, die von ihm gestellten Anträge zurückzunehmen. Die Rücknahmeerklärung ist wirksam, wenn sie mit der Unterschrift und dem Amtssiegel versehen ist; eine Beglaubigung der Unterschrift ist nicht erforderlich.

1. Auch hier handelt es sich um Amtstätigkeit des Notars (s. § 22 Anm. 1), und zwar um eine besonders wichtige, die er ausschließlich als unparteiischer Rechtswahrer auszuüben hat.

2. Im Gegensatz zur streitigen Rechtspflege, zur Zwangsvollstreckung und zum Strafrecht.

3. Insbesondere die Vorschriften über den Anwaltszwang, das Verfahren vor den Arbeitsgerichten usw.

4. § 8 Abs. 1 u. 2.

5. Dies ist ein Gesetzesbefehl, gegen den ein Gegenbeweis nicht zulässig ist.

6. Dazu gehören auch Anträge und Beschwerden, zu denen der Notar kraft Gesetzes ermächtigt ist. S. Abs. 3 nebst Anm.

7. Eine gesetzliche Festlegung der an sich flüssigen Grenze ist wichtig nicht nur wegen der verschiedenen Art der Vergütung (RKostO. — RGebO.), sondern auch wegen der verschieden gestalteten Haftung (Amtshaftung gem. § 21 RNO. — Vertragshaftung gem. §§ 611 ff. BGB.).

8. Siehe S. 241.

9. Siehe S. 226.

10. Ferner § 14 Abs. 2, § 24 Abs. 1 mit §§ 64, 65 EHVfO. (s. S. 244).

## § 27

Bei der Beglaubigung einer Unterschrift oder eines Handzeichens hat der Notar die Urkunde darauf zu prüfen, ob Gründe bestehen, seine Amtstätigkeit nach § 15 Abs. 2, § 17 zu versagen. Zu einer weitergehenden Prüfung ist er nur auf Grund eines besonderen

Auftrags verpflichtet; ohne einen solchen Auftrag ist er den Beteiligten in keinem Fall wegen unterbliebener Prüfung des Inhalts der Urkunde verantwortlich[1,2].

1. Weder zivilrechtlich (§ 21) noch dienststrafrechtlich (§ 68).

2. Im Gegensatz zu den bisherigen Vorschriften z. B. in Bayern und Sachsen.

## § 28

Den Notaren ist es verboten[1], Darlehen sowie Grundstücksgeschäfte zu vermitteln[2] oder im Zusammenhang mit einer Amtshandlung eine Bürgschaft oder sonstige Gewährleistung für einen Beteiligten zu übernehmen[3,4]. Sie haben dafür zu sorgen, daß sich auch die bei ihnen beschäftigten Personen nicht mit derartigen Geschäften befassen[5].

1. Eine gegenteilige Genehmigung gemäß § 9 wäre unzulässig.

2. Geschäftsmäßig (s. Jonas-Hornig in Pfundtner-Neubert Anm. 1 zu § 28 RNO.).

3. Eine entgegen diesem Verbot übernommene Bürgschaft oder Gewährleistung wäre gemäß § 134 BGB. (s. S. 234) nichtig. Es ist keine Gewährleistung für einen Beteiligten, wenn der Notar, wie vielfach üblich, einem Beteiligten gegenüber die amtliche Haftung dafür übernimmt, daß z. B. von einer Löschungsbewilligung nur Gebrauch gemacht werde, wenn ein bestimmter Betrag bei ihm hinterlegt ist, oder daß ein bestimmter bei ihm hinterlegter Geldbetrag nur unter gewissen Bedingungen ausbezahlt werde. Hier handelt es sich auch nicht um Gewährleistungen anläßlich einer Amtshandlung, sondern schlechtweg um Amtspflichten, so daß derartige Haftungsübernahmen rechtlich bedeutungslos und daher überflüssig sind. Soweit sie trotzdem zur Beruhigung der Beteiligten auf deren Wunsch erfolgen, sind sie andererseits aber auch unbedenklich.

4. Anders bisher z. B. § 89 Abs. 2 PFGG.

5. Für einen Amtsträger, wie den Notar, ist ein solches Verbot eine Selbstverständlichkeit, auch wenn es nicht ausdrücklich ausgesprochen wäre, was nur wegen der bisher anders lautenden Bestimmungen geschehen ist.

## 4. Abschnitt

## Abwesenheit und Verhinderung des Notars. Notarvertreter

### § 29

Will sich der Notar[1] länger als eine Woche von seinem Amtssitz[2] entfernen oder ist er aus tatsächlichen Gründen länger als eine Woche an der Ausübung seines Amts verhindert, so hat er dies der Aufsichtsbehörde[3] unverzüglich anzuzeigen. Er bedarf der Genehmigung[4] der Aufsichtsbehörde[5], wenn die Abwesenheit von dem Amtssitz[2] länger als einen Monat dauern soll[6].

1. Vertreter s. § 30 Abs. 3, Verweser § 40 mit § 3 VO. vom 26. 6. 1937 (s. S. 108).
2. § 11 Abs. 1 Satz 1.
3. § 65; hier der Landgerichtspräsident, AV. vom 14. 6. 1937, B I Abs. 1 (s. S. 183).
4. Im Interesse einer geordneten Rechtspflege, die es erfordert, daß der Notar der Bevölkerung stets zur Verfügung steht.
5. Bis zu 3 Monaten der Landgerichtspräsident, über 3 Monate bis zu 1 Jahr der Oberlandesgerichtspräsident, im übrigen der Reichsminister der Justiz; AV. vom 14. 6. 1937, B I Abs. 2 u. 3 (s. S. 183).
6. Zuwiderhandlung kann Enthebung vom Amt zur Folge haben (§ 42 Abs. 1 Nr. 3).

### § 30

(1) Die Aufsichtsbehörde[1] kann[2] dem Notar auf dessen Antrag[3] für die Zeit seiner Abwesenheit oder Verhinderung einen Vertreter bestellen[4]; die Bestellung kann auch von vornherein für die während eines Kalenderjahres eintretenden Behinderungsfälle ausgesprochen werden (ständiger Vertreter)[5]. Im Fall der

vorläufigen Amtsenthebung (§§ 42, 72) kann ein Vertreter auch ohne Antrag bestellt werden.

(2) Zum Vertreter darf[6] nur bestellt werden, wer fähig ist, das Amt eines Notars zu bekleiden[7]; die ständige Vertretung soll nur einem Notar oder Notariatsassessor[8] übertragen werden. Es soll — abgesehen vom Fall der vorläufigen Amtsenthebung (Abs. 1 Satz 2) — nur bestellt werden, wer von dem Notar vorgeschlagen und zur Übernahme des Amts bereit ist. Für den Notar kann auch ein nach den §§ 1910, 1911 des Bürgerlichen Gesetzbuchs[9] bestellter Pfleger den Antrag stellen und den Vertreter vorschlagen.

(3) Auf den Vertreter finden die für den Notar geltenden Vorschriften entsprechende Anwendung[10], soweit nicht nachstehend etwas anderes bestimmt ist[11].

1. § 65; für die Dauer bis zu drei Monaten der Landgerichtspräsident, außer wenn der Notar zugleich als Rechtsanwalt bei einem Oberlandesgericht zugelassen ist; der Oberlandesgerichtspräsident im vorgenannten Ausnahmefall, für die Zeit von drei Monaten bis zu einem Jahre, für Bestellung des ständigen Vertreters und wenn der Vertreter ein Assessor ist; im übrigen der Reichsminister der Justiz; s. AV. vom 14. 6. 1937, B II 2 (S. 184).

2. Der zu vertretende Notar hat also keinen Anspruch auf Bestellung eines Vertreters. Die vorgenannte AV. bringt a. a. O. nähere Richtlinien hierüber (s. S. 184).

3. Eine Ausnahme vom Erfordernis des Antrags gilt nur im Falle des Satzes 2.

4. Grundsätzlich ist der Notar, besonders insoweit es sich um die Zuständigkeiten der §§ 22 bis 24 handelt, die hoheitlicher Natur sind, zur persönlichen Amtsausübung verpflichtet. Lediglich bei der Vorbereitung derartiger Amtsgeschäfte kann er Hilfskräfte heranziehen. Die Zuständigkeiten nach §§ 25 u. 26 kann der Notar ohne Minderung seiner Verantwortlichkeit einem Probe- oder Notariatsassessor zur selbständigen Erledigung überlassen; s. § 21 Abs. 2 und AV. vom 14. 6. 1937, A II 4 u. 9

Abs. 5 (S. 162). Im übrigen kann nur in der Zeit seiner Abwesenheit oder Verhinderung ein ordnungsmäßig bestellter Vertreter für ihn eintreten.

5. Diese Bestimmung bedeutet eine große Erleichterung in der Vertreterbestellung. Amtshandlungen des Vertreters bleiben gültig, auch wenn der Notar nicht verhindert oder abwesend war (§ 33 Abs. 2).

6. Ist die Bestellung trotzdem erfolgt, so bleibt sie bis zum Widerruf gültig. Auch die Amtstätigkeit, die der zu Unrecht bestellte Vertreter ausgeübt hat, ist gültig (§ 33 Abs. 2).

7. S. §§ 3, 4.

8. S. § 5 Abs. 1. Also nicht einen Probeassessor.

9. Siehe S. 239.

10. Insbesondere hat er sämtliche Amtspflichten des Notars (s. § 15 mit Anm.) genau so zu erfüllen, wie der Notar selbst. Er ist gleich ihm Amtsträger und untersteht der Dienstaufsicht und dem Dienststrafrecht.

11. Ausnahmebestimmungen siehe § 31 (Beeidigung), § 32 Abs. 1 (Zeichnung), § 33 Abs. 1 (Beginn und Ende des Amts), § 107 RDStO. (kein förmliches Dienststrafverfahren, sofern der Vertreter nicht selbst Notar ist).

## § 31

(1) Der Vertreter erhält eine Bestallungsurkunde[1]. Er hat, sofern er nicht schon als Notar[2] oder als Beamter[3] vereidigt ist, vor dem Beginn[4] der Vertretung vor dem Präsidenten des Landgerichts den Treueid (§ 14) zu leisten. Ist er schon einmal als Vertreter eines Notars nach § 14 vereidigt worden, so genügt es, wenn er auf den früher geleisteten Eid verwiesen wird[5].

(2) Die Bestellung des Vertreters kann jederzeit widerrufen werden[6].

1. S. § 13 Anm. 2.

2. § 14.

3. § 4 DBG.

4. § 33 Abs. 1 Satz 1.

5. Dies hat schriftlich zu geschehen, s. AV. vom 14. 6. 1937, B II 4 (S. 187).

6. S. im übrigen für die Förmlichkeiten der Bestellung und des Widerrufs des Vertreters die AV. vom 14. 6. 1937, B II (S. 184).

## § 32

(1) Der Vertreter versieht das Amt auf Kosten des Notars [1]. Er hat seiner Unterschrift einen ihn als Vertreter kennzeichnenden Zusatz beizufügen und Siegel und Stempel des Notars [2] zu gebrauchen.

(2) Er soll sich der Ausübung des Amts auch in soweit enthalten [3], als der von ihm vertretene Notar von der Amtsausübung ausgeschlossen sein würde [4].

1. Neben den rechtlichen Beziehungen zum Reich, die für den Vertreter als Amtsträger bestehen (§ 30 Anm. 10), steht er in privatrechtlichen Beziehungen zum Notar, den er vertritt. Dies gilt insbesondere für die Vergütung, die ihm der Notar auf Grund Vereinbarung zu gewähren hat. Bei etwaigen Streitigkeiten vermittelt die Notarkammer (§ 53 Abs. 2); im übrigen ist der ordentliche Rechtsweg gegeben. Bei vermögensrechtlichen Streitigkeiten ist das Landgericht ausschließlich zuständig (§ 12 Abs. 2 VO. vom 26. 6. 1937, S. 116); daher ist auch stets Revision möglich, § 547 Nr. 2 ZPO. (s. S. 248). Über Beschränkungen bei der Pfändung s. § 12 Abs. 1 VO. vom 26. 6. 1937 (S. 116) nebst Anm. Einem von Amts wegen bestellten Vertreter (§ 30 Abs. 1 Satz 2) ist eine angemessene Vergütung vom Notar zu gewähren; sie wird auf Antrag vom Oberlandesgerichtspräsidenten festgesetzt, VO. vom 26. 6. 1937, § 13 (s. S. 117).

2. § 2 DOfN. (s. S. 122).

3. Zuwiderhandlungen machen die Amtshandlungen nicht ungültig, haben aber regelmäßig dienstaufsichtliches Einschreiten zur Folge.

4. §§ 15 Abs. 2, 17 nebst Anmerkungen.

## § 33

(1) Die Amtsbefugnis des Vertreters beginnt mit der Übernahme des Amts und endigt, wenn die Bestellung nicht vorher widerrufen wird [1], mit der Über-

gabe des Amts an den Notar[2]. Während dieser Zeit soll sich der Notar der Ausübung seines Amts enthalten[3]. Er kann das Amt jederzeit wieder übernehmen.

(2) Die Amtshandlungen des Vertreters sind nicht deshalb ungültig, weil die für seine Bestellung nach § 30 erforderlichen Voraussetzungen nicht vorhanden waren oder später weggefallen sind[4].

1. § 31 Abs. 2.

2. Außerdem stets mit Ablauf der Zeit, für die der Vertreter (ständige Vertreter) bestellt wurde, beim Tod des vertretenen Notars und beim Erlöschen dessen Amts aus irgendeinem anderen Grunde.

3. Zuwiderhandlungen berühren die Gültigkeit der Amtshandlungen nicht.

4. Die Voraussetzungen, welche für die Person des Vertreters aufgestellt sind, sowie Verhinderung oder Abwesenheit des Notars.

## § 34

(1) Für die Dauer der Abwesenheit oder Verhinderung[1] kann der Notar, wenn ihm ein Vertreter[2] nicht bestellt ist, seine Akten einschließlich der Verzeichnisse und Bücher[3] einem anderen Notar im Bezirk desselben oder eines benachbarten Amtsgerichts oder dem Amtsgericht, in dessen Bezirk er seinen Amtssitz[4] hat, in Verwahrung geben[5]. Die Verwahrung durch einen anderen Notar ist dem Amtsgericht mitzuteilen.

(2) Der Notar oder das Amtsgericht, dem die Akten in Verwahrung gegeben sind, hat an Stelle des abwesenden oder verhinderten Notars Ausfertigungen und Abschriften zu erteilen und Einsicht der Akten zu gestatten[6].

(3) Hat der Notar für die Dauer seiner Abwesenheit oder Verhinderung seine Akten nicht nach Abs. 1 in

Verwahrung gegeben und wird die Erteilung einer Ausfertigung oder Abschrift aus den Akten oder die Einsicht der Akten verlangt[6], so hat das Amtsgericht, in dessen Bezirk der Notar seinen Amtssitz hat, die Akten in Verwahrung zu nehmen und die beantragte Amtshandlung vorzunehmen.

(4) Der Notar, der die Akten in Verwahrung hat, erteilt die Ausfertigungen und beglaubigten Abschriften mit seiner Unterschrift und unter seinem Siegel oder Stempel[7]. Für die Erteilung der Ausfertigungen oder Abschriften durch das Amtsgericht gelten die Vorschriften über die Erteilung von Ausfertigungen oder Abschriften gerichtlicher Urkunden[8]. In dem Ausfertigungsvermerk soll auf die Abwesenheit oder Verhinderung des Notars hingewiesen werden.

(5) Die Kosten für die Erteilung von Ausfertigungen oder Abschriften[9] stehen bei Verwahrung der Akten durch einen Notar diesem und bei Verwahrung durch das Amtsgericht der Reichskasse zu.

1. Im Gegensatz zu anderen Stellen dieser VO. handelt es sich hier lediglich um tatsächliche, nicht auch um rechtliche Verhinderung. Bei letzterer s. § 43.

2. §§ 30ff.

3. §§ 6—22ff. DONot. (s. S. 124).

4. § 11 Abs. 1.

5. Der andere Notar ist nicht gezwungen, die Verwahrung zu übernehmen, doch wird die Übernahme im allgemeinen als Standespflicht zu betrachten sein. Übernimmt er die Verwahrung, so richten sich seine Verpflichtungen nicht nach den Vorschriften des BGB. über den Verwahrungsvertrag, sondern sind Amtspflichten im Sinne der §§ 15, 68. Das Amtsgericht muß die Verwahrung übernehmen. In allen Fällen ist es nicht nötig, daß der Notar oder das Amtsgericht die Akten usw. in die eigenen Räume überführt, dagegen müssen sie tatsächlich in der Lage sein, darüber zu verfügen.

6. § 81 mit § 15 Abs. 3 DOfN. (s. S. 132) nebst Anm.
7. § 15 Abs. 3 DOfN. (s. S. 132).
8. § 182 FGG. (s. S. 248), §§ 730, 797 ZPO. (s. S. 232). Einfache Ausfertigungen können vom Urkundsbeamten der Geschäftsstelle, vollstreckbare Ausfertigungen notarieller Urkunden nur vom Richter erteilt werden.
9. §§ 124, 125, 138, 144 RKostO.

### § 35

Für eine Amtspflichtverletzung[1] des Vertreters[2] haftet der Notar dem Geschädigten neben dem Vertreter als Gesamtschuldner[3]. Im Verhältnis zwischen dem Notar und dem Vertreter ist der Vertreter allein verpflichtet[4].

1. § 21 nebst Anm. 2 und 3; § 15 nebst Anm. 1 bis 5, 7 und 8.
2. §§ 30ff.; nicht auch für Amtspflichtverletzungen des „anderen Notars" nach § 34 oder des Verwesers (§ 40 mit § 7 VO. vom 26. 6. 1937, s. S. 112).
3. §§ 421ff. BGB. (s. S. 236).
4. Für Bayern s. auch § 84 III Abs. 2 Buchst. f nebst Anm.

## 5. Abschnitt

## Erlöschen des Amts. Vorläufige Amtsenthebung.

### § 36

Das Amt des Notars erlischt — abgesehen von den Fällen des Todes, der freiwilligen Niederlegung[1] und des Fortfalls der Zulassung als Rechtsanwalt im Falle des § 8 Abs. 2[2] — durch Amtsverlust infolge strafgerichtlicher Verurteilung (§ 37), durch Amtsenthebung (§ 38) oder durch Entfernung aus dem Amt durch dienststrafgerichtliches Urteil (§ 70)[3,4,5].

1. Wegen der Ruhegehaltsansprüche s. für Bayern § 84 III Abs. 2 b und IV, für Hessen § 87 je mit Anm.

2. Nicht auch im Falle des § 8 Abs. 1, wenn ein Notaranwalt seine Zulassung aufgibt oder sie widerrufen wird.

3. In Bayern ferner noch gemäß § 84 I durch Erreichung der Altersgrenze von 68 Jahren bis zum 31. 3. 1942.

4. Besorgung der verwaisten Notarstelle s. § 40 nebst §§ 1ff. VO. vom 26. 6. 1937 (s. S. 107), ferner § 11 Abs. 4.

5. Über das Verfahren s. auch AV. vom 14. 6. 1937, D 2 (s. S. 196).

## § 37

Eine strafgerichtliche Verurteilung hat für den Notar[1] den Amtsverlust in gleicher Weise wie bei einem Beamten[2] zur Folge.

1. Für den Anwaltsnotar (§ 8 Abs. 2 mit § 36) s. § 67 IV RRAO. sowie §§ 31 bis 35 StGB.

2. §§ 53ff. DBG. Hiernach verliert der Beamte sein Amt bei Verurteilung zu Todesstrafe, Zuchthaus, Verlust der bürgerlichen Ehrenrechte und Unfähigkeit zur Bekleidung öffentlicher Ämter, ferner bei Verurteilung zu Gefängnis wegen vorsätzlicher hoch- oder landesverräterischer Handlungen, sowie wegen einer sonstigen vorsätzlich begangenen Tat, letzterenfalls nur, wenn auf Gefängnis von mindestens einem Jahre erkannt ist.

## § 38

(1) Der Notar ist seines Amts zu entheben[1]:

1. wenn die im § 3[2] bezeichneten Voraussetzungen wegfallen oder wenn sich nach der Bestellung herausstellt, daß diese Voraussetzungen zu Unrecht als vorhanden angenommen wurden;
2. wenn eine der Voraussetzungen vorliegt, unter denen die Ernennung eines Beamten nach § 32 des Deutschen Beamtengesetzes nichtig ist[3] oder für nichtig erklärt werden muß[4] oder kann[5];
3. wenn der Notar sich weigert, den im § 14 vorgeschriebenen Eid zu leisten;

4. wenn er durch gerichtliche Anordnung in der Verfügung über sein Vermögen beschränkt ist[6];
5. wenn er infolge eines körperlichen Gebrechens oder wegen Schwäche seiner körperlichen und geistigen Kräfte zur ordnungsmäßigen Ausübung seines Amts dauernd unfähig ist[7];
6. wenn seine Verhältnisse und die Art seiner Wirtschaftsführung die Belange der Rechtsuchenden gefährden.

(2) Die Amtsenthebung geschieht durch den Reichsminister der Justiz. Der Notar ist vorher zu hören. In den Fällen des Absatzes 1 Nrn. 5 und 6 ist die Feststellung, ob die Voraussetzungen für die Amtsenthebung vorliegen, auf Antrag des Notars durch Entscheidung des Dienststrafgerichts[8] zu treffen; der Antrag ist nur innerhalb eines Monats zulässig, nachdem dem Notar eröffnet ist, daß und aus welchem Grunde seine Amtsenthebung in Aussicht genommen sei.

(3) Der Notar kann unter den gleichen Voraussetzungen seines Amts enthoben werden, unter denen ein Beamter nach § 71 des Deutschen Beamtengesetzes[9] in den Ruhestand versetzt werden kann. Zuständigkeit und Verfahren bestimmen sich nach der genannten Vorschrift.

1. Die Vorschrift ist zwingender Natur.
2. S. dort nebst Anm.
3. Mangelndes Reichsbürgerrecht, Entmündigung, Unfähigkeit zur Bekleidung eines öffentlichen Amts infolge strafgerichtlicher Verurteilung.
4. Nach Herbeiführung der Ernennung durch Zwang, arglistige Täuschung oder Bestechung; wenn sich nachträglich herausstellt, daß der Beamte entweder ein Verbrechen begangen hat, oder ein solches Vergehen, das ihn zum Beamten unwürdig erscheinen läßt, und er deswegen zu einer Strafe verurteilt

ist oder wird, oder daß er im Zeitpunkt der Ernennung aus der NSDAP. ausgeschlossen oder ausgestoßen war.

5. Dies ist der Fall, wenn die Ernennung von einer sachlich unzuständigen Stelle ausgesprochen worden war, wenn im Zeitpunkt der Ernennung die Voraussetzungen der Entmündigung vorlagen und diese später ausgesprochen wurde, wenn nicht bekannt war, daß der Beamte auf Grund der §§ 2, 2a oder 4 des Gesetzes zur Wiederherstellung des Berufsbeamtentums (vom 7. 4. 1933, RGBl. I S. 175 nebst verschiedenen Änderungen) entlassen oder im Wege des Dienststrafverfahrens aus dem Dienst entfernt oder zum Ruhegehaltsverlust verurteilt worden war.

6. §§ 6, 106 KO. (s. S. 252), §§ 12, 58, 59 VerglO. (s. S. 253); vorläufige und endgültige Entmündigung: §§ 6 mit 104 Ziff. 3, 114, 1906 BGB. (s. S. 233).

7. In dieser Bestimmung liegt der Ausgleich für die nunmehr in Bayern und später auch in Baden in Wegfall kommende Altersgrenze.

8. § 71 Abs. 2.

9. Hiernach kann der Führer und Reichskanzler auf einen von der obersten Dienstbehörde im Einvernehmen mit dem RMdJ. gestellten Antrag in den Ruhestand versetzen, wenn er nicht mehr die Gewähr dafür bietet, daß er jederzeit für den Nationalsozialistischen Staat eintreten wird. Die Tatsachen sind in einem Untersuchungsverfahren festzustellen, in dem die eidliche Vernehmung von Zeugen und Sachverständigen zulässig und der Beamte zu hören ist.

## § 39

(1) Ist das Amt eines Notars erloschen[1] oder wird sein Amtssitz in einen anderen Amtsgerichtsbezirk verlegt[2], so hat das Amtsgericht die Akten und Bücher[3] des Notars sowie die ihm amtlich übergebenen Urkunden in Verwahrung zu nehmen. Der Oberlandesgerichtspräsident kann die Verwahrung einem anderen Amtsgericht oder einem Notar[4] übertragen. Die Vorschriften des § 34 Abs. 2, 4 und 5 gelten entsprechend.

(2) Die Siegel und Stempel[5] des Notars hat das im Abs. 1 Satz 1 bezeichnete Amtsgericht zu vernichten.

(3) Wird ein Notar nach dem Erlöschen seines Amts oder der Verlegung seines Amtssitzes erneut in dem Amtsgerichtsbezirk, in dem sich sein früherer Amtssitz befand, zum Notar bestellt, so können[6] ihm die nach Abs. 1 in Verwahrung genommenen Bücher und Akten wieder ausgehändigt werden.

(4) Ältere Notariatsakten können nach näherer Bestimmung des Reichsministers der Justiz[7] an ein Staatsarchiv abgegeben oder vernichtet werden[8].

1. § 36.
2. § 11 Abs. 1 Satz 2.
3. §§ 6ff. DOfN. (s. S. 124).
4. Dies hat regelmäßig dann zu geschehen, wenn die Notarstelle wieder besetzt werden soll, da es sowohl im Interesse der Bevölkerung liegt, daß ihre Geschäfte ordnungsgemäß zu Ende geführt werden, als auch im Interesse des künftigen Notars, daß er auf diese Weise Fühlung mit der Mandantschaft seines Vorgängers erhält.
5. § 2 DOfN. (s. S. 122).
6. Nach Entscheidung der Aufsichtsbehörde (§ 65), bei der der Notar einen entsprechenden Antrag zu stellen hat.
7. Noch nicht erfolgt.
8. Übergangsvorschriften s. § 82 nebst Anm.

## § 40

Ist das Amt eines Notars erloschen[1] oder ist der Notar vorläufig seines Amts enthoben[2], so kann der Reichsminister der Justiz im Fall des Bedürfnisses bis zur Bestellung eines anderen Notars einen Notariatsassessor[3] oder eine sonstige zum Amt eines Notars befähigte Person[4] damit betrauen, am Amtssitze[5] des ausgeschiedenen Notars das Amt eines Notars vorübergehend auf Rechnung der Reichsnotarkammer[6] wahrzunehmen (Notarverweser)[7]. Die nähere Regelung bleibt einer besonderen Verordnung vorbehalten[8].

1. § 36.
2. § 42.
3. § 5 Abs. 1.
4. §§ 3, 4.
5. § 11 Abs. 1.
6. §§ 44ff.
7. Die Einrichtung des Notarverwesers dient dazu, sowohl im Interesse der rechtsuchenden Bevölkerung die Abwicklung der beurkundeten Geschäfte und ihre Betreuung in notarieller Hinsicht zu gewährleisten, als auch im Interesse des künftigen Notars ein Abwandern der Mandantschaft zu auswärtigen Notaren zu verhindern.
8. §§ 1 bis 11 VO. vom 26. 6. 1937 (s. S. 107) nebst Anm. Darnach untersteht der Verweser, soweit nichts anderes bestimmt ist, den gleichen Vorschriften wie der Notar. Er wird vom Oberlandesgerichtspräsidenten bestellt und abberufen; er ist Amtsträger und erhält eine im voraus festzusetzende Vergütung von der Reichsnotarkammer, die neben ihm für seine Amtspflichtverletzungen haftet.

## § 41

Ein zur hauptberuflichen Amtsausübung bestellter Notar[1] darf nach Erlöschen seines Amts[2] die Bezeichnung „Notar" mit einem auf das Erlöschen des Amts hinweisenden Zusatz[3] weiterführen, sofern ihm der Reichsminister der Justiz dies nicht untersagt[4].

1. D. h. der Nurnotar (§ 7) und der Notaranwalt (§ 8 Abs. 1), nicht aber der Anwaltsnotar (§ 8 Abs. 2).
2. § 36.
3. „im Ruhestand" („i. R.").
4. Dies wird regelmäßig der Fall sein in den Fällen des § 38 Abs. 1 Nr. 1 bis 4 und 6 und Abs. 3.

## § 42

(1) Der Notar kann von der Aufsichtsbehörde vorläufig seines Amts enthoben werden:

1. wenn gegen ihn ein Entmündigungsverfahren eingeleitet ist[1];
2. wenn sie die Voraussetzungen des § 38 für gegeben hält[2];
3. wenn er sich länger als zwei Monate ohne Zustimmung der Aufsichtsbehörde außerhalb seines Amtssitzes aufhält[3].

(2) Die vorläufige Amtsenthebung durch Entscheidung des Dienststrafgerichts bestimmt sich nach § 72.

(3) Die Wirkungen der vorläufigen Amtsenthebung treten kraft Gesetz ein:
1. wenn gegen einen Notar im Strafverfahren die Untersuchungshaft[4] verhängt ist für deren Dauer;
2. wenn gegen einen Notar, der zugleich Rechtsanwalt ist[5], ein Vertretungsverbot nach § 95 der Reichs-Rechtsanwaltsordnung verhängt ist, für dessen Dauer.

1. §§ 645 Abs. 2, 680 ZPO.
2. S. § 38 nebst Anm.
3. § 29 Satz 2. Über das Verfahren s. auch AV. vom 14. 6. 1937, C I 2 f (s. S. 191).
4. § 112 StPO. (s. S. 246).
5. § 8 Abs. 1 und 2.

## § 43

(1) Im Fall der vorläufigen Amtsenthebung[1] hat das Amtsgericht, wenn dem Notar kein Vertreter bestellt ist[2], seine Akten und Bücher[3] sowie Siegel, Stempel[4] und Amtsschild[5] für die Dauer der vorläufigen Amtsenthebung in Verwahrung zu nehmen. § 34 Abs. 2, 4 und 5 gelten entsprechend[6].

(2) Der Notar hat sich während der Dauer der vorläufigen Amtsenthebung jeder Amtshandlung zu ent-

halten[7]. Ein Verstoß berührt jedoch die Gültigkeit der Amtshandlung nicht.

1. § 42.
2. § 30.
3. §§ 6ff. DOfN. (s. S. 126).
4. § 2 DOfN. (s. S. 122).
5. § 3 DOfN. (s. S. 123).
6. S. auch § 40 mit §§ 1, 5 VO. vom 26. 6. 1937 (S. 107).
7. Zuwiderhandlung ist dienststrafrechtlich zu ahnden, sofern dies nicht durch endgültige Amtsenthebung überflüssig wird.

## Zweiter Teil

## Reichsnotarkammer und Notarkammern

### § 44

(1) Sämtliche Notare des Reichs[1] sind in der Reichsnotarkammer zusammengeschlossen[2]. Die Reichsnotarkammer ist eine Körperschaft des öffentlichen Rechts[3]. Sie hat ihren Sitz in Berlin[4].

(2) Die Notare eines Oberlandesgerichtsbezirks sind zu einer Notarkammer zusammengeschlossen. Die Notarkammern sind örtliche Gliederungen der Reichsnotarkammer[5]. Der Reichsminister der Justiz kann die Bezirke der Notarkammern anderweitig festsetzen[6].

(3) Die Reichsnotarkammer untersteht der Aufsicht des Reichsministers der Justiz[7, 8, 9].

1. Ausnahmen: §§ 85 I Abs. 1, 86.
2. Anders die bisherige Reichsnotarkammer (VO. vom 17. 7. 1934, RGBl. I S. 712), die nur aus je einem Notar jedes Oberlandesgerichtsbezirkes bestand. S. auch Einleitung S. 23.
3. Und zwar des Reiches. Irgend einem Landesrecht untersteht sie daher nicht. Sie ist auch keine staatliche Behörde, sondern ein körperschaftlicher Zusammenschluß nach berufständischen

Grundsätzen, wie er zwar in einem Stande von Amtsträgern möglich ist, mit der Stellung von Beamten jedoch nicht vereinbar wäre.

4. Wichtig für die örtliche Zuständigkeit der Gerichte (§ 17 nicht aber § 18 ZPO.).

5. Also keine eigenen Körperschaften und demgemäß auch nicht Träger eigener Rechte und Pflichten.

6. D. h. für mehrere OLG.-Bezirke eine Kammer bilden oder für einen OLG.-Bezirk mehrere Kammern. Bisher ist dies nicht geschehen.

7. Und des RMdFin.: Gesetz zur Erhaltung und Hebung der Kaufkraft (Beiträgegesetz) vom 24. 3. 1934 (RGBl. I S. 235). Siehe auch § 59.

8. Übergangsvorschriften s. § 83, wonach die Organe der bisherigen Reichsnotarkammer bis zur Bestellung der neuen die Geschäfte weiterführen.

9. Die Aufsichtsrechte sind im Einzelnen nicht näher umschrieben. Es ist selbstverständlich, daß der RMdJ. Anordnungen der Reichsnotarkammer aufheben und an ihrer Stelle selbst solche erlassen kann, was aber bei enger Zusammenarbeit kaum erforderlich werden dürfte.

## § 45

(1) Die Reichsnotarkammer vertritt die Gesamtheit der deutschen Notare[1].

(2) Sie wacht über Ehre und Ansehen ihrer Mitglieder[2]. Sie sorgt für eine gewissenhafte und lautere Berufsausübung[3] und unterstützt die Aufsichtsbehörde[4] bei ihrer Tätigkeit[5].

(3) Sie kann mit Zustimmung des Reichsministers der Justiz Fürsorge- und Versorgungseinrichtungen unterhalten[6].

1. Nicht im Sinne eines „gesetzlichen Vertreters", sondern in ständischer und politischer Beziehung.

2. Hierin kommt die „Vertretung" der Gesamtheit der Notare zu klarem Ausdruck.

3. Indem sie Richtlinien für das Verhalten in und außer dem Beruf aufstellt und über deren Einhaltung wacht, also eine

Erziehungsaufgabe erfüllt. Da dies in der VO. ausgesprochen ist, ist die Befolgung der durch die Reichsnotarkammer ergehenden Weisungen Amtspflicht der Notare im Sinne der §§ 15, 68 (Art. 5 der Satzung; s. S. 255).

4. § 65.

5. § 66, AV. vom 14. 6. 1937, C (s. S. 188). Daher regelmäßig Anhören des Präsidenten der Reichsnotarkammer durch den RMdJ. und des Präsidenten der Notarkammer durch die OLG.- und LG.-Präsidenten, auch wo es nicht ausdrücklich vorgeschrieben ist, wie an zahlreichen Stellen der AV.

6. Bis zu deren Einrichtung siehe für Bayern § 84 III und IV, für Hessen § 87 nebst Anm., die künftig als Muster dienen werden.

## § 46

Die Organe[1] der Reichsnotarkammer[2] sind
der Präsident,
das Präsidium,
der Beirat,
die Präsidenten der Notarkammern und
die Kammerausschüsse.

1. Nicht im Sinne früherer Organtheorien. Der Präsident ist die alleinführende Persönlichkeit (§§ 47 bis 49), die allein gemäß dem Führerprinzip die Verantwortung für die gesamte Tätigkeit der Reichsnotarkammer trägt, alle Anordnungen trifft und Entscheidungen fällt, woran die Vorschrift des § 50 Abs. 2 nichts ändert. Die anderen Organe sind seine Mitarbeiter, zum Teil auf bestimmt abgegrenzten Gebieten. Die Präsidenten der Notarkammern sind daher in jeder Beziehung an die Weisungen des Präsidenten der Reichsnotarkammer gebunden (Art. 3 der Satzung, s. S. 254). Präsidium, Beirat und Kammerausschüsse haben nur beratende Befugnisse. Satzung und Geschäftsordnung können dem Präsidenten nach innen wirkende Beschränkungen auferlegen, wie z. B. das Erfordernis der Genehmigung des RMdJ. für den Erlaß der Geschäftsordnung, von Richtlinien und allgemeinen Weisungen (Art. 3 der Satzung, s. S. 254).

2. Die Annahme eines Ehrenamts innerhalb der Reichsnotarkammer und dessen Führung ist eine Amtspflicht des

Notars, es sei denn, daß er das sechzigste Lebensjahr überschritten hat oder innerhalb der letzten vier Jahre ein solches Ehrenamt innehatte, für die nächsten vier Jahre (Art. 4 der Satzung s. S. 255). Die Niederlegung eines Ehrenamtes bedarf der Zustimmung des Präsidenten der Reichsnotarkammer (§ 61 Abs. 2).

## § 47

An der Spitze der Reichsnotarkammer steht der Präsident[1]. Er wird vom Reichsminister der Justiz auf die Dauer von vier Jahren berufen[2].

1. S. Anm. 1 zu § 46. Stellvertretung im ganzen: § 49 Abs. 2, im einzelnen: § 56.
2. und kann von diesem auch abberufen werden, falls andere dienstaufsichtliche Maßnahmen (§ 44 Anm. 9) nicht ausreichen.

## § 48

Dem Präsidenten steht das Präsidium[1] zur Seite, das aus fünf Mitgliedern und der gleichen Zahl von Vertretern[2] besteht. Die Mitglieder und deren Vertreter werden vom Reichsminister der Justiz auf die Dauer von vier Jahren berufen[3].

1. Als lediglich beratendes Organ; s. § 50 Abs. 2 mit Anm.
2. Aus praktischen Gründen wird für jedes ordentliche Mitglied einer der Vertreter als der seinige bestellt oder nachträglich bezeichnet, der nur bei Verhinderung im Einzelfall an Stelle des Mitglieds tritt oder, wenn dieses ausgeschieden ist, bis zur Ernennung eines neuen Mitglieds.
3. Und notfalls abberufen.

## § 49

(1) Der Präsident nimmt die Befugnisse[1] der Reichsnotarkammer wahr und vertritt sie gerichtlich und außergerichtlich.

(2) Er bestimmt aus den Mitgliedern des Präsidiums seinen oder seine Stellvertreter[2] und bestellt einen oder mehrere Geschäftsführer[3].

(3) Der Geschäftsführer erledigt die laufenden Geschäfte nach Weisung des Präsidenten, ihm liegt auch die laufende Verwaltung des Vermögens der Reichsnotarkammer ob[4].

1. § 45.

2. Ihnen stehen eigene Befugnisse nicht zu; nur jeweils bei Verhinderung des Präsidenten nimmt einer von ihnen dessen Befugnisse wahr oder bei seinem Wegfall bis zur Neuernennung eines Präsidenten. Der Präsident kann die Stellvertreter auch jederzeit abberufen.

3. Sie können eine feste Vergütung erhalten (§ 60 Abs. 2); sie können Mitglieder des Präsidiums sein, brauchen aber weder dies noch überhaupt Notare zu sein; der Präsident kann sie jederzeit abberufen. Ihre Bestellung braucht nicht auf die Amtsdauer des Präsidenten beschränkt zu sein, insbesondere können auch Dienstverträge auf längere Zeit abgeschlossen werden; auch dann aber dürfte die jederzeitige Abberufung durch den Präsidenten zulässig sein.

4. Unter alleiniger Verantwortung des Präsidenten nach außen, da es sich auch hier um Befugnisse des Präsidenten handelt, die der Geschäftsführer nur zu seiner Entlastung in seinem Auftrag wahrnimmt, wobei er bei der Vermögensverwaltung auf die „laufende" Verwaltung beschränkt ist, wichtige oder seltener vorkommende Geschäfte also nicht selbständig erledigen kann.

## § 50

(1) Das Präsidium berät und unterstützt den Präsidenten. Es ist vor der Entscheidung in wichtigen Angelegenheiten zu hören[1].

(2) Das Präsidium ist verpflichtet, Gutachten in Notarangelegenheiten zu erstatten, die von einem Organ der Gesetzgebung, einer obersten Reichsbehörde einem obersten Gericht erfordert werden[2].

1. Satzung und Geschäftsordnung können näher umschreiben, welche Fälle als wichtig anzusehen sind. In der Satzung ist dies nicht geschehen.

2. Hier ist das Präsidium ausnahmsweise als kollegiales Organ behandelt. Selbstverständlich kann der Präsident an seinen Beratungen teilnehmen. Eine Abstimmung über den Inhalt des Gutachtens kommt mit Rücksicht auf die Natur eines Gutachtens nicht in Frage, vielmehr dürften sich widersprechende Ansichten nebeneinander darzulegen sein. Insbesondere wird in solchen Fällen der Präsident seine Ansicht bei der Weiterleitung des Gutachtens an die anfordernde Stelle besonders zum Ausdruck bringen.

## § 51

Der Beirat der Reichsnotarkammer besteht aus den Mitgliedern des Präsidiums[1] und den Präsidenten der Notarkammern[2] oder ihren Vertretern.

1. § 48.
2. § 54.

## § 52

Soweit nicht die Geschäftsordnung[1] abweichende Bestimmungen enthält, bestimmt der Präsident, welche Angelegenheiten von dem Beirat zu behandeln sind[2]. Über Haushaltsplan, Beiträge[3] und Rechnungslegung[4] ist der Beirat zu hören[5].

1. § 63 Abs. 2. Sie kann naturgemäß erst erlassen werden, wenn die neue Reichsnotarkammer ihre Tätigkeit aufgenommen hat. Ihr Erlaß bedarf der Genehmigung des RMdJ. (Art. 3 der Satzung, s. S. 254).

2. Er hat jährlich mindestens einmal zusammenzutreten; von seinen Sitzungen ist der RMdJ. vorher zu verständigen (Art. 2 der Satzung, s. S. 254); seine Mitarbeit besteht in gutachtlicher Äußerung gegenüber dem Präsidenten.

3. S. § 59 nebst Anm.

4. Haushaltplan, Beiträge und Rechnungslegung richten sich nach dem Gesetz zur Erhaltung und Hebung der Kaufkraft vom 24. 3. 1934 (RGBl. I S. 235) und der Reichshaushaltsordnung vom 31. 12. 1922 in der Fassung der Bekanntmachung vom 14. April 1930 (RGBl. II S. 693) und des Gesetzes über die zweite Änderung der Reichshaushaltsordnung vom 13. 12. 1933

(RGBl. II S. 1007) sowie des Gesetzes vom 23. 3. 1934 (RGBl. I S. 234) und dem Gesetz vom 17. Juni 1936 (RGBl. II S. 209).

5. S. Art. 6 und 8 der Satzung (S. 255).

## § 53

(1) Die Notarkammern [1]) haben die der Reichsnotarkammer zugewiesenen Aufgaben [2] im Bereich ihres Bezirks im Rahmen der ihnen von dem Präsidenten der Reichsnotarkammer gegebenen Weisungen und Richtlinien [3] selbständig wahrzunehmen.

(2) Ihnen liegt insbesondere ob die Vermittlung bei Streitigkeiten:

a) zwischen Notaren [4], wenn einer der beteiligten Notare es beantragt [5],

b) zwischen einem Notar und einem Rechtsanwalt, wenn der Rechtsanwalt es beantragt,

c) zwischen einem Notar und dem Auftraggeber über die Amtsführung [6] des Notars, wenn der Auftraggeber es beantragt [7].

1. D. h. die Kammerpräsidenten (§ 56 Abs. 2), in gewissen Fällen nach Anhören der Kammerausschüsse (§ 54).

2. § 45.

3. § 40 Anm. 1.

4. Auch Notariatsassessoren (§ 5), Notarvertretern (§§ 30ff.) und Notarverwesern (§ 40 mit §§ 1ff. VO. vom 26. 6. 1937, s. S. 107).

5. Gleichgültig, ob es sich um berufliche oder außerberufliche Angelegenheiten handelt.

6. D. h. die Erfüllung aller seiner Amtspflichten (§ 15 nebst Anmerkungen) soweit sie nicht Kostenangelegenheiten, für die in § 156 RKostO. ein eigenes Verfahren vorgeschrieben ist, oder außerberufliches Verhalten des Notars betreffen.

7. Soweit notwendig, d. h. soweit ernstliche Amtspflichtverletzungen dabei festgestellt werden, sind die Dienstaufsichtsbehörden (§ 65) zu verständigen, da ja die Reichsnotarkammer

und ihre Organe zu deren Unterstützung berufen sind (§ 45 Abs. 2) und nur die Dienstaufsichtsbehörden der Erziehungsarbeit notfalls den erforderlichen Nachdruck verleihen können.

## § 54

An der Spitze der Notarkammer steht der Präsident[1]. Ihm steht ein Kammerausschuß beratend zur Seite, dessen Mitgliederzahl je nach der Größe des Kammerbezirks vom Reichsminister der Justiz bestimmt wird[2]. Der Präsident bestimmt aus den Mitgliedern des Ausschusses seinen oder seine Stellvertreter; er kann einen oder mehrere Geschäftsführer bestellen[3].

1. Die Notarkammern sind entsprechend der Reichsnotarkammer aufgebaut.
2. Sie sollen nicht zu groß sein, damit die Ausschüsse nicht schwerfällig und kostspielig werden, aber die Vertretung verschiedener Meinungen insbesondere auch nach örtlichen Gesichtspunkten ermöglichen.
3. Entsprechend § 49 Abs. 2 und 3; s. dort nebst Anm.

## § 55

Die Präsidenten der Notarkammern und die Mitglieder des Kammerausschusses sowie deren Stellvertreter werden vom Reichsminister der Justiz auf die Dauer von vier Jahren aus den Notaren des Bezirks[1] berufen[2].

1. § 44 Abs. 2 Satz 2.
2. und notfalls abberufen.

## § 56

(1) Der Präsident der Reichsnotarkammer kann die Präsidenten der Notarkammern allgemein oder für den Einzelfall zur gerichtlichen und außergerichtlichen Vertretung der Reichsnotarkammer ermächtigen[1].

(2) Die Präsidenten der Notarkammern sind für die

Erfüllung der den Kammern zugewiesenen Aufgaben und für die Durchführung der Weisungen des Präsidenten der Reichsnotarkammer verantwortlich. Sie haben den Präsidenten der Reichsnotarkammer über die Lage in ihren Bezirken laufend zu unterrichten[2].

1. Unter voller Aufrechterhaltung seiner Verantwortlichkeit.
2. Sie haben ferner bei der Aufstellung des Haushaltsplanes mitzuwirken (Art. 6 der Satzung, s. S. 255); an den Haushaltplan sind sie gebunden (Art. 7 der Satzung, s. S. 256).

## § 57

Die Präsidenten der Notarkammern erstatten Gutachten, die bei Streitigkeiten zwischen einem Notar und dem Auftraggeber von den Gerichten ihres Bezirks erfordert werden[1].

1. Hier handelt es sich im Gegensatz zu § 50 Abs. 2 um Gutachten im Sinne der Prozeßgesetze, die als Beweismittel in einem gerichtlichen Verfahren zu dienen bestimmt sind.

## § 58

(1) Notare und Notariatsassessoren[1] haben auf die von dem Präsidenten der Reichsnotarkammer oder von den Kammerpräsidenten in Ausübung ihrer gesetzlichen Befugnisse[2] erlassenen Ladungen zu erscheinen und die verlangten Auskünfte[3] zu geben[4].

(2) Der Präsident der Reichsnotarkammer und die Kammerpräsidenten können zur Erzwingung dieser Verpflichtung Ordnungsstrafen bis zum Betrag von 300 Reichsmark festsetzen[5]. Der Festsetzung der Strafe muß deren schriftliche Androhung vorausgehen. Die Ordnungsstrafen fließen zur Kasse der Reichsnotarkammer; sie werden wie rückständige Beiträge beigetrieben (§ 59 Abs. 2).

(3) Über Beschwerden gegen Verfügungen nach Abs. 2

entscheidet der Präsident der Reichsnotarkammer[6] und, wenn die Verfügung von diesem erlassen war, der Reichsminister der Justiz.

1. Nicht die Probeassessoren (§ 5 Abs. 1), die ausschließlich der Justizverwaltung unterstehen. Trotzdem dürften keine Bedenken gegen einen unmittelbaren Verkehr der Reichsnotarkammer mit den Probeassessoren bestehen und dagegen, die Erfüllung der an sie gerichteten Anforderungen als ihre Dienstpflicht zu betrachten (Jonas-Hornig in Pfundtner-Neubert, Anm. 2 zu § 58 RNO.).

2. § 45.

3. Ausnahme von der Verschwiegenheitspflicht des § 19.

4. Amtspflicht im Sinne der §§ 15, 68.

5. Dadurch wird eine dienststrafrechtliche Verfolgung nicht ausgeschlossen.

6. Dessen Entscheidung der RMdJ. als Aufsichtsbehörde nach § 44 Abs. 3 aufheben oder abändern kann.

## § 59

(1) Die Reichsnotarkammer erhebt zur Deckung ihrer Unkosten von den Notaren Beiträge[1, 2].

(2) Rückständige Beiträge können auf Grund einer von dem Präsidenten der Reichsnotarkammer[3] aufgestellten, mit der Bescheinigung der Vollstreckbarkeit versehenen Zahlungsaufforderung nach den Vorschriften über die Vollstreckung der Urteile in bürgerlichen Rechtsstreitigkeiten eingezogen werden[4].

1. Daher unterliegt sie dem Gesetz zur Erhaltung und Hebung der Kaufkraft und der Reichshaushaltsordnung (s. § 52 Anm. 4), damit auch der Aufsicht durch den RMdFin. und der Nachprüfung ihrer Haushaltführung durch den Rechnungshof des Deutschen Reiches oder die von diesem beauftragte Stelle. Näheres über die Beiträge s. Art. 6 der Satzung (S. 255). Darnach ist bei ihrer Bemessung auf die wirtschaftliche Lage der Notare Rücksicht zu nehmen; die Beiträge sind angemessen zu staffeln. Sie werden vom Präsidenten nach Anhörung des Beirats festgesetzt. Diese Festsetzung unterliegt gemäß den vorge-

nannten Bestimmungen als Bestandteil des Haushaltplans der Genehmigung des RMdJ. und des RMdFin.

2. Für die Bezirksnotare in Württemberg s. § 85 I Abs. 1 letzter Satz, für die Notare in Baden § 86 letzter Satz.

3. Oder seinem Stellvertreter in Vertretung oder einem Geschäftsführer im Auftrage des Präsidenten.

4. §§ 704ff. ZPO. S. dort auch über die gegebenen Rechtsmittel gegen die Vollstreckung.

## § 60

(1) Der Präsident der Reichsnotarkammer und die Kammerpräsidenten sowie die Mitglieder des Präsidiums, des Beirats und der Kammerausschüsse sind ehrenamtlich tätig[1]. Reisekosten[2] und sonstige Auslagen[3] werden ihnen erstattet.

(2) Den Geschäftsführern[4] kann eine feste Vergütung bewilligt werden[5].

1. Sie dürfen also kein Gehalt oder eine ähnliche Vergütung für ihre Arbeitsleistung erhalten.

2. Reisekostengesetz vom 15. 12. 1933 (RGBl. I S. 1067) in der Fassung des Gesetzes vom 4. 5. 1937 (RGBl. I S. 575) nebst Ausführungsbestimmungen vom 16. 12. 1933 (RBesoldBl. S. 192).

3. Auch Pauschalvergütungen für regelmäßig wiederkehrende Aufwendungen dürften als zulässig zu betrachten sein.

4. § 49 Abs. 2, § 54.

5. Durch den Präsidenten, vor allem im Wege des Abschlusses von Dienstverträgen.

## § 61

(1) Wer aufhört, das Amt eines Notars zu bekleiden[1], scheidet zugleich aus dem Amt bei der Reichsnotarkammer aus. Bei vorläufiger Amtsenthebung[2] ruht die Ausübung des Amts bei der Reichsnotarkammer[3].

(2) Das freiwillige Ausscheiden bedarf der Zustimmung des Präsidenten der Reichsnotarkammer.

(3) Bei vorzeitiger Erledigung eines Amts bei der Reichsnotarkammer wird der Nachfolger für den Rest der Amtszeit[4] berufen[5].

1. § 36 nebst Anm.
2. §§ 38, 42.
3. In beiden Fällen tritt der Vertreter an Stelle des Mitglieds bis zur Ernennung eines Nachfolgers oder der Wiedereinsetzung in das Amt als Notar.
4. Sie beträgt für alle Organe der Reichsnotarkammer gleichmäßig vier Jahre, ohne daß ein turnusmäßiges Ausscheiden vorgesehen wäre.
5. Dies gilt auch dann, wenn ein Vertreter vorzeitig ausscheidet und wenn ein Ehrenamt durch vorzeitige Abberufung erlischt (§ 47 Anm. 2, § 48 Anm. 3, § 55 Anm. 2).

## § 62

Verhandlungen und Anordnungen der Organe der Reichsnotarkammer sowie die an sie gerichteten Erlasse und Eingaben sind, soweit sie nicht eine Beurkundung von Rechtsgeschäften enthalten, frei von Gebühren und Urkundensteuern[1].

1. Die RRAO. bestimmt in § 63 das gleiche für die Reichsrechtsanwaltskammer und ihre Organe.

## § 63

(1) Die näheren Bestimmungen über die Organe der Reichsnotarkammer und ihre Befugnisse trifft die Satzung[1]. Satzungsänderungen im Rahmen dieser Verordnung verfügt der Präsident der Reichsnotarkammer nach Anhörung des Beirats. Änderungen bedürfen der Bestätigung des Reichsministers der Justiz und sind in gleicher Weise wie die Satzung (§ 83 Abs. 3)[2] bekanntzumachen.

(2) Für die Geschäftsführung ist, soweit nicht diese Verordnung[3] oder die Satzung[4] bereits Bestimmungen

enthält, die Geschäftsordnung der Reichsnotarkammer maßgebend, die der Präsident der Reichsnotarkammer nach Anhörung des Präsidiums erläßt[5].

1. Erlaß der ersten Satzung: § 83 Abs. 3. Die Satzung ist abgedruckt auf S. 254 ff.
2. In der Deutschen Justiz (DJ.).
3. S. insbesondere §§ 52 Satz 2, 59, 64.
4. Art. 6 der Satzung (s. Satzung).
5. S. § 52 Anm. 1. Neben dieser Geschäftsordnung können natürlich die Präsidenten der Notarkammern (nach Anhörung der Kammerausschüsse) für ihren inneren Geschäftsbetrieb ebenfalls Geschäftsordnungen erlassen, die mit der Satzung und der Geschäftsordnung der Reichsnotarkammer sowie den Richtlinien und Weisungen des Präsidenten der Reichsnotarkammer vereinbar sein müssen.

## § 64

Der Präsident der Reichsnotarkammer erstattet dem Reichsminister der Justiz nach Abschluß jedes Haushaltjahres einen Bericht über die Tätigkeit der Kammer, über den Stand des Vermögens und die Lage der Notare[1].

1. Selbstverständlich kann der RMdJ. kraft seiner Aufsichtsbefugnis (§ 44 Abs. 3) jederzeit derartige und alle anderen Auskünfte verlangen.

# Dritter Teil

# Aufsicht. Dienststrafverfahren.

## 1. Abschnitt

## Aufsicht

## § 65

Das Recht der Aufsicht steht zu:

1. dem Präsidenten des Landgerichts
   über die Notare und Notariatsassessoren des Landgerichtsbezirks;

2. dem Präsidenten des Oberlandesgerichts über die Notare und Notariatsassessoren des Oberlandesgerichtsbezirks;
3. dem Reichsminister der Justiz über sämtliche Notare und Notariatsassessoren[1].

1. Da sie Träger eines öffentlichen Amtes sind (§ 2). Desgleichen natürlich die Notarvertreter und Notarverweser, solange sie als solche tätig sind. Für die Probeassessoren gelten ausschließlich die Vorschriften der AV. vom 14. 6. 1937, A II (s. S. 157).

## § 66

(1) Den Aufsichtsbehörden liegt die Prüfung und Überwachung der Amtsführung[1] der Notare und des Dienstes der Notariatsassessoren ob.

(2) Die Notare sind verpflichtet[2], den Aufsichtsbehörden oder den von diesen beauftragten richterlichen Beamten Akten, Verzeichnisse und Bücher sowie die in ihrer Verwahrung befindlichen Urkunden zur Einsicht vorzulegen[3]. Zur Durchsicht und Prüfung der Verzeichnisse und Bücher sowie zur Prüfung der Kostenberechnungen und Abrechnungen über Gebührenabgaben, Urkundensteuern u. dgl. dürfen auch nichtrichterliche Beamte herangezogen werden; eine Aufsichtsbefugnis steht diesen Beamten nicht zu[4].

1. Ohne jede Einschränkung. Daher können sie auch allgemeine Anordnungen im Rahmen der Gesetze und Rechtsverordnungen erlassen. Näheres über die Prüfung der Amtsführung s. §§ 43, 44 DOfN. (S. 153).
2. Entgegen der Verschwiegenheitspflicht des § 19.
3. Selbstverständlich auch dazu, ihnen jede verlangte Auskunft zu erteilen.
4. Sie sind lediglich Hilfskräfte der Aufsichtsbehörde für die genannten Teilgebiete und als solche nicht zu dienstaufsichtlichen Handlungen berechtigt.

## § 67

Die Aufsichtsbehörden sind befugt, Notaren und Notariatsassessoren[1] bei Ordnungswidrigkeiten oder Pflichtverletzungen leichterer Art eine Mißbilligung auszusprechen[2]. Über Gegenvorstellungen des Notars oder Notariatsassessors wird im Aufsichtswege entschieden[3].

1. Auch Vertretern und Verwesern (§ 30 Abs. 3, § 40 mit § 3 VO. vom 26. 6. 1937, S. 108), nicht aber nach dieser Vorschrift den Probeassessoren, für die lediglich die AV. vom 14. 6. 1937 maßgebend ist. Darnach kommen nur Mißbilligung durch die Aufsichtsbehörde oder Entlassung aus dem Probedienst, diese nur durch den RMdJ., als Maßregeln gegen ihn in Frage.

2. Zu unterscheiden von der Dienststrafverfügung gemäß § 71 Abs. 1.

3. Dadurch ist ein Übergang ins Dienststrafverfahren, wie er früher teilweise bestand, ausgeschlossen.

## 2. Abschnitt

## Dienststrafverfahren

## § 68

Notare[1] und Notariatsassessoren[2], die schuldhaft[3] die ihnen obliegenden Amtspflichten[4] verletzen, begehen ein Dienstvergehen[5].

1. Auch Vertreter (§ 30 Abs. 3) und Verweser (§ 40 mit § 3 VO. vom 26. 6. 1937, s. S. 108).

2. § 5 Abs. 1. Nicht die Probeassessoren.

3. Vorsätzlich oder fahrlässig.

4. § 15 nebst Anmerkungen. Hierzu gehört insbesondere auch das Verhalten außerhalb des Dienstes.

5. Die Notare sind Amtsträger (§ 2). Daher Dienststrafverfahren und nicht ehrengerichtliches Verfahren, wie bei den Rechtsanwälten.

## § 69

Soweit nicht in dieser Verordnung abweichendes bestimmt ist[1], finden die für richterliche Beamte[2] der Reichsjustizverwaltung[3] geltenden Vorschriften der Reichsdienststrafordnung[4] entsprechende Anwendung[5].

1. §§ 70, 71, 73, 74.

2. § 108 RDStO.

3. § 109 RDStO.

4. Vom 26. Januar 1937 (RGBl. I S. 71).

5. Nach Jonas-Hornig bei Pfundtner-Neubert (Das Neue Deutsche Reichsrecht) Anm. 4 zu § 69 RNO. ergeben sich die für die Notare anwendbaren Vorschriften aus folgender Übersicht:

§ 1 (Geltungsbereich): S. dazu § 69 RNO.

§ 2 (Zulässigkeit der dienststrafrechtlichen Verfolgung von Verfehlungen, die während eines früheren Beamtenverhältnisses oder im Ruhestand begangen sind): Gilt entsprechend für die Notare.

§ 3 (Opportunitätsprinzip; die Aufsichtsbehörde bestimmt nach pflichtmäßigem Ermessen, ob wegen eines Dienstvergehens nach der RDStO. einzuschreiten ist; dabei ist das gesamte dienst- und außerdienstliche Verhalten zu berücksichtigen): gilt entsprechend für die Notare.

§ 4 Abs. 1 (Zulässige Strafen): ersetzt durch § 70 RNO.
Abs. 2 (In ein und demselben Verfahren darf nur eine der zulässigen Strafen verhängt werden): gilt auch für die Notare -- wesentliche Abweichung von § 65 Abs. 2 RRAO., wo die gleichzeitige Verhängung von Geldstrafe und Verweis zugelassen ist.

§ 5 Abs. 1, 2 (Warnung und Verweis); zu Abs. 3 (Mißbilligungen durch den Dienstvorgesetzten): s. § 67 RNO.

§ 6 (Geldbuße): abweichende Regelung im § 70 Abs. 2 RNO.

§ 7 (Gehaltskürzung): kommt für den Notar nicht in Frage.

§ 8 (Entfernung aus dem Dienst): Abs. 2, wonach sich die Entfernung aus dem Dienst auf alle im unmittelbaren oder mittelbaren Reichsdienst bekleideten Ämter erstreckt, gilt bei der Entfernung des Notars aus dem Amt sinngemäß. Wegen der Ausschließung aus der Anwaltschaft beim Anwaltsnotar s. § 70 Abs. 3 RNO.

§§ 9, 10 (betr. Ruhestandsbeamte): kommen für die Notare nicht in Betracht — ausgenommen die in den Ruhestand versetzten Notare in Hessen, soweit sie Ruhegehalt beziehen, s. § 87 RNO.

§ 11 (Dienststrafverfügungs- und förmliches Dienststrafverfahren): gilt für Notare mit folgender Abweichung:

Auf Entfernung aus dem Amt kann nur im förmlichen Dienststrafverfahren erkannt werden.

Warnung, Verweis und Geldbuße kann auch die Aufsichtsbehörde durch Dienststrafverfügung verhängen — eine Geldbuße darf jedoch der Landgerichtspräsident überhaupt nicht (§ 71 Abs. 1 RNO.) und der Oberlandesgerichtspräsident nur bis zur Hälfte des Höchstbetrages verhängen (§ 24 Abs. 2 Nr. 2 RDStO.).

§ 12 (Fortführung eines förmlichen Dienststrafverfahrens nach Versetzung des Beamten in den Ruhestand): kann nur für die Notare in Hessen praktisch werden, vgl. § 87 RNO. (Zunächst auch noch in Bayern. Der Verf.).

§ 13 (Zusammentreffen von Dienststrafverfahren und strafgerichtlichem Verfahren; Einleitung, Aussetzung, Bindung an das strafgerichtliche Urteil): gilt auch bei Verfahren gegen Notare.

§ 14 (präjudizielle Verfahren): desgl.

§ 15 (Geisteskrankheit des Beschuldigten usw.): desgl.

§ 16 (Rechtshilfe): desgl.

§ 17 (Ermittlungen): desgl.

§ 18 (Keine Verhaftung): desgl.

§ 19 (Zustellungen): desgl.

§ 20 (Sitzungspolizei, Gerichtssprache, Beratung und Abstimmung): desgl.

§§ 21 bis 23 (Vorermittlungen): desgl.

§§ 24 bis 27 (Dienststrafverfügungsverfahren). — Abweichung: Der Landgerichtspräsident kann Geldbußen nicht verhängen (§ 71 Abs. 1 RNO.).

§§ 28 bis 30 (Einleitung des förmlichen Dienststrafverfahrens): § 28 (Einleitungsverfügung): Mitteilung bei Mitgliedern der NSDAP. auch an den Stellvertreter des Führers; § 29 (Einleitungsbehörde); § 30 (bei Nebenämtern Mitteilung an die insoweit in Frage kommenden Einleitungsbehörden, Zuständigkeitsstreitigkeiten): sinngemäße Anwendung bei den Anwaltsnotaren, s. dazu § 74 RNO.

§§ 31 bis 43 (Dienststrafgerichte): die Abweichungen im Verfahren gegen Notare, insbesondere die besondere Zusammensetzung, sind unten bei § 71 RNO. behandelt.
§§ 44 bis 54 (Untersuchung): gelten auch im Verfahren gegen Notare.
§§ 55 bis 58 (Verfahren vor der Dienststrafkammer bis zur Hauptverhandlung): desgl.
§§ 59 bis 65 (Hauptverhandlung): desgl.
§§ 66 bis 77 (Rechtsmittel): desgl.
§§ 78 bis 82 (Vorläufige Dienstenthebung): s. dazu unten § 72 RNO. mit Anmerkungen.
§§ 83 bis 96 (Wiederaufnahme des Verfahrens): gelten sinngemäß auch für Notare. Wegen der Entschädigung unschuldig Verurteilter s. § 95; § 94 findet keine Anwendung.
§§ 97 bis 101 (Kosten des Verfahrens): gelten auch im Verfahren gegen Notare.
§§ 102 bis 104 (Vollstreckung und Begnadigung): desgl.
§§ 105 bis 106 (Verfahren bei Fernbleiben vom Dienst): gelten für Notare nicht.
§ 107 (Verfahren gegen Beamte auf Widerruf): Beamten auf Widerruf stehen gleich Notariatsassessoren sowie Notarvertreter und -verweser, soweit sie nicht selbst Notare sind, vgl. oben Anm. 2.
§ 108 (Besondere Vorschriften für richterliche Beamte): s. dazu die Anmerkungen zu §§ 71 und 72 RNO.
§ 109 (Besondere Vorschriften für Beamte der Reichsjustizverwaltung): s. dazu unten die Anm. zu § 71 RNO.
§§ 110 bis 113 (Sondervorschriften für verschiedene Beamtengruppen): kommen für die Notare nicht in Betracht.

Von den Übergangs- und Schlußvorschriften (§§ 114 bis 121) verdienen Hervorhebung der § 116, der die anhängigen Verfahren behandelt und § 119, wonach die auf Grund der RDStO. ergangenen Entscheidungen der Aufsichtsbehörden und der Dienststrafgerichte für die Beurteilung gerichtlich geltend gemachter vermögensrechtlicher Ansprüche bindend sind.

## § 70

**(1) Im Dienststrafverfahren[1] können folgende Strafen[2] verhängt werden:**

Warnung,
Verweis,
Geldbuße[3],
Entfernung aus dem Amt[4].

(2) Geldbuße kann gegen Notare bis zu 5000 Reichsmark, gegen Notariatsassessoren bis zu 500 Reichsmark verhängt werden.

(3) Die Entfernung aus dem Amt hat bei einem Notar, der als Rechtsanwalt zugelassen[5] ist, zugleich die Ausschließung von der Rechtsanwaltschaft zur Folge[6].

1. Dienststrafverfügung s. § 71 Abs. 1.
2. Nur eine dieser Strafen, nicht mehrere gleichzeitig. S. auch § 4 Abs. 2 RDStO.
3. Abs. 2!
4. § 8 Abs. 2 RDStO.
5. § 8 Abs. 1 und 2.
6. Die Ausschließung wird wirksam mit dem Eintritt der Rechtskraft des Urteils (§ 102 Abs. 1 RDStO.).

## § 71

(1) Durch Dienststrafverfügung[1] können Geldbußen vom Präsidenten des Landgerichts nicht verhängt werden[2].

(2) Im förmlichen Dienststrafverfahren entscheiden allein[3] die Dienststrafkammern bei den Oberlandesgerichten und der Dienststrafsenat beim Reichsgericht. In der Dienststrafkammer wirkt neben einem richterlichen Beisitzer ein im Bezirk des Oberlandesgerichts ansässiger Notar als Beisitzer[4] mit; im Dienststrafsenat wirken neben zwei richterlichen Beisitzern zwei Notare als Beisitzer[5] mit[6, 7].

1. §§ 24 bis 27 RDStO.
2. Abweichung von der RDStO. Der Landgerichtspräsident

kann demnach nur Warnung oder Verweis aussprechen. Der Oberlandesgerichtspräsident kann Geldbußen bis zur Hälfte, also 2500 bzw. 250 Reichsmark, der RMdJ. bis zur vollen Höhe, also 5000 bzw. 500 Reichsmark, verhängen.

3. Im Gegensatz zu § 32 RDStO.

4. Vorsitzender ist der Präsident des Oberlandesgerichts oder sein ständiger Vertreter, notfalls der dienstälteste, dann der an Lebensjahren älteste Beisitzer des OLG. (§ 109 Abs. 1 Nr. 1b RDStO.).

5. Vorsitzender ist der Präsident des Reichsgerichts oder sein ständiger Vertreter, notfalls der dienstälteste, dann der an Lebensjahren älteste Beisitzer des RG. (§ 109 Abs. 1 Nr. 2b RDStO.).

6. Die Beisitzer des Dienststrafsenats ernennt der Führer und Reichskanzler, die der Dienststrafkammern der RMdJ., je auf drei Jahre (§ 109 Abs. 1 Nr. 3 RDStO.).

7. Ankläger: Der Generalstaatsanwalt beim OLG. bzw. der Reichsanwalt (§ 109 Abs. 1 Nr. 5 RDStO.).

## § 72

Für die vorläufige Amtsenthebung eines Notars gelten die Vorschriften über die vorläufige Dienstenthebung entsprechend[1].

1. D. h. sie kann auf Antrag des Generalstaatsanwalts beim OLG. durch die Dienststrafkammer erfolgen, wenn ein förmliches Dienststrafverfahren eingeleitet ist oder gleichzeitig eingeleitet wird (§§ 78, 108, 109 Abs. 1 Nr. 5 RDStO.).

## § 73

Ein Dienststrafverfahren gegen einen Notar kann mit einem sonstigen Dienststrafverfahren, für das die im Bereich der Reichsjustizverwaltung errichteten Dienststrafgerichte zuständig sind[1], verbunden werden, wenn die Gegenstände beider Verfahren im Zusammenhang stehen[2]. Die Dienststrafgerichte entscheiden im Fall der Verbindung in der für Richter vorgeschriebenen Besetzung[3].

1. Gemäß § 109 Abs. 1 RDStO.

2. Die Verbindung ist nur möglich, wenn es sich bei dem Beamten der Reichsjustizverwaltung um ein Dienstvergehen handelt, das in oder bei Ausübung der Rechtspflege begangen worden ist, denn sonst würde der Notar vor ein Dienststrafgericht gezogen werden, das für ihn in keinem Falle zuständig ist (§ 69). Andererseits ist die Verbindung unter dieser Voraussetzung auch dann zulässig, wenn der Beamte der Reichsjustizverwaltung kein Richter ist.

3. § 109 Abs. 1 Nr. 1 und 2 RDStO. ohne Rücksicht auf § 71 Abs. 2, also ohne die Mitwirkung von Notaren als Beisitzer.

## § 74

Ob über eine Verfehlung eines Notars, der zugleich als Rechtsanwalt zugelassen ist[1], im Dienststrafverfahren[2] oder im ehrengerichtlichen Verfahren für Rechtsanwälte[3] zu entscheiden ist, bestimmt sich danach, ob die Verfehlung vorwiegend mit dem Amt als Notar oder der Tätigkeit als Rechtsanwalt im Zusammenhang steht. Bei Meinungsverschiedenheiten entscheidet der Generalstaatsanwalt bei dem Oberlandesgericht[4, 5].

1. § 8 Abs. 1 und 2.

2. §§ 68ff.

3. §§ 64 bis 105 RRAO.

4. Als der Ankläger in beiden Verfahren. S. § 71 Anm. 7 und § 100 RRAO.

5. Meinungsverschiedenheiten könnten insbesondere entstehen, wenn es sich um Verfehlungen handelt, die außerhalb des Dienstes oder Berufes begangen sind. In der Regel wird hier, da an den Notar als Amtsträger höhere Anforderungen zu stellen sind, das für diesen bestimmte Dienststrafverfahren auch dann einzutreten haben, wenn es sich um einen Anwaltsnotar handelt (a. A. Jonas-Hornig a. a. O. Anm. 1 zu § 74). Im übrigen ist die gesetzliche Unterstellung des § 26 von ausschlaggebender Bedeutung.

# Vierter Teil
# Übergangs- und Schlußbestimmungen

## 1. Abschnitt
## Allgemeine Übergangsbestimmungen

### § 75

Die Verordnung tritt — vorbehaltlich der in den §§ 85 und 86 für die Oberlandesgerichtsbezirke Stuttgart und Karlsruhe getroffenen Sondervorschriften — mit dem 1. Juli 1937 in Kraft[1]. Gleichzeitig treten, soweit nicht in dieser Verordnung ein anderes bestimmt ist[2], die das Notariatswesen betreffenden landesrechtlichen Vorschriften außer Kraft[3].

1. Im gleichen Zeitpunkt treten auch das DBG. und die RDStO., auf welche die RNO. weitgehend bezug nimmt, in Kraft.

2. §§ 77, 78, 80, 81, 83, 84 I und II, 85, 86, 87. Dabei ist zu beachten, daß § 81 durch den Erlaß der DOfN. (S. 121) gegenstandslos geworden ist, und also auch die landesrechtlichen Verfahrensvorschriften aufgehoben sind, soweit sie sich nicht auf die wenigen, in § 77 Abs. 3 behandelten Gegenstände beziehen, oder durch die DOfN. ausdrücklich aufrecht erhalten sind. Letzteres ist nur der Fall in bezug auf die Erteilung von Ausfertigungen und beglaubigten Abschriften (§ 15 Abs. 3 DOfN., s. S. 132), sowie auf die Registerführung, hier beschränkt auf die Zeit bis zum 31. 12. 1937. Selbstverständlich ist auch bei den Amtshandlungen und sonstigen Verrichtungen, die der Notar nach § 80 zu Ende führen darf, für eine ganz kurz bemessene Übergangszeit das bisher vorgeschriebene Verfahren weiter zu beobachten.

3. Durch diese Bestimmung ist ein der Bevölkerung bisher mit Recht unverständliches Chaos endgültig beseitigt.

### § 76

(1) Wer vor dem Inkrafttreten dieser Verordnung nach den bisherigen Vorschriften zum Notar bestellt

war, bleibt Notar. Er untersteht von diesem Zeitpunkt an dieser Verordnung[1].

(2) Die zu Notaren bestellten Rechtsanwälte (§ 8 Abs. 2) gelten in jedem Fall als für die Dauer ihrer Zulassung[2] bestellt; Widerrufsvorbehalte und ähnliche Beschränkungen verlieren ihre Wirksamkeit.

(3) War der Notar nach Maßgabe der bisherigen Vorschriften bereits als Beamter vereidigt, so findet eine nochmalige Vereidigung nach § 14 nicht statt.

(4) Soweit vor dem Inkrafttreten dieser Verordnung dem Notar gestattet war, außerhalb seines Amtssitzes zu wohnen[3] oder mehrere Geschäftsstellen zu unterhalten oder auswärtige Sprechtage abzuhalten[4], behält es hiebei sein Bewenden. Das gleiche gilt von der Genehmigung zur Ausübung einer Nebentätigkeit[5]; zur Fortsetzung einer bisher nicht genehmigungspflichtigen Nebentätigkeit hat der Notar die Genehmigung binnen drei Monaten nach Inkrafttreten dieser Verordnung nachzusuchen; wird die Genehmigung versagt, so ist dem Notar eine angemessene Frist zur Lösung des Amts- oder Dienstverhältnisses oder zur Abwicklung der sonstigen Nebentätigkeit zu gewähren[6].

1. Die Notare verlieren also mit dem 1. 7. 1937 vorbehaltlich der in §§ 85 I Abs. 1 und 86 für Württemberg und Baden gemachten Ausnahmen im ganzen Reich die Beamteneigenschaft, nur nicht in Thüringen, wo die Notare schon bisher nicht Beamte waren.

2. Bei dem Gericht, bei dem sie am 1. 7. 1937 zugelassen sind.

3. § 11 Abs. 2.

4. § 11 Abs. 4.

5. § 9.

6. Erst mit Ablauf dieser Frist endet seine Befugnis, die Nebentätigkeit auszuüben. — Zweifel bei Auslegung s. S. 199 III 3.

### § 77 [1]

(1) Soweit für die den Notaren zugewiesenen Amtsgeschäfte (§§ 22 bis 26) nach den bisherigen Vorschriften auch andere Stellen zuständig sind[2], bleiben diese Vorschriften unberührt[3].

(2) Soweit nach den bisherigen Vorschriften für die Beurkundung von Rechtsgeschäften und die Beglaubigung von Unterschriften und Handzeichen nur die Notare zuständig sind[4], bleiben diese Vorschriften vorläufig weiter in Geltung[5].

(3) Inwieweit die Notare zur Vermittlung von Nachlaß- und Gesamtguts-Auseinandersetzungen — einschließlich der Erteilung von Zeugnissen nach den §§ 36 und 37 der Grundbuchordnung[6], zur Aufnahme von Nachlaßverzeichnissen und Nachlaßinventaren sowie zur Anlegung und Abnahme von Siegeln im Rahmen eines Nachlaßsicherungsverfahrens zuständig sind, bestimmt sich bis auf weiteres nach den bisherigen Vorschriften[7, 8].

1. Von genauer Aufzählung aller landesrechtlichen Zuständigkeiten muß hier wegen der allzugroßen Vielfältigkeit abgesehen werden, obwohl sie voraussichtlich noch geraume Zeit bestehen werden.

2. Hier kommen insbesondere in Frage die Amtsgerichte, Ortsgerichte, Verwaltungsstellen verschiedenster Art einschließlich der Gemeindebehörden, Flurbereinigungs- und Kulturämter usw., bezüglich der Zuständigkeiten des § 26 auch die Rechtsanwälte.

3. Dies ist in allen Ländern mehr oder weniger der Fall mit Ausnahme der in Anm. 4 aufgeführten.

4. Abgesehen von den nunmehr in § 26 den Notaren zugewiesenen Zuständigkeiten trifft dies im wesentlichen zu auf Bayern einschließlich des bisher bayerischen Teils des Saarlandes, Hamburg und Bremen. Auch in Baden sind zu den wesentlichen notariellen Amtshandlungen die Notare ausschließlich zuständig. Wenn in Baden die RNO. in Kraft gesetzt wird,

muß also auch hier insoweit die ausschließliche Zuständigkeit aufrecht erhalten bleiben. Die gleiche Forderung ist für Württemberg aufzustellen, wo außer den freiberuflichen öffentlichen Notaren nur die Bezirksnotare zur Erledigung der wesentlichen notariellen Amtshandlungen zuständig sind.

5. Entgegen der seit der Reichsgründung, insbesondere aber seit 1933 von den Notaren, seit der Nationalsozialistischen Revolution von der Nationalsozialistischen Standesführung immer wieder erhobenen und auch von der Reichsjustizverwaltung im Grundsatz als berechtigt anerkannten Forderung nach ausschließlicher Zuständigkeit der Notare für ihre eigentliche Amtstätigkeit im engeren Sinne, wie sie in den §§ 22 bis 24 umschrieben ist und wie sie allein sowohl den Erfordernissen einer geordneten Rechtspflege, als auch dem Grundsatz einer klaren Aufgabentrennung entsprechen kann, ist diese infolge bestehender, soweit sie finanzpolitischer Natur sind leicht als unberechtigt nachweisbarer Widerstände, durch die RNO. nicht nur nicht verwirklicht, vielmehr durch das Wort „vorläufig" sogar abgelehnt worden. Die ausschließliche Zuständigkeit gehört aber zum hauptberuflichen Notar. Mit dessen auf Grund der RNO. fortschreitender Einführung dürfte sich die Forderung nach der ausschließlichen Zuständigkeit immer mehr als berechtigt erweisen und deshalb auch allmählich ihre Verwirklichung finden. S. auch Einleitung S. 22.

6. Siehe S. 242.

7. Diese Zuständigkeiten bestehen in manchen Ländern (Bayern, Württemberg, Baden, Preußen und Hessen, in den beiden letzteren mit Ausnahme der Befugnis zur Erteilung von Zeugnissen nach §§ 36, 37 GBO.) ganz, in den anderen zu diesem oder jenem Teil.

8. Der bisher bayerische Teil des Saargebietes (Bezirke Homburg, Blieskastel und St. Ingbert) treten künftig in bezug auf diese Zuständigkeiten unter die bisherigen preußischen Vorschriften (Art. 21 ff. PFGG.); das gleiche gilt für Lippe, Schaumburg-Lippe und Birkenfeld, wo bisher ein Notariat überhaupt nicht bestand (§§ 88, 89).

## § 78

**(1) Soweit den Notaren auf dem Gebiet der Zwangsvollstreckung in das unbewegliche Vermögen nach den**

bisherigen Vorschriften Amtshandlungen des Vollstreckungsgerichts zugewiesen waren, gehen die bei dem Notar anhängigen Verfahren mit dem Zeitpunkt des Inkrafttretens dieser Verordnung auf das örtlich zuständige Amtsgericht über[1]. Die Anfechtung der vor diesem Zeitpunkte von dem Notar erlassenen Entscheidungen bestimmt sich nach § 13 Abs. 2 des Einführungsgesetzes zum Zwangsversteigerungsgesetz.

(2) Soweit Gebühren und Auslagen[2] bereits vor dem Übergang des Verfahrens auf das Vollstreckungsgericht erwachsen sind[3], stehen sie dem Notar zu. Soweit sie nicht bereits durch Vorschüsse[4] gedeckt sind, werden sie als Gerichtskosten eingezogen[5] und an den Notar abgeführt; nicht verbrauchte Vorschüsse hat der Notar an die Gerichtskasse weiterzugeben. Über Streitigkeiten wird im Aufsichtswege entschieden[6].

1. Dies ist der Fall in Bayern, Baden und Württemberg. In Baden ist diese Bestimmung zunächst ohne Bedeutung, da dort die RNO. noch nicht in Kraft tritt (§ 86). In Württemberg gilt das gleiche für die Bezirksnotare (§ 85); von der gesetzlichen Möglichkeit, auch den freiberuflichen öffentlichen Notaren derartige Amtshandlungen zuzuweisen, ist, soweit ersichtlich, kein Gebrauch gemacht worden. Es wird also von dieser Bestimmung nur Bayern betroffen. Zu der hier erforderlichen Überleitung s. außer den nachfolgenden Bestimmungen die AV. des RMdJ. vom 14. 5. 1937 DJ. S. 799.

2. §§ 128 ff. RKostO.

3. S. hierzu die Entscheidungen des KG. vom 5. 3. 1937 (JVBl. 1937, 137) und des OLG. München vom 23. 1. 1937 (JVBl. 1937, 135), die sich widersprechen, sowie Wiesinger in DNotZ. Bayr. Beil. 1937 S. 60 und S. 97. Der Zeitpunkt der Fälligkeit (§ 132 RKostO.) bleibt grundsätzlich außer Betracht.

4. §§ 7, 133, 134 Abs. 4 RKostO.

5. § 28 RKostO.

6. § 65.

## § 79

(1) Verfügungen von Todes wegen, die der Notar nach den bisherigen Vorschriften in besonderer amtlicher Verwahrung hat, sind unverzüglich nach dem Inkrafttreten dieser Verordnung an das für seinen Amtssitz zuständige Amtsgericht zur gerichtlichen Verwahrung abzugeben[1]. Eine Gerichtsgebühr wird dafür nicht erhoben.

(2) Für die Eröffnung von Verfügungen von Todes wegen ist von dem Inkrafttreten dieser Verordnung an nur das Amtsgericht zuständig[2]; anhängige Eröffnungsverfahren gehen in diesem Zeitpunkte auf das Amtsgericht über.

1. Auch diese Bestimmung hat praktische Bedeutung derzeit nur in Bayern einschließlich des bisher bayerischen Teiles des Saarlandes. Zur Überleitung vgl. die AV. des RMdJ. vom 23. und 24. 4. 1937 DJ. S. 646. Eine weitere Verwahrung derjenigen Erbverträge, bezüglich deren gemäß § 2277 Abs. 1 BGB. die Übernahme in die besondere amtliche Verwahrung auf Wunsch der Beteiligten nicht erfolgt, durch den Notar bleibt jedoch zulässig.

2. Auch diese Bestimmung ist zur Zeit nur in Bayern von Bedeutung.

## § 80

Soweit[1] der Notar — abgesehen von den in den §§ 78 und 79 bezeichneten Angelegenheiten — nach den bisherigen Vorschriften zu Amtshandlungen und sonstigen Verrichtungen befugt war, für die er nach dieser Verordnung nicht mehr zuständig ist[2], darf er die vor dem Inkrafttreten[3] übernommene Tätigkeit zu Ende führen.

1. Von erschöpfender Aufzählung muß auch hier abgesehen werden.

2. Unbeschränkte Versteigerung von beweglichen Sachen,

Vermittlung von Grundstücksgeschäften und von Darlehen, Übernahme von Bürgschaften anläßlich von Amtsgeschäften, eidliche oder nichteidliche Vernehmung von Zeugen und Sachverständigen, für welch letztere aber diese Übergangsvorschrift praktisch kaum in Frage kommen wird.

3. 1. Juli 1937.

## § 81

Für das von den Notaren bei ihren Amtshandlungen zu beobachtende Verfahren bleiben, soweit nicht in dieser Verordnung ein anderes bestimmt ist[1], bis auf weiteres die bisherigen Gesetze und Dienstvorschriften in Geltung[2,3].

1. Veränderung der Amtsbezirke für manche Länder (§ 12 Abs. 1 u. 2), Versagung der Amtstätigkeit (§§ 15, 16), Ausschließung von Amtshandlungen und Befangenheitserklärung (§ 17), Ausstellung von Bescheinigungen über die Vertretungsberechtigung (§ 23), Form der Zurücknahme von Anträgen (§ 26 Abs. 3), Verfahren bei Unterschriftsbeglaubigungen (§ 27), Verwahrung der Akten eines anderen Notars (§ 34 Abs. 4) usw.

2. Diese ganze Übergangsbestimmung wird durch die DOfN. (s. S. 121) zum größten Teil gegenstandslos, da diese in weitem Umfange Verfahrensvorschriften aufstellt. Sie ist nur noch in folgenden Fällen von Bedeutung: Amtsschild (§ 3 DOfN.), Erteilung von Ausfertigungen und beglaubigten Abschriften (§ 15 Abs. 3 DOfN. nebst Anmerkungen), Fortführung der bisherigen Register bis 31. 12. 1937 und Einführung der neuen ab 1. 1. 1938 (§ 46 DOfN.), Verfahren bei den Zuständigkeiten nach §§ 77 Abs. 3 und 80.

3. Ausnahmen: Der bisher bayerische Teil des Saarlandes tritt bezüglich des Verfahrens in jeder Beziehung unter die preußischen Vorschriften (§ 88), das gleiche gilt für Lippe, Schaumburg-Lippe, und Birkenfeld, wo bisher ein Notariat überhaupt nicht bestanden hat (§ 89).

## § 82

(1) Soweit Notare bei Inkrafttreten dieser Verordnung Urkunden anderer Notare in dauernder Ver-

wahrung haben[1], trifft der Oberlandesgerichtspräsident über die weitere Verwahrung gemäß § 39 Bestimmung. Bis dahin bleibt der Notar nach den bisherigen Vorschriften zur Verwahrung verpflichtet.

(2) Soweit nach den bisherigen Vorschriften Urkunden in Sammelarchiven[2] verwahrt wurden, geht die Verwahrung auf das Amtsgericht über, in dessen Bezirk sich das Archiv befand. § 34 Abs. 2, 4 und 5 gelten entsprechend.

(3) Soweit in Hamburg die Akten und Bücher von Notaren bei dem Staatsarchiv verwahrt werden, behält es hierbei sein Bewenden. Ausfertigungen und Abschriften werden, wenn es sich um Urkunden eines noch im Amt befindlichen Notars handelt, von diesem, sonst von dem Amtsgericht[3] Hamburg erteilt[4].

1. Durchweg in Bayern, teilweise auch in Rheinpreußen. In Bayern verwahrt jeder Notar die Urkunden derjenigen Notare, die vor ihm Inhaber der Behörde Notariat waren, soweit er sie nicht an ein Sammelarchiv abgeliefert hat. Auf dem flachen Lande sind auch hier teilweise ganz alte Urkunden an die Amtsgerichte abgeliefert worden.

2. Das ist nur in Bayern der Fall.

3. Gemäß § 34 Abs. 4. S. dort mit Anm.

4. Für Württemberg und Baden werden seinerzeit besondere Vorschriften erforderlich werden.

## § 83

(1) Die Reichsnotarkammer[1] tritt mit dem Inkrafttreten dieser Verordnung in alle vermögensrechtlichen Pflichten und Rechte der bisherigen Reichsnotarkammer[2] und der bisherigen Notarkammern ein[3]. Aus Anlaß dieses Übergangs von Pflichten und Rechten werden Steuern, Gebühren und andere Abgaben nicht erhoben; bare Ausgaben bleiben außer Ansatz.

(2) Bis zur Berufung des ersten Präsidenten und des ersten Präsidiums der Reichsnotarkammer führen der Präsident und das Präsidium der bisherigen Reichsnotarkammer die Geschäfte[4].

(3) Die erste Satzung[5] der Reichsnotarkammer stellt der Reichsminister der Justiz fest. Sie wird in der „Deutschen Justiz" bekanntgemacht[6].

(4) Bei der ersten Berufung der den Organen der Reichsnotarkammer angehörenden Notare[7] bestimmt der Reichsminister der Justiz deren Tätigkeitsdauer[8].

1. §§ 44ff.

2. VO. vom 17. 7. 1934 (RGBl. I S. 712).

3. Solche haben bestanden in Bayern, Hessen und Hamburg. Ein gewisses Vakuum bis zur Bestellung aller Organe der neuen Reichsnotarkammer ist hier unvermeidlich.

4. Die Notarkammern als örtliche Gliederungen treten erst mit Ernennung der Kammerpräsidenten und der Kammerausschüsse durch den RMdJ. ins Leben. Das gleiche gilt für den Beirat der Reichsnotarkammer, da dieser aus den Kammerpräsidenten besteht.

5. Über spätere Änderungen der Satzung s. § 63 Abs. 1.

6. DJ. 1937 S. 1170. In diesem Band s. S. 254.

7. § 46.

8. Um den Abschluß der vierjährigen Amtsdauer aller Organe der Reichsnotarkammer für die Zukunft auf einen geeigneten Kalendertag festzulegen.

## 2. Abschnitt

## Übergangsbestimmungen für einzelne Bezirke

### § 84

### Bayern

Für die Bezirke der Oberlandesgerichte München, Nürnberg, Bamberg und Zweibrücken gelten folgende besondere Vorschriften:

I. Die bisherige Vorschrift, daß ein Notar nach Vollendung seines achtundsechzigsten Lebensjahres seines Amtes enthoben werden kann, bleibt bis zum 31. März 1942 in Kraft[1].

II. Die Rechtsverhältnisse der bei Inkrafttreten dieser Verordnung im Amt befindlichen Notariatsbeamten regelt der Reichsminister der Justiz; die Vorschriften werden in der „Deutschen Justiz" bekanntgemacht[2]. Bis zum Erlaß abweichender Anordnungen bleiben die bisherigen Vorschriften[3] in Geltung. Neue Notariatsbeamte werden nicht mehr ernannt[4]. Die Notare sind verpflichtet, die ihnen zur Dienstleistung zugewiesenen Notariatsbeamten zu beschäftigen[5].

III. (1) Die Bayerische Notariatskasse[6] ist eine Anstalt des öffentlichen Rechts, die unter der Aufsicht des Reichsministers der Justiz steht[7].

(2) Die Aufgaben der Bayerischen Notariatskasse sind[8]:

a) die erforderliche Ergänzung des Berufseinkommens der Notare[9];

b) die Versorgung der ausgeschiedenen Notare im Alter und bei Amtsunfähigkeit sowie die Versorgung ihrer Hinterbliebenen[10];

c) die Besoldung der Notariatsbeamten, ihre Versorgung im Alter und bei Dienstunfähigkeit sowie die Versorgung ihrer Hinterbliebenen[11];

d) die Erfüllung der bei Übernahme des Vermögens des vormaligen Pensionsvereins der bayerischen Notariatsgehilfen übernommenen Verpflichtungen[12] sowie die Gewährung von Unterstützungen und Unterhaltsbeiträgen an ehemalige Notariatsgehilfen und deren Hinterbliebene nach Maßgabe der geltenden Grundsätze[13];

e) Die Sicherstellung der Bezüge der im Probe- und Anwärterdienst befindlichen Assessoren[14];

f) die einheitliche Durchführung der Haftpflichtversicherung[15].

(3) Die Organe der Bayerischen Notariatskasse sind der Präsident und der Beirat; bis zur anderweitigen Regelung durch die Satzung bleibt für die Bearbeitung der Personalangelegenheiten der Notariatsbeamten das bisherige Personalamt[16] als besondere Einrichtung der Notariatskasse bestehen. Der Sitz der Notariatskasse ist München; sie wird durch den Präsidenten gerichtlich und außergerichtlich vertreten. Die Haushaltsrechnung (§ 5 Abs. 1 des Beitrögegesetzes vom 24. März 1934 — Reichsgesetzbl. I S. 235) wird vom Rechnungshof des Deutschen Reichs geprüft.

(4) Im übrigen werden die Rechtsverhältnisse der Notariatskasse durch die Satzung[17] geregelt. Die erste Satzung erläßt der Reichsminister der Justiz. Satzungsänderungen werden von dem Präsidenten nach gutachtlicher Stellungnahme des Beirats verfügt; sie bedürfen zu ihrer Wirksamkeit der Bestätigung des Reichsministers der Justiz. Bis zum Inkrafttreten der Satzung bestimmt sich die Tätigkeit der Notariatskasse nach den bisherigen Vorschriften. Bis zur Berufung der Organe auf Grund der neuen Satzung bleiben die bisherigen weiter im Amt[18].

(5) Auf die nach Abs. 2 Buchstabe b und c gegen die Notariatskasse begründeten Ansprüche finden die für Beamtenbezüge geltenden verfahrensrechtlichen Vorschriften entsprechende Anwendung[19].

(6) Die Notariatskasse kann von den Notaren Abgaben erheben[20]. Rückständige Abgaben können auf Grund einer vom Präsidenten ausgestellten, mit der Bescheinigung der Vollstreckbarkeit versehenen Zahlungsaufforderung nach den Vorschriften über die Vollstreckung der Urteile in bürgerlichen Rechtsstreitigkeiten[21] eingezogen werden; dies gilt auch für rückständige Abgaben, die nach Maßgabe der bisher geltenden Vorschriften[22] an die Notariatskasse und an den Pensionsverein für die bayerischen Notare und ihre Hinterbliebenen geschuldet werden. Die Notariatskasse kann die Erfüllung der Abgabepflicht nachprüfen[23]; die Notare haben dem mit der Prüfung Beauftragten Einsicht ihrer Akten, Urkunden, Verzeichnisse und Bücher zu gestatten und die erforderten dienstlichen Aufschlüsse zu geben[24].

IV. Die Aufgaben des Pensionsvereins[25] für die bayerischen Notare und ihre Hinterbliebenen gehen nach Maßgabe der Satzung[26] der Notariatskasse auf diese im Zeitpunkt des Inkrafttretens der Satzung über. Gleichzeitig wird der Pensionsverein aufgelöst; sein Vermögen geht mit allen Rechten und Pflichten auf die Notariatskasse über; § 83 Abs. 1 Satz 2 gilt entsprechend. Vom Zeitpunkt des Übergangs an sind für die Ansprüche der bisherigen Mitglieder und Versorgungsberechtigten des Pensionsvereins ausschließlich die Bestimmungen der Satzung der Notariatskasse maßgebend[27, 28].

1. In Bayern hat das Notariat eine besonders geradlinige Entwicklung durchgemacht, ist besonders eingehend organisiert in einer Weise, die zum großen Teil Vorbild für die RNO. geworden ist und es künftig auch insbesondere für die nach § 45 Abs. 3 von der Reichsnotarkammer zu schaffenden Für-

sorge- und Versorgungseinrichtungen werden dürfte. — Insbesondere besteht in Bayern eine vorzügliche Altersversorgung. Das Gegenstück zu ihr ist die in Art. 88 Ziff. 1 des Bayer. Notariatsgesetzes in der Fassung des Gesetzes vom 21. 3. 1930 geschaffene Möglichkeit, die Notare nach Vollendung des achtundsechzigsten Lebensjahres ihres Amts zu entheben. Von ihr ist ausnahmslos Gebrauch gemacht worden, was auch weiterhin bis zum 31. 3. 1942 mit Rücksicht auf den zahlreich vorhandenen, voll ausgebildeten Nachwuchs geschehen soll; s. AV. vom 14. 6. 1937, Übergangs- u. Schlußbestimmungen V, 4, S. 202.

2. Die eingehende Organisation des Bayerischen Notariats macht besonders umfangreiche Übergangsvorschriften notwendig. Dies gilt vor allem für die fachlich vorgebildeten Hilfskräfte der Notare, die Beamte der Bayerischen Notariatskasse, Anstalt des öffentlichen Rechts, und als solche mittelbare Reichsbeamte sind. Die neuen, für sie geltenden Bestimmungen s. S. 216. Darnach regeln sich ihre Verhältnisse mit geringfügigen Ausnahmen nach dem DBG. und der RDStO.

3. Der Vollständigkeit halber seien diese angeführt: Art. 129, 139 BayerNotG., NotBeamtO. vom 4. 9. 1925 (JMBl. n. F. Bd. II S. 282 und Bd. VI S. 19), Dienstordnung des Personalamts der Bayer. Notariatskasse, Anstalt des öffentlichen Rechts (JMBl. n. F. Bd. II S. 323, Bd. VI S. 19), Prüfungsordnung (JMBl. n. F. Bd. II S. 156 und Bd. VI S. 18).

4. Im Zuge der Vereinheitlichung des Notariatsrechts sind künftig Beamte als Hilfskräfte der Notare nicht mehr denkbar, wodurch aber selbstverständlich die wohl erworbenen Rechte der jetzigen Beamten in keiner Weise beeinträchtigt werden. Es ist eine der vornehmsten Pflichten der Notare in Bayern, nichtbeamtete Hilfskräfte heranzubilden, die den jetzigen Beamten an Kenntnissen, Diensteifer und Treue in der Pflichterfüllung gleichkommen. — Hierdurch und durch § 75 Satz 2 tritt auch die Bek. des Bayer. Staatsministerium der Justiz, JMBl. n. F. Bd. III S. 550 außer Kraft.

5. Wichtige Änderung gegenüber § 3 Abs. 2 NotBeamtO. und § 9 Dienstordnung des Personalamts. Sie ist erforderlich, um bei fortschreitender Abnahme der Zahl der Notariatsbeamten und Zuwachs an nichtbeamteten Hilfskräften eine gerechte Verteilung der Beamten zu ermöglichen.

6. Diese besteht als solche seit dem Jahre 1925, nachdem ihr mehrere Vorläufer mit dem Zwecke der Sicherstellung der Beamtenbesoldung und des sozialen Ausgleichs innerhalb des Berufsstandes vorausgegangen waren. Ihre gesetzliche Wurzel ist Art. 126b BayerNotG.; ihre letzte Satzung stammt vom 1. 4. 1935. Näheres s. in den folgenden Anmerkungen.

7. Dies ist bereits seit dem 1. 4. 1935, dem Tage des Inkrafttretens des zweiten Gesetzes zur Überleitung der Rechtspflege auf das Reich vom 5. 12. 1934 (RGBl. I S. 1214) nebst AV. des RMdJ. vom 28. 3. 1935 (DJ. S. 558) der Fall; vorher unterstand sie der Aufsicht des Bayerischen Staatsministeriums der Justiz.

8. Die nachfolgende Aufzählung der Aufgaben der Bayerischen Notariatskasse ist vorbehaltlich einer etwaigen Satzungsänderung nach Abs. 4 erschöpfend. Sie bedeutet eine wesentliche Einschränkung gegenüber dem bisherigen Zustand, welche wesentlich auf den Übergang des bisherigen Behördennotariats zum freien Beruf zurückzuführen ist.

9. Diese Aufgabe dient dem sozialen Ausgleich innerhalb des Berufsstandes und zugleich der Sicherheit der Rechtspflege dadurch, daß jeder Notar sichere Aussicht, wenn auch keinen Rechtsanspruch, auf ein bestimmtes Mindesteinkommen in Höhe des Gehalts eines an Dienstjahren gleichaltrigen Amtsgerichtsrats hat und so vor wirtschaftlichen Sorgen bewahrt ist, die erfahrungsgemäß in der Vergangenheit dort, wo derartige Einrichtungen nicht bestanden, Anlaß zu Verfehlungen gegeben haben.

10. Hierdurch übernimmt die Notariatskasse kraft Gesetzes die bisherigen Aufgaben des selbständigen Pensionsvereins für die bayerischen Notare und ihre Hinterbliebenen (s. IV) und sorgt so für einen gesicherten Lebensabend der ausgeschiedenen Berufskameraden und für ihre Hinterbliebenen. Besonders in dieser Hinsicht wird sie Vorbild für künftige entsprechende Einrichtungen der Reichsnotarkammer sein.

11. Die Notariatsbeamten sind Beamte der Notariatskasse; daher ist ihre Besoldung, ihr Ruhegehalt und die Versorgung ihrer Hinterbliebenen durch die Notariatskasse vorzunehmen. Die Notare, denen Notariatsbeamte zugeteilt sind, haben dafür an die Notariatskasse entsprechende Ablieferungen (Regelstellenzuschläge) zu leisten. Die Bezüge der Notariatsbeamten und ihrer

Hinterbliebenen richten sich nach den für Beamte der Reichsjustizverwaltung geltenden Vorschriften.

**12.** Notariatsbeamte gibt es erst seit 1925. Für die bis dahin tätigen Notariatsgehilfen war ein Pensionsverein gegründet worden, der im Jahre 1935 mit Rechten und Pflichten vertragsmäßig von der Notariatskasse übernommen wurde.

**13.** Maßgebend sind die jeweiligen Beschlüsse des Verwaltungsausschusses, künftig die nach Anhörung des Beirats erlassenen Anordnungen des Präsidenten. Es handelt sich um die Beseitigung von Härten in solchen Fällen, in denen die vertragsmäßigen Pensionsansprüche nicht ausreichen.

**14.** Dadurch tritt die Notariatskasse für die vier bayerischen Oberlandesgerichtsbezirke an Stelle der Reichsnotarkammer im Sinne des § 5 Abs. 2 letzter Satz. Auch bisher wurden die bayerischen Notariatsassessoren aus der Notariatskasse besoldet gegen entsprechende Beitragsleistungen der Notare, denen Assessoren zugeteilt waren.

**15.** Eine Gesamthaftpflichtversicherung besteht in Bayern seit geraumer Zeit. Sie war vom bayerischen Notarverein abgeschlossen. Dieser ist am 12. 4. 1937 aufgelöst worden; die Notariatskasse ist in seine Rechte und Pflichten aus dem Versicherungsvertrag eingetreten. Sie hat zugleich die Gesamtrechtsnachfolge des niemals in Tätigkeit getretenen Haftpflichtversicherungsvereins der bayerischen Notare angetreten. Auch in dieser Richtung sollte sie Vorbild für eine künftige Einrichtung der Reichsnotarkammer werden.

**16.** S. Fußn. 3.

**17.** DJ. 1937 S. 1066, in diesem Band s. S. 207.

**18.** Nämlich der Verwaltungsausschuß mit seinem Vorsitzenden.

**19.** Gemeint sind die Vorschriften der §§ 142ff. und 182 DBG., 811 Ziff. 7 u. 8 und 850 Ziff. 7 u. 8, Abs. 2 u. 4 ZPO.

**20.** Dies war schon bisher der Fall. Die Abgaben dienen zur Erfüllung der Aufgaben der Kasse und sind stark nach oben gestaffelt, so daß sie zugleich einen weitgehenden Ausgleich der Einkommen herbeiführen. Bisher wurden sie vom bayerischen Staatsministerium der Justiz, seit 1. 4. 1935 vom RMdJ. festgesetzt, künftig aber vom Präsidenten der Notariatskasse, der dazu der Genehmigung des RMdJ. und des RMdFin. im Rahmen der Genehmigung des Haushaltplanes bedarf.

21. §§ 704ff. ZPO.

22. AV. des RMdJ. vom 28. 3. 1936 (Bayer. Not.-Kalender 1937 S. 257).

23. Dies geschieht durch besondere Prüfungsbeamte. Auf diese notwendigen Prüfungen nimmt die DOfN. in § 43 Abs. 6 (s. S. 154) insofern Rücksicht, als sie eine nochmalige Prüfung der Kostenangelegenheiten durch die Dienstaufsichtsbehörde für in der Regel entbehrlich erklärt.

24. In dieser Bestimmung liegt eine weitere Ausnahme von der in § 19 festgelegten Verschwiegenheitspflicht.

25. Der Verein hat seine gesetzliche Grundlage in Art. 127 BayerNotG. Er hat mehrere Vorläufer gehabt. Die letzte Satzung stammt vom 1. 12. 1928 (JMBl. n. F. Bd. III S. 252, Bayer. Not.-Kalender 1937 S. 266). Ihre Bestimmungen sind im wesentlichen in die neue Satzung der Notariatskasse übernommen.

26. Siehe S. 211 (Art. 14).

27. Im Endergebnis bedeutet die Regelung der Satzung eine geringfügige Erhöhung. Soweit in unteren Stufen eine geringe Einschränkung eintritt, werden Präsident und Beirat der Kasse einen gerechten Ausgleich anstreben.

28. Weitere Übergangsbestimmungen für Bayern s. § 11 VO. vom 26. 6. 1937 (Verwesungen, S. 115), §§ 14, 43 Abs. 6 DOfN. (Gebührenregister, Prüfung des Kostenansatzes, S. 154) sowie Ziff. V der Übergangs- und Schlußbestimmungen der AV. vom 14. 6. 1937 (Assessoren, Vertreter, Verweser, Altersgrenze, S. 200).

## § 85

### Württemberg

Für den Bezirk des Oberlandesgerichts Stuttgart gelten folgende besondere Vorschriften:

I. (1) Diese Verordnung gilt für die Bezirksnotare nicht. Die Vorschriften über ihre Dienstverhältnisse, ihre Zuständigkeit und das von ihnen bei ihrer Amtstätigkeit zu beobachtende Verfahren, einschließlich des Rechtsmittelzuges, bleiben unberührt; dies gilt auch für ihre Amtstätigkeit als öffentlicher Notar (Artikel 95 des württembergischen Ausführungsgesetzes zum Bürgerlichen Gesetzbuch)[1]. Dem Beirat der Reichsnotarkammer[2] gehört ein Bezirksnotar an; er und sein Vertreter werden von dem Reichsminister der Justiz berufen. Die Bezirksnotare können in dem bisherigen Umfang[3] zu Beiträgen an die Reichsnotarkammer herangezogen werden.

(2) Soweit bei der demnächstigen Neuordnung der Zuständigkeit für die gegenwärtig den Bezirksnotaren obliegenden Aufgaben Überleitungsvorschriften erforderlich werden, bleiben sie besonderer Verordnung vorbehalten[4].

II. Zu Notaren nach dieser Verordnung[5] können auch Bezirksnotare und Anwärter bestellt werden, die nach den württembergischen Bestimmungen zur Anstellung als Bezirksnotar befähigt sind[6].

1. Württemberg kennt neben einer ziemlich kleinen Anzahl freiberuflicher (öffentlicher) Notare, die fast ausschließlich Anwaltsnotare sind, in der Hauptsache die Einrichtung des Bezirksnotariats, das die Obliegenheiten des Grundbuchamts, des Vormundschafts- und Nachlaßgerichts, wahrzunehmen hat. Die Bezirksnotariate sind staatliche Behörden. Ihre Inhaber, die Bezirksnotare, die nicht volljuristisch ausgebildet sind, aber eine mehrjährige Sonderausbildung zu durchlaufen haben, beziehen als solche staatliches Gehalt. Daneben sind sie öffentliche Notare und erhalten als solche Gebühren von ihren Auftraggebern. Auf Anführung aller für sie geltenden Vorschriften muß verzichtet werden.

2. § 51.

3. Das im gleichen Umfang wie bisher, höchstens also jährlich mit 18.— RM. nach der bisherigen Beitragsordnung der Reichsnotarkammer, jedoch unter entsprechender Berücksichtigung ihrer Leistungsfähigkeit als Bezieher von Gebühren.

4. Umfangreiche Überleitungsvorschriften werden notwendig

werden, sobald die Grundbuchordnung vom 5. 8. 1935 in Württemberg in Kraft gesetzt und damit den Bezirksnotariaten ein wesentlicher Teil ihrer Tätigkeit entzogen wird. Dies ist erst möglich, nachdem umfangreiche bauliche Veränderungen die Aufnahme der jetzt noch bei den Gemeinden verwahrten Grundbücher durch die Amtsgerichte gestatten.

5. §§ 7, 13. Hierin liegt eine wichtige und zwar die einzige Ausnahme von § 3 Abs. 1, wonach nur zum Notar ernannt werden darf, wer die Fähigkeit zum Richteramt besitzt. Diese Ausnahme rechtfertigt sich durch die Notwendigkeit zur Vermeidung von personellen Schwierigkeiten und von Härten gegenüber den Bezirksnotaren und Anwärtern.

6. Sondervorschrift für die Aktenverwahrung der Notare in Württemberg s. VO. vom 26. 6. 1937 § 15 (S. 117) und für die Bezirksnotare § 19 a. a. O. (S. 119).

## § 86

### Baden

**Im Bezirk des Oberlandesgerichts Karlsruhe tritt diese Verordnung erst später in Kraft; Zeitpunkt und Umfang des Inkrafttretens werden durch besondere Verordnung bestimmt werden[1]. Schon vorher gehört jedoch ein Notar aus diesem Bezirk dem Beirat[2] der Reichsnotarkammer an. Die Vorschriften des § 85 Nr. I Abs. 1 Sätze 3 und 4 gelten entsprechend[3].**

1. In Baden besteht das sogenannte Richternotariat. Die Notariate sind staatliche Behörden, die zum Richteramt befähigten Notare staatliche Beamte mit festem Gehalt und nur geringfügigen Anteilen an den Gebühren aus den Beurkundungsgeschäften. Sie sind zugleich Grundbuch-, Nachlaß- und Vollstreckungsrichter. Auch hier befinden sich die Grundbücher zur Zeit noch bei den Gemeinden, so daß die RNO. hier erst in Kraft gesetzt werden kann, wenn die Amtsgerichte in der Lage sind, die Grundbücher zu übernehmen. Dies ist heute schon fast überall der Fall, so daß ein baldiges Inkraftsetzen der RNO. auch in Baden durchaus möglich und zu wünschen ist. Die Regelung der Pensionsberechtigung derjenigen Notare, die frei-

berufliche Notare werden, muß naturgemäß besonders erfolgen und bietet einige Schwierigkeiten.

2. § 51.

3. S. Fußn. 3 zu § 85.

## § 87

## Hessen

Im Bezirk des Oberlandesgerichts Darmstadt bleiben für die vor dem Inkrafttreten dieser Verordnung bestellten Notare bis zu einer anderweitigen Regelung[1] die bisherigen Vorschriften über Ruhegehalt und Hinterbliebenenversorgung in Kraft; die Entscheidung darüber, in welchem Umfang der Notar beschäftigt war (Artikel 2 des hessischen Gesetzes vom 24. Juli 1923, Hess. Regierungsbl. S. 213) trifft der Oberlandesgerichtspräsident in Darmstadt nach Anhörung des Präsidenten der Notarkammer endgültig[2].

1. Diese längst erwartete Verordnung ist noch nicht ergangen.

2. Die Notare in Hessen haben nach Maßgabe ihrer Beschäftigung gestaffelte Ablieferungen an den hessischen Staat bewirkt und diesem gegenüber Anspruch auf Ruhegehalt und Hinterbliebenenversorgung. Deren Aufrechterhaltung erlegt den hessischen Notaren weiterhin für eine längere Übergangszeit Opfer für ihre ausgeschiedenen Berufskameraden und deren Hinterbliebene auf, wie sie außer ihnen nur die Notare in Bayern zu leisten haben.

## § 88

## Saarland

(1) Die in dem ehemals bayerischen Gebietsteil des Saarlandes[1] bestellten Notare treten mit dem Inkrafttreten dieser Verordnung in jeder Hinsicht unter die im übrigen Saarland für die Notare geltenden Gesetze und Dienstvorschriften[2].

(2) Soweit Beziehungen zu bayerischen Pensions- und ähnlichen Einrichtungen zu regeln sind, sind sie durch Vereinbarung der Beteiligten zu ordnen. Im Streitfall entscheidet der Reichsminister der Justiz unter Ausschluß des Rechtswegs. Er kann dabei den Notaren die Verpflichtung auferlegen, für die Notariatsgehilfen, die vordem Mitglieder des Pensionsvereins der bayerischen Notariatsgehilfen waren, Beiträge an die Bayerische Notariatskasse zu leisten[3].

1. Die Notare in Homburg, Blieskastel und St. Ingbert.
2. Das sind die für die preußischen Oberlandesgerichtsbezirke Köln und Düsseldorf geltenden Vorschriften. Die Bestimmung ist nur insoweit von Bedeutung, als Zuständigkeiten der in §§ 77 Abs. 3 und 80 bezeichneten Art in Frage kommen oder sonst für das Verfahren die bisherigen Vorschriften aufrecht erhalten sind. S. hierzu Fußn. 2 zu § 81. Die ausschließliche Zuständigkeit der Notare zu Beurkundungen wird jedoch hierdurch nicht berührt, da die Vorschrift, wonach die Gerichte zu diesen Amtshandlungen unzuständig sind, nicht aufgehoben ist.
3. Siehe § 84 III und IV mit Anmerkungen.

## § 89

### Lippe, Schaumburg-Lippe, Birkenfeld

In Lippe und in Schaumburg-Lippe treten die Notare in jeder Hinsicht unter die im übrigen im Oberlandesgerichtsbezirk Celle für die Notare geltenden Gesetze und Dienstvorschriften[1]. In Birkenfeld treten die Notare in jeder Hinsicht unter die im übrigen im Oberlandesgerichtsbezirk Köln für die Notare geltenden Gesetze und Dienstvorschriften[2].

1. Hier gelten die Ausführungen in Anm. 2 Satz 2 und 3 zu § 88 entsprechend.
2. Wie vor.

## 3. Abschnitt

## Schlußbestimmungen

### § 90

Eine Entschädigung wegen eines Schadens, der durch eine Maßnahme auf Grund dieser Verordnung entsteht, wird nicht gewährt[1].

1. Hier kommen in erster Linie an sich mögliche Ansprüche aus Verlust der Beamteneigenschaft in Frage. Soweit die Verordnung eine Neuregelung der Haftpflicht für Amtspflichtverletzungen bringt, können derartige Schäden nicht entstehen, da sich die Haftung für Amtspflichtverletzungen aus der Zeit vor dem 1. Juli 1937 nach den bisherigen Vorschriften richtet, auch wenn die Pflichtverletzung erst später bekannt wird.

### § 91

Die Bestimmungen zur Durchführung und Ergänzung dieser Verordnung erläßt der Reichsminister der Justiz[1]; er erläßt insbesondere auch die Vorschriften, die durch Gebietsbereinigungen erforderlich werden.

1. Auf Grund dieser Bestimmung erging bereits die nachstehend auf S. 107 abgedruckte Verordnung.

### § 92

Zweifelsfragen, die sich bei der Überleitung der bisherigen Einrichtungen in den neuen Rechtszustand ergeben, kann der Reichsminister der Justiz im Verwaltungswege entscheiden[1]; die Entscheidung bindet Gerichte und Verwaltungsbehörden.

1. Soweit es sich dabei um Angelegenheiten handelt, die über einen Einzelfall hinaus von allgemeinerer Bedeutung sind, werden diese Entscheidungen in der Regel durch Veröffentlichung in der DJ. zur allgemeinen Kenntnis gebracht werden.

# 2. Verordnung zur Ausführung und Ergänzung der Reichsnotarordnung

Vom 26. Juni 1937

Auf Grund des § 91 der Reichsnotarordnung vom 13. Februar 1937 (Reichsgesetzbl. I S. 191) wird folgendes verordnet[1]:

## I.

## Notarverweser

### § 1

(1) Ist an einem Ort ein zur hauptberuflichen Amtsausübung bestellter Notar (§§ 7, 8 Abs. 1 der Reichsnotarordnung) durch Erlöschen des Amtes ausgeschieden, so soll in der Regel an seiner Stelle bis zur Bestellung eines neuen Notars ein Notarverweser bestellt werden[1]. Dem Erlöschen des Amtes steht die Verlegung des Amtssitzes gleich[2]. Auch bei vorläufiger Amtsenthebung kann ein Notarverweser bestellt werden, wenn die Bestellung eines Notarvertreters (§ 30 Abs. 1 Satz 2 der Reichsnotarordnung) nicht zweckmäßig erscheint[3].

(2) Ist ein Anwaltsnotar (§ 8 Abs. 2 der Reichsnotarordnung) ausgeschieden, so kann an seiner Stelle

---

[1]) Diese VO. ist eine RechtsVO., ergangen auf Grund des ersten Gesetzes zur Überleitung der Rechtspflege auf das Reich, da auf diesem die RNO. und auch ihr § 91 beruht. Sie setzt also zwingendes Reichsrecht.

**ein Notarverweser bestellt werden, wenn ein besonderes Bedürfnis besteht[4].**

1. Die Bestimmung des § 40 wird hierdurch erweitert. Während dort nur eine „Kann-Vorschrift" aufgestellt war, ist hier bestimmt, daß in den Gebieten des Nurnotariats die Bestellung eines Verwesers die Regel bilden soll, da sie sowohl im Interesse der Bevölkerung als auch des künftigen Notars liegt (s. Anm. 7 zu § 40, S. 63).

2. Auch hierin liegt eine Erweiterung des § 40 RNO., welcher die Aufstellung eines Notarverwesers bei Verlegung des Amtssitzes eines Notars noch nicht vorsah. Sie entspricht den Erfordernissen der Logik, da dieser Tatbestand nach außen hin den anderen in § 40 bezeichneten gleich ist.

3. Dieser Satz bringt dagegen eine gewisse Einschränkung des § 40, weil er zunächst eine Prüfung vorschreibt, ob nicht die Bestellung eines Vertreters im Falle der vorläufigen Amtsenthebung zweckmäßig (und ausreichend) erscheint.

4. Wiederum eine Einschränkung des § 40. Sie beruht auf dem Umstande, daß in den Gebieten des Anwaltsnotariats regelmäßig eine weit größere Anzahl von Notaren an einem Orte vorhanden ist, als den Bedürfnissen der Rechtspflege entspricht, so daß im allgemeinen die Bestellung eines Verwesers im Interesse der Bevölkerung nicht erforderlich erscheint.

## § 2

**Notariatsassessoren[1] sind verpflichtet, das Amt eines Notarverwesers zu übernehmen[2].**

1. Also nicht die Probeassessoren, die hierzu auch regelmäßig noch nicht geeignet sind.

2. Diese Verpflichtung ist eine Amtspflicht der Notariatsassessoren im Sinne der §§ 15 und 68 RNO.

## § 3

**Der Notarverweser untersteht, soweit nicht ein anderes bestimmt ist[1], den für die Notare geltenden Vorschriften[2].**

1. Das ist bereits in § 40 der Fall, nach dem der Verweser

sein Amt auf Rechnung der Reichsnotarkammer führt. Weitere Besonderheiten bringen die §§ 4 bis 11 dieser VO.

2. Insbesondere alle Vorschriften der RNO. und der DOfN., soweit diese nicht besondere Ausnahmen vorschreiben oder ihrem Inhalt nach auf den Notarverweser gar nicht angewandt werden können.

## § 4

Der Notarverweser wird von dem Oberlandesgerichtspräsidenten durch Aushändigung einer Bestallungsurkunde bestellt. Er hat, sofern er nicht schon als Notar oder als Beamter vereidigt ist[1], vor der Übernahme seines Amtes vor dem Präsidenten des Landgerichts den im § 14 der Reichsnotarordnung bestimmten Eid zu leisten.

1. Die Vorschrift entspricht derjenigen des § 76 Abs. 3 für die Notare, die sich am 1. 7. 1937 im Amt befinden.

## § 5

(1) Der Notarverweser übernimmt die Akten und Bücher des Notars, an dessen Stelle er bestellt ist, sowie die dem Notar amtlich übergebenen Urkunden und Wertgegenstände[1]; sind bei der Bestellung des Notarverwesers die Akten und Bücher bereits von dem Amtsgericht in Verwahrung genommen (§ 39 Abs. 1 Satz 1 der Reichsnotarordnung), so werden sie in der Regel zurückgegeben[2].

(2) Der Notarverweser führt die von dem Notar begonnenen Amtsgeschäfte fort. Die Kostenforderungen stehen dem Notarverweser zu, soweit sie nach der Übernahme der Geschäfte durch ihn fällig werden; er muß sich jedoch im Verhältnis zum Kostenschuldner[3] die vor der Übernahme der Geschäfte an den Notar gezahlten Vorschüsse anrechnen lassen.

(3) Soweit die Kostenforderungen dem ausgeschiedenen Notar oder dessen Rechtsnachfolger zustehen, erteilt der Notarverweser die vollstreckbare Ausfertigung der Kostenberechnung (§ 155 der Kostenordnung); lehnt er die Erteilung ab[4], so steht dem Notar oder dessen Rechtsnachfolger die Beschwerde nach § 156 der Kostenordnung zu. Ist dem Notar ein anderer Amtsitz zugewiesen, so bleibt er neben dem Verweser zur Erteilung der vollstreckbaren Ausfertigung befugt; der Verweser hat ihm Einsicht der Akten und Bücher zu gewähren; die dadurch entstehenden Kosten trägt der Notar.

1. d. i. alles, was in den §§ 6 bis 22 DONot. (S. 124) eingehend beschrieben ist.

2. Nur auf diese Weise kann der eigentliche Sinn der Verwesung, die Weiterbehandlung der von dem bisherigen Notar eingeleiteten Amtsgeschäfte im Interesse der Rechtsuchenden und die Zusammenhaltung des Kreises seiner ständigen Auftraggeber für den künftigen Notar zu ermöglichen, erfüllt werden. Es müßten daher ganz besonders schwerwiegende Gründe vorliegen, um eine Ausnahme von dieser Regel zu rechtfertigen. Nach menschlichem Ermessen können solche überhaupt nicht vorkommen, da ja die Bestellung des Verwesers durch den OLG.-Präsidenten nach sorgfältiger Prüfung seiner Eignung zu erfolgen hat.

3. Im Innenverhältnis stehen die Kosten bei Beurkundungen demjenigen Amtsträger zu, der die Beurkundung vornimmt. Notfalls wird die zuständige Notarkammer gemäß § 53 Abs. 2 a durch ihre Vermittlung eine gerechte Lösung etwaiger Schwierigkeiten herbeiführen.

4. Dies ist nur bei rechtlichen Zweifeln über die Richtigkeit der Kostenrechnung zulässig; im übrigen ist die Erteilung der vollstreckbaren Ausfertigung eine selbstverständliche Standespflicht des Verwesers, der sein Amt als ein gewissenhafter Treuhänder des ausgeschiedenen und des künftigen Notars zu führen hat.

## § 6

(1) Der Notarverweser führt sein Amt auf Rechnung der Reichsnotarkammer[1] gegen eine von dieser im voraus festzusetzende[2] angemessene Vergütung. Er hat mit der Reichsnotarkammer, soweit nicht eine andere Abrede getroffen wird, monatlich abzurechnen. Führt er die der Reichsnotarkammer zukommenden Beträge nicht ab, so können diese ebenso wie Beiträge beigetrieben werden[3]. Über Streitigkeiten, die sich aus der Abrechnung ergeben, entscheiden die Aufsichtsbehörden[4].

(2) Die Bezüge des Notarverwesers sind nur in den Grenzen des § 850 der Zivilprozeßordnung pfändbar.

(3) Die Reichsnotarkammer kann ein Aufrechnungs- oder Zurückbehaltungsrecht an den Bezügen des Notarverwesers nur in soweit geltend machen, als diese pfändbar sind[5], oder als sie einen Anspruch auf Schadenersatz wegen vorsätzlicher unerlaubter Handlung hat[6].

1. Auch hierin kommt die standesrechtliche Treuhänderstellung des Verwesers deutlich zum Ausdruck. Die Reichsnotarkammer hat nicht nur den Ertrag aus der Amtsführung des Notarverwesers zu beanspruchen, sondern auch einen etwaigen Verlust zu tragen. Es ist in der Regel nicht ihre Sache, einen etwaigen Verlust durch Abbau des Personals oder Aufgabe der bisherigen Geschäftsstelle zu vermeiden, sondern im Gegenteil ihre Aufgabe, im Interesse des künftigen Notars den bisherigen Betrieb nach Möglichkeit voll aufrecht zu erhalten.

2. In der Regel im Wege der Vereinbarung.

3. d. h. auf Grund einer vom Präsidenten der Reichsnotarkammer oder seinem Stellvertreter in Vertretung oder einem Geschäftsführer im Auftrage des Präsidenten ausgestellten, mit der Bescheinigung der Vollstreckbarkeit versehenen Zahlungsaufforderung nach den Vorschriften über die Vollstreckung der Urteile in bürgerlichen Rechtsstreitigkeiten (§§ 704 ff. ZPO.).

4. LGPräsident, OLGPräsident, RMdJ.

5. Im Sinne des Abs. 2.
6. Wegen etwaiger Streitigkeiten s. § 8 dieser VO.

## § 7

(1) Für eine Amtspflichtverletzung des Notarverwesers[1] haftet die Reichsnotarkammer dem Geschädigten neben dem Notarverweser als Gesamtschuldner[2]; im Verhältnis zwischen der Reichsnotarkammer und dem Notarverweser ist dieser allein verpflichtet. Das gleiche gilt, soweit der Notarverweser nach § 35 oder § 21 Abs. 2 der Reichsnotarordnung für Amtspflichtverletzungen eines Vertreters oder eines Assessors im Probe- und Anwärterdienst haftet[3].

(2) Die Reichsnotarkammer sichert sich und den Notarverweser gegen Verluste aus der Haftung nach Abs. 1 durch Abschluß einer Haftpflichtversicherung[4]; die Ansprüche aus der Versicherung soll auch der Notarverweser im eigenen Namen geltend machen können[5].

(3) Eine Haftung des Reichs für Amtspflichtverletzungen des Notarverwesers besteht nicht[6].

1. Vgl. hierzu § 21 Abs. 1 mit Anm.
2. §§ 421 ff. BGB., s. S. 236.
3. Vgl. hierzu § 21 Abs. 2 mit Anm.
4. Der Abschluß eines entsprechenden Versicherungsvertrages ist Rechtspflicht des Präsidenten der Reichsnotarkammer, für deren Verletzung er einzustehen hat.
5. Diese Vorschrift schließt praktisch den Abschluß einer Kollektivhaftpflichtversicherung aus, die derzeit überhaupt nicht als erwünscht angesehen wird, und erfordert den Abschluß eines besonderen Haftpflichtversicherungsvertrages für jeden einzelnen Fall der Verwesung. Eine Verzögerung des Beginnes der Amtstätigkeit des Verwesers ist daher oft unvermeidlich.
6. Diese Bestimmung ist notwendig, da der Verweser eine feste Vergütung bezieht und daher ohne diese Bestimmung das Reich haften würde. Vgl. die in Anm. 5 zu § 21 angeführten gesetzlichen Bestimmungen.

## § 8

Für vermögensrechtliche Streitigkeiten zwischen der Reichsnotarkammer und dem Notarverweser, die die Vergütung oder die Haftung für Amtspflichtverletzungen betreffen[1], sind die Landgerichte ohne Rücksicht auf den Wert des Streitgegenstandes ausschließlich zuständig[2].

1. Nicht aber die Abrechnung über die Amtstätigkeit, also die Abgleichung zwischen Kosteneinnahmen und Aufwendungen, worüber nach § 6 Abs. 1 Satz 4 im Falle von Streitigkeiten die Aufsichtsbehörden zu entscheiden haben.

2. Daher ist in allen Fällen die Revision zulässig, § 547 Ziffer 2 ZPO. (s. S. 248).

## § 9

(1) Der Notarverweser ist verpflichtet[1], den Beauftragten der Reichsnotarkammer Akten und Bücher sowie die in seiner Verwahrung befindlichen Urkunden zur Einsicht vorzulegen[2].

(2) Die Prüfungsbefugnisse der Aufsichtsbehörden bleiben unberührt[3].

1. Amtspflicht, § 68!

2. Da der Notarverweser seine Amtstätigkeit auf Rechnung der Reichsnotarkammer ausübt.

3. § 66, ferner § 43 DOfN. Inwieweit bei Verwesung der in Bayern gelegenen Notarstellen auch die Bestimmung des § 84 III Abs. 6 über die Prüfung durch den Prüfungsbeamten der Bayerischen Notariatskasse Geltung beanspruchen kann, ist nirgends bestimmt. Es dürfte als feststehend zu betrachten sein, daß an die Notariatskasse der festgesetzte Regelstellenzuschlag abzuliefern ist, wenn der betreffenden Notarstelle ein Notariatsbeamter zugeteilt ist. Mit Rücksicht darauf, daß dem Verweser als solchem weder ein Anspruch auf Ruhegehalt noch auf Hinterbliebenenversorgung gegenüber der Bayerischen Notariatskasse zusteht, dürfte eine Ablieferung an diese im übrigen und daher auch die Pflicht, deren Prüfungsbeamten Aufschlüsse zu erteilen und

Einsicht zu gewähren, nicht geboten sein, da künftig die Belange der Gesamtheit der Deutschen Notare denjenigen der Notare einzelner Länder selbstverständlich vorgehen. Dagegen dürfte es wieder der Billigkeit entsprechen, daß die Reichsnotarkammer über den Regelstellenzuschlag für einen etwa zugeteilten Notariatsbeamten hinaus der Notariatskasse dessen volles Gehalt vergütet nebst einem für die Alters- und Hinterbliebenenversorgung des Beamten bestimmten Zuschlag, der bei verschiedenen Zweigen der Reichsverwaltung üblicherweise 25% des Gehalts beträgt. Gegenseitige Verständigung wird diese Frage regeln.

## § 10

(1) Das Amt des Notarverwesers endigt, wenn ein neuer Notar bestellt wird oder der vorläufig seines Amtes enthobene Notar sein Amt wieder übernimmt[1]. Die Amtsbefugnis des Notarverwesers dauert fort, bis ihm die Beendigung des Amtes von dem Oberlandesgerichtspräsidenten mitgeteilt ist. Der Oberlandesgerichtspräsident kann die Bestellung aus wichtigem Grunde vorzeitig widerrufen.

(2) Übernimmt nach Beendigung der Notarverwesung der frühere Notar das Amt wieder, oder wird dem neubestellten Notar gemäß § 39 Abs. 1 Satz 2 der Reichsnotarordnung die Verwahrung der Akten und Bücher übertragen, so führt der Notar die von dem Notarverweser begonnenen Amtsgeschäfte fort. Die nach Übernahme des Amtes durch den Notar fällig werdenden Kostenforderungen stehen diesem zu. Er muß sich jedoch im Verhältnis zum Kostenschuldner die vor der Übernahme des Amtes an den Notarverweser gezahlten Vorschüsse anrechnen lassen[2].

(3) Die dem Notarverweser zustehenden Kostenforderungen werden nach Beendigung der Notarverwesung von der Reichsnotarkammer im eigenen Namen ein-

gezogen. Die §§ 154 bis 157 der Kostenordnung gelten entsprechend. Die Reichsnotarkammer kann den neubestellten oder wieder in sein Amt eingesetzten Notar damit beauftragen, die ausstehenden Forderungen auf ihre Kosten einzuziehen[3].

1. Vorbehaltlich des nächsten Satzes im Interesse einer einwandfreien Rechtssicherung. Praktisch dürfte diese Unterscheidung jedoch keine Rolle spielen, da der OLGPräsident jeweils die erforderlichen Mitteilungen gleichzeitig ergehen lassen wird.

2. Vgl. hierzu Anm. 3 zu § 5 dieser VO.

3. Die Einziehung wird dadurch zu einer Amtspflicht des Notars; s. Anm. 4 zu § 15 (S. 37).

## § 11

Die bestehenden Notariatsverwesungen[1] in Bayern werden nach Maßgabe der folgenden Vorschriften in den neuen Rechtszustand übergeführt:

1. Ist der Notariatsverweser wegen Verhinderung des Notars oder als ständiger Verweser für Verhinderungsfälle bestellt, so bleibt er als Vertreter (ständiger Vertreter) nach den Vorschriften der Reichsnotarordnung im Amt[2]; ist er Gerichtsbeamter, so gelten wegen seiner Vergütung die bisherigen Vorschriften[3].
2. Ist der Notariatsverweser wegen vorübergehender Erledigung des Notariats bestellt, so bleibt er als Notarverweser nach den Vorschriften dieser Verordnung im Amt; er führt jedoch das Amt für eigene Rechnung weiter[4]; § 7 findet keine Anwendung[5].
3. Ist der Notariatsverweser bestellt, weil die Besetzung des Notariats mit einem Notar wegen der geringen Zahl der Amtsgeschäfte nicht tunlich er-

schien (Artikel 95 Abs. 2 des Bayerischen Notariatsgesetzes), so bleibt er als Notarverweser nach den Vorschriften dieser Verordnung bis zur Entscheidung über die nach Maßgabe der Reichsnotarordnung zu treffenden Anordnungen vorläufig weiter im Amt; er führt das Amt auf eigene Rechnung[4]; § 7 findet keine Anwendung[5].

1. Der Begriff der Notariatsverwesung nach dem bisherigen Bayerischen Recht umfaßt die Begriffe der Vertretung und der Verwesung nach dem neuen Recht der RNO.

2. Die in Bayern bisher schon bestellten ständigen Verweser brauchen daher nicht als ständige Vertreter nach der RNO. neu bestellt zu werden.

3. d. h. Festsetzung der Vergütung durch den LGPräsidenten, Bezahlung durch die Bayerische Notariatskasse und Ersatz an diese durch den vertretenen Notar, soweit dieser nicht auf Grund besonderer Anordnungen unterbleiben kann (Heeresdienst des Notars und dgl.).

4. Und nicht auf Rechnung der Reichsnotarkammer, wie § 40 es allgemein vorschreibt.

5. Er haftet vielmehr persönlich und ist deswegen gemäß § 84 III Abs. 2 f durch die Bayerische Notariatskasse versichert.

## II.

## Notarvertreter

### § 12

(1) Die Vergütung des Notarvertreters ist nur in den Grenzen des § 850 der Zivilprozeßordnung pfändbar[1].

(2) Für vermögensrechtliche Streitigkeiten zwischen dem Notar und dem Notarvertreter, die die Vergütung oder die Haftung für Amtspflichtverletzungen betreffen, sind die Landgerichte ohne Rücksicht auf den Wert des Streitgegenstandes ausschließlich zuständig[2].

1. Entsprechend § 6 Abs. 2 dieser VO. Sie ist regelmäßig auf Grund Vereinbarung mit dem Notar zu zahlen (§ 32 Anm. 1).

2. Daher ist auch in allen Fällen die Revision zulässig (§ 547 Ziffer 2 ZPO., s. S. 248).

## § 13

Ein Notar, der vorläufig seines Amtes enthoben ist, hat dem ihm von Amts wegen bestellten Vertreter (§ 30 Abs. 1 Satz 2 der Reichsnotarordnung) eine angemessene Vergütung zu zahlen. Auf Verlangen des Vertreters oder des Notars wird die Vergütung von dem Oberlandesgerichtspräsidenten festgesetzt.

# III.

## Ausführungsbestimmungen zu § 39 der Reichsnotarordnung

## § 14

Wird der Amtssitz des Notars in einen anderen Amtsgerichtsbezirk innerhalb derselben Stadtgemeinde verlegt, so bleiben die Akten und Bücher in der Verwahrung des Notars. Siegel und Stempel sind nicht abzuliefern.

## § 15

Die Notare in Württemberg[1] haben beim Erlöschen ihres Amtes oder bei der Verlegung ihres Amtssitzes[2] ihre Akten und Bücher dem Bezirksnotariat, in dessen Bezirk sie ihren Amtssitz hatten, in Verwahrung zu geben, sofern der Oberlandesgerichtspräsident nicht nach § 39 der Reichsnotarordnung die Verwahrung einem anderen Notar überträgt.

1. Dies bezieht sich nur auf die öffentlichen Notare, die der RNO. unterstehen, nicht auf die Bezirksnotare.

2. Im Falle der vorläufigen Enthebung vom Amt gilt § 39 mit der Maßgabe, daß das Amtsgericht die Bücher und Akten dem örtlich zuständigen Bezirksnotariat zu übergeben hat, da es selbst nicht auf die Verwahrung und Weiterbehandlung der Urkunden eingerichtet ist.

## IV.

## Gebühr für die Erteilung von Vertretungsbescheinigungen

### § 16

Für die Erteilung einer Bescheinigung nach § 23 der Reichsnotarordnung erhält der Notar eine feste Gebühr von 2 Reichsmark[1].

1. In dieser Bestimmung liegt nicht etwa eine — auf diesem Wege unzulässige — Abänderung der RKostO., sondern eine Ergänzung zu ihr, da sich aus § 23 RNO. notwendig ergibt, daß die Bescheinigung über die Vertretungsbefugnis durch den Notar nach Einsicht des öffentlichen Registers niemals eine selbständiges Amtsgeschäft sein kann, wie es § 44 RKostO. voraussetzt, sondern ein Amtsgeschäft eigener Art ist, das die RKostO. nicht vorsieht. Gerade dadurch wird die Ergänzung der RKostO. im Rahmen des Notariatsrechtes erforderlich. Sie ist auch sachlich gerechtfertigt dadurch, daß die Bescheinigung des Notars in der Regel einen beglaubigten Registerauszug ersetzt, dessen Kosten im allgemeinen 2 Reichsmark nicht übersteigen. Deswegen haben auch bisher schon die meisten Notare für derartige Bescheinigungen regelmäßig die Mindestgebühr von 2 Reichsmark erhoben.

## V.

## Ausführungsbestimmungen zu § 76 der Reichsnotarordnung

### § 17[1]

(1) Ein Anwaltsnotar, der vor dem Inkrafttreten der Reichsnotarordnung die Zulassung als Rechts-

anwalt aufgegeben hat, bleibt, falls er nicht nur für die Dauer seiner Zulassung als Rechtsanwalt zum Notar bestellt war, als Notar zur hauptberuflichen Amtsausübung im Amt.

(2) Ein Anwaltsnotar, dessen Zulassung zurückgenommen oder infolge ehrengerichtlicher Ausschließung aus der Rechtsanwaltschaft fortgefallen ist, scheidet mit dem Inkrafttreten der Reichsnotarordnung aus dem Amt als Notar aus.

1. Hier und in § 18 handelt es sich um die Beseitigung von Härten in ganz besonders gelagerten Fällen ohne allgemeines Interesse.

## § 18

(1) Beamte, die neben einem besoldeten Hauptamt das Amt eines Notars bekleiden, scheiden mit dem Ablauf des 31. Dezember 1937 aus dem Notaramt aus, falls sie nicht bis dahin das besoldete Amt aufgeben oder der Reichsminister der Justiz die Fortführung des Notaramts neben dem besoldeten Amt gestattet.

(2) Abs. 1 gilt entsprechend für Notare, die bei dem Inkrafttreten der Reichsnotarordnung zum Reich, einem Lande oder einer öffentlich-rechtlichen Körperschaft in einem hauptberuflichen Dienstverhältnis stehen und mit Rücksicht hierauf das Notaramt nicht ausüben.

## VI.

## Anwendung des Deutschen Beamtengesetzes auf die Bezirksnotare in Württemberg und die Notare in Baden

## § 19

Die Bezirksnotare in Württemberg und die Notare in Baden unterstehen, solange sie nicht der Reichsnotarordnung unterstellt sind[1], den Vorschriften des Deutschen Beamtengesetzes.

1. Für die ersteren gilt die RNO. überhaupt nicht (§ 85 I Abs. 1 Satz 1), für die letzteren tritt sie erst später durch eine noch zu erlassende Verordnung in Kraft (§ 86 Satz 1).

## VII.

## Schlußbestimmungen

### § 20

Für die Bestellung eines Notars, eines Notarverwesers oder eines Notarvertreters werden Gebühren nicht erhoben[1].

1. Im Gegensatz zu einigen der früheren Landesstempelgesetze auch keine Urkundensteuer.

### § 21

Diese Verordnung tritt gleichzeitig mit der Reichsnotarordnung am 1. Juli 1937 in Kraft.

## 3. Dienstordnung für Notare

Allgemeine Verfügung des Reichsministers der Justiz vom 5. 6. 1937 (Deutsche Justiz S. 874)[1]

### 1. Abschnitt

### Die Amtsführung im allgemeinen

#### Amtliche Unterschrift des Notars

#### § 1

Der Notar hat seine bei Amtshandlungen anzuwendende Unterschrift[2] in dreifacher Ausfertigung dem Landgerichtspräsidenten einzureichen[3]. Der Vorname braucht in der Regel nicht beigefügt zu werden[4].

1. Die DONot. ist eine AV. des RMdJ. Als solche ist sie nicht zwingendes Recht, deren Nichtbeachtung die Ungültigkeit der vorgenommenen Amtshandlungen zur Folge haben könnte, sondern lediglich eine Verwaltungsanordnung. Ihre Befolgung ist aber eine Amtspflicht der Notare im Sinne der §§ 15 und 68 RNO.; Zuwiderhandlungen ziehen Maßnahmen der Aufsichtsbehörden (§ 65) und in schwereren Fällen Dienststrafverfügungen oder förmliche Dienststrafverfahren nach sich.

2. Diese Unterschrift hat der Notar bei seinen Amtshandlungen regelmäßig anzuwenden. Ein Wechsel in der Form der Unterschrift ist zu vermeiden, gegebenenfalls aber dem LGPräsidenten durch Einreichung der neuen Unterschrift in dreifacher Fertigung zur Kenntnis zu bringen.

3. Die Vorschrift dient nicht nur Zwecken der Dienstaufsicht, sondern trägt auch dem Umstande Rechnung, daß verschiedene ausländische Rechte die sogenannte Legalisation der Unterschriften der Notare durch den LGPräsidenten vorschreiben.

4. Der Vorname ist jedoch stets dann beizufügen, wenn zwei oder mehr Notare mit dem gleichen Familiennamen am gleichen Orte oder in naher Nachbarschaft ihr Amtssitze haben.

## Amtssiegel

### § 2

(1) Die Notare führen als Amtssiegel (Prägesiegel und Farbdruckstempel) das kleine Reichssiegel (§ 1 Abs. 2, 3, § 3 Abs. 1 Buchst. d des Erlasses des Reichsministers des Innern über die Reichssiegel vom 16. März 1937, RGBl. I S. 307)[1]. Die Umschrift enthält den Namen des Notars nebst den Worten „. . . . . . . . Notar in . . . . . . (Ort)". Ein Abdruck des Siegels und des Stempels ist dem Landgerichtspräsidenten einzureichen.

(2) Der Notar hat Siegel und Stempel auf eigene Rechnung zu beschaffen. Er hat dafür zu sorgen, daß jede mißbräuchliche Verwendung ausgeschlossen ist[2].

(3) Siegel und Stempel, die der Vorschrift des Abs. 1 nicht entsprechen, hat der Notar bis zum 30. September 1937 an das Amtsgericht zur Vernichtung abzuliefern oder selbst zu vernichten. Er hat dies unter Beifügung eines Abdrucks des neuen Siegels und Stempels dem Landgerichtspräsidenten anzuzeigen[3].

1. Diese Vorschriften lauten:

§ 1 Abs. 2: Das kleine Reichssiegel zeigt das Hoheitszeichen des Reichs mit einer die siegelführende Stelle bezeichnenden Umschrift. Es wird als Prägesiegel, Siegelmarke oder Farbdruckstempel (aus Metall oder Gummi) benützt. Das Hoheitszeichen und die Umschrift werden mit dem Prägesiegel in erhabener Prägung, in Siegelmarken in erhabener Prägung auf rotem Grund, mit dem Farbdruckstempel in dunklem Flachdruck dargestellt. Das kleine Reichssiegel soll einen Durchmesser von dreieinhalb Zentimeter haben. Kleine Reichssiegel von mehr als dreieinhalb Zentimeter Durchmesser bedürfen der Genehmigung der obersten Reichsbehörde.

§ 1 Abs. 3: Für die Gestaltung und Beschriftung sind die beigefügten Muster eins und zwei maßgebend.

§ 3 Abs. 1 d: Das kleine Reichssiegel führen die von der Reichsregierung bestellten, zur Führung eines amtlichen Siegels ermächtigten Urkundspersonen.

2. Auf welche Weise der Notar das tut, ist in sein pflichtgemäßes Ermessen gestellt. Auf die großen Gefahren mißbräuchlicher Verwendung für den Rechtsverkehr und die daraus entspringenden Haftungen ist entsprechend Rücksicht zu nehmen.

3. Unverzüglich nach Ablauf des 30. September 1937.

## Amtsschild

### § 3

Die Notare sind befugt[1], am Eingang zu den Geschäftsräumen und am Hauseingang ein Amtsschild anzubringen. Bis zur Einführung einheitlicher Bestimmungen über Amtsschilder (vgl. RdErl. des Reichsministers des Innern vom 7. 11. 1935, Deutsche Justiz S. 1658)[2] dürfen die bisherigen Amtsschilder nach Maßgabe der RV. vom 9. 12. 1936 — I a 10987[3] — weiter verwendet werden.

1. Eine Verpflichtung hierzu besteht nicht.

2. Dieser Runderlaß enthält lediglich einen Hinweis darauf, daß der Führer das Hoheitszeichen der NSDAP. zum Hoheitszeichen des Reiches bestimmt hat, und kündigt einen weiteren Runderlaß an.

3. Diese Rundverfügung betrifft lediglich die Beseitigung aller auf die frühere Landesjustizhoheit hinweisenden Aufschriften und Symbole.

## Bezug von Zeitschriften

### § 4

Die Notare haben das Reichsgesetzblatt[1] und die „Deutsche Justiz" zu halten[2].

1. Ohne Einschränkung, also Teil I und Teil II.

2. Es entspricht einer ordentlichen Amtsführung, daß diese Blätter jahrgangsweise zu binden und bis zum Erlaß besonderer Anordnungen aufzubewahren sind. Bei neuer Besetzung einer

freigewordenen Notarstelle sind diese Blätter zweckmäßig vom Vorgänger dem Nachfolger zu überlassen, vor allem dann, wenn letzterem auch die Akten des Vorgängers gemäß § 39 Abs. 1 Satz 2 in Verwahrung gegeben werden.

### Tätigkeit an Sonntagen und zur Nachtzeit

### § 5

Der Notar soll seine Geschäftsstelle während der üblichen Geschäftsstunden offenhalten[1]. Nach 7 Uhr abends und an Sonn- und Feiertagen soll er die sofortige Erledigung von Amtsgeschäften übernehmen, wenn ein Aufschub mit erheblichen Nachteilen für die Beteiligten verbunden wäre[2].

1. Diese Bestimmung ist ein Ausfluß der Amtsträgereigenschaft des Notars, auf Grund deren er der Bevölkerung zur Verfügung stehen muß (§ 16).

2. Auch zu ungewöhnlicher Zeit soll der Notar in dringenden Fällen zur Verfügung stehen. Dagegen erfordert es andererseits die den Berufskameraden gegenüber gebotene Rücksichtnahme, in anderen als wirklich dringenden Fällen außerhalb der üblichen Geschäftsstunden, für die im allgemeinen die Diensteinteilung des am Orte befindlichen Amtsgerichts als maßgebend gelten muß, nicht tätig zu werden. Dies gilt besonders dann, wenn mehrere Notare am gleichen Ort ihren Amtssitz haben, um auch nur den Anschein eines beabsichtigten unkameradschaftlichen Wettbewerbs zu vermeiden.

## 2. Abschnitt

## Die Bücher und Akten des Notars

### Die Bücher des Notars

### § 6

(1) Der Notar hat eine Urkundenrolle sowie ein Verwahrungs- und ein Massenbuch zu führen.

(2) Die Bücher sind aus dauerhaftem Papier in festem Einband herzustellen und von Seite zu Seite mit fortlaufenden Zahlen zu versehen. Auf dem Titelblatt sind der Name des Notars und sein Amtssitz anzugeben[1]. Bevor der Notar die Urkundenrolle und das Verwahrungsbuch in Gebrauch nimmt, stellt er auf dem Titelblatt unter Beifügung von Datum, Unterschrift und Stempel die Seitenzahl des Buches fest (siehe Muster 1)[2].

(3) Die Bücher sind am Schlusse mit einem alphabetischen Namenverzeichnis zu versehen[3]. Die Notare können statt dessen ein fortlaufendes Namenverzeichnis oder ein gemeinsames Namenverzeichnis für mehrere Bände führen. Das Namenverzeichnis kann auch als Kartei oder als Buch mit herausnehmbaren Einlagebogen geführt werden[4].

(4) Die Bücher sind im Normformat der Reihe A 3 herzustellen (vgl. AV. vom 4. 7. 1936 Deutsche Justiz S. 1031).

1. Ein Notar, der innerhalb des Kalenderjahres seine Tätigkeit an einem neuen Amtssitz beginnt, führt daher die Bücher des anderen Notars, der vor ihm die Stelle innehatte, auch dann nicht weiter, wenn ihm dessen Bücher und Akten zur weiteren Verwahrung überlassen werden, ebensowenig die Bücher, die er an seinem früheren Amtssitz geführt hatte.

2. Für das Massenbuch ist dies nicht vorgeschrieben.

3. Dies gilt dem Wortlaut nach außer für die Urkundenrolle sowohl für das Verwahrungsbuch als auch für das Massenbuch. Da jedoch einerseits im Verwahrungsbuch auf die entsprechende Stelle des Massenbuchs, andererseits im Massenbuch auf die entsprechende Stelle des Verwahrungsbuchs ausdrücklich bei jeder einzelnen Eintragung verwiesen werden muß, dürften keine Bedenken dagegen bestehen, ein Namenverzeichnis entweder nur für eines dieser beiden Bücher, oder aber gemeinsam

für beide Bücher zu führen, um überflüssige Schreibarbeit zu vermeiden.

4. Zwischen den genannten Formen des Namenverzeichnisses hat jeder Notar die Wahl. Im allgemeinen wird sich die Führung in der Form eines Buches für mehrere Bände der Urkundenrolle empfehlen, daneben noch die Führung einer Namenkartei für die letztwilligen Verfügungen, die in der Verwahrung des Notars verbleiben, um ihr rascheres Auffinden im Falle des Ablebens der Beteiligten zu ermöglichen. Nach Ablieferung des Erbvertrages an das Nachlaßgericht zur Eröffnung kann dann die entsprechende Karteikarte ausgeschieden und vernichtet werden. Auch für das Namenverzeichnis zum Verwahrungs- bzw. Massenbuch wird sich die Karteiform empfehlen, um die erledigten von den unerledigten Sachen scheiden zu können. Dem angedeuteten Vorteil der Karteiform steht natürlich immer die große Gefahr des Verlustes einzelner Karteiblätter gegenüber.

## Die Urkundenrolle

### § 7

(1) Die Urkundenrolle wird nach dem anliegenden Muster 2 geführt.

(2) In die Urkundenrolle sind sämtliche Beurkundungen (§§ 22 bis 24 der Reichsnotarordnung) einzutragen; ausgenommen sind die Erteilung von Ausfertigungen, die Beglaubigung von Abschriften[1] sowie Wechsel- und Scheckproteste. Hat der Notar bei einer Unterschriftsbeglaubigung auch den Entwurf der Urkunde gefertigt, so hat er dies in der Urkundenrolle zu vermerken[2].

1. Und zwar nicht nur, wie bisher in Bayern, die Beglaubigung von Abschriften eigener Urkunden des Notars, sondern auch fremder Urkunden, die zu diesem Zwecke in Urschrift vorgelegt werden.

2. Es empfiehlt sich, in der Urkundenrolle allen Beglaubigungen den Vermerk „m. E." oder „o. E." beizufügen, je nach-

dem, ob sie mit Entwurf oder ohne Entwurf erfolgt ist, um Irrtümer zu vermeiden.

## § 8

(1) Die Eintragungen sind in ununterbrochener Reihenfolge unter einer durch das Kalenderjahr fortlaufenden Nummer zu bewirken.

(2) In Spalte 3 sind die Beteiligten — bei der Beurkundung von Rechtsgeschäften jeder Teil, dessen Erklärung beurkundet wird — aufzuführen[1]. Läßt sich ein Beteiligter vertreten, so ist nur der Vertretene anzugeben. Bei größerer Zahl der Beteiligten genügt eine zusammenfassende Bezeichnung[2]; diese kann auch in das Namenverzeichnis aufgenommen werden, falls sie das Auffinden der Urkunde gewährleistet. Bei Unterschriftsbeglaubigungen und sonstigen Urkunden, die weder in Urschrift noch in Abschrift bei dem Notar verbleiben — ausgenommen Verfügungen von Todes wegen —, kann von der Aufnahme der Beteiligten in das Namenverzeichnis abgesehen werden.

(3) Urkunden, in denen ein früher vom Notar beurkundetes Geschäft aufgehoben, geändert oder ergänzt wird, erhalten eine neue Nummer. In Spalte 5 des Registers ist bei der früheren Urkunde auf die Nummer der anderen Urkunde, z. B. mit den Worten: „Nachtrag s. Nr. ....“ zu verweisen[3].

(4) Ausschabungen sind unzulässig; Änderungen sollen so vorgenommen werden, daß der ursprüngliche Text erkennbar bleibt.

1. Die Beifügung der genauen Anschrift ist namentlich in Städten zu empfehlen.

2. Z. B.: Erbengemeinschaft nach NN.; Reichsautobahn in der Steuergemeinde X.; Regulierung der Ache in der Steuergemeinde Y.

3. bzw.: Nachtrag zu Nr. ....

§ 9

Auf der Urschrift jeder Urkunde sowie auf jeder Ausfertigung oder Abschrift hat der Notar die Nummer der Urkundenrolle und die Jahreszahl anzugeben.

Verwahrung von Wertgegenständen

§ 10

(1) Geld, Wertpapiere und Kostbarkeiten, die dem Notar zur Aufbewahrung oder zur Ablieferung an Dritte übergeben werden (§ 25 der Reichsnotarordnung), sind in das Verwahrungsbuch und in das Massenbuch einzutragen.

(2) Zu den Wertpapieren im Sinne dieser Vorschrift gehören alle Wertpapiere, die einen Börsenkurs haben, sowie Sparkassenbücher und Bankdepotscheine; nicht dazu gehören also z. B. Hypotheken-, Grundschuld- und Rentenschuldbriefe sowie Wechsel und Schecks.

§ 11

(1) Wertpapiere und Kostbarkeiten sind in besonderen Hüllen (Beutel, Papierumschlag u. dgl.) sicher zu verwahren; auf der Hülle sind die laufende Einnahmennummer des Verwahrungsbuchs und der Inhalt anzugeben. Wertpapiere kann der Notar, falls der Hinterleger nichts anderes verlangt, auch einer sicheren Bank[1] in Verwahrung geben. Er ist nicht verpflichtet, die Auslosung oder Kündigung der von ihm verwahrten Wertpapiere zu überwachen oder für den Eingang fälliger Zinsen, Renten und Gewinnanteile oder für die Beschaffung neuer Zins- und Gewinnanteilscheine zu sorgen[2].

(2) Geldbeträge sind einem sicheren Bankkonto zu-

zuführen; derartige Konten sind zum Unterschied von dem Privatkonto als Sonderkonten des Notars für fremdes Geld (Anderkonten[3]) einzurichten; die Auswahl der Bank steht, soweit nichts anderes im Verwaltungswege vorgeschrieben wird[4], dem Notar zu[1]. Der Notar darf über Beträge des Bankkontos nur verfügen, um sie unverzüglich dem Empfangsberechtigten zuzuführen[5]. Verlangt der Hinterleger die gesonderte Aufbewahrung von Geldbeträgen, so sind diese nach den Bestimmungen im Abs. 1 in besonderen Hüllen zu verwahren[6].

1. Die Auswahl der „sicheren" Bank bleibt dem Notar überlassen. Seine Haftung bei Verlusten beschränkt sich auf Vorsatz oder Fahrlässigkeit bei der Auswahl der Banken, so daß stets nur mündelsichere Banken für die Verwahrung in Frage kommen werden.

2. Es empfiehlt sich, die Beteiligten jeweils darauf hinzuweisen, daß diese Verpflichtungen für den Notar nicht bestehen.

3. Über die Anderkonten, deren Rechtsnatur und rechtliche Beziehungen erst in den letzten Jahren im Gebiete des Anwaltsrechts herausgearbeitet wurden, die insbesondere Schutz vor Zugriffen der persönlichen Gläubiger des Notars genießen, siehe insbesondere JW. 1934, 3245; 1935, 495 und 1675.

4. Das ist bisher nicht geschehen.

5. Also in der Regel nicht, um sie in eigene Verwahrung zu nehmen.

6. Das Verlangen muß ausdrücklich gestellt werden; eine Fragepflicht für den Notar besteht nicht.

## § 12

(1) Die Notare führen ein Verwahrungsbuch nach Muster 3 und ein Massenbuch nach Muster 4.

(2) Jede Einnahme und jede Ausgabe sind sowohl in dem Verwahrungsbuch wie auch in dem Massenbuch einzutragen. Die Eintragungen sind in beiden Büchern

noch am Tage des Eingangs oder der Ausgabe[1] — im Verwahrungsbuch unter einer durch das Kalenderjahr fortlaufenden Nummer — zu bewirken.

(3) Im Verwahrungsbuch werden Wertpapiere nur nach der Gattung und dem Gesamtbetrag bezeichnet, Zins-, Renten- und Gewinnanteilscheine oder Erneuerungsscheine sind kurz zu vermerken. Die Geldbeträge in Spalte 5 sind in Ziffern einzutragen und seitenweise aufzurechnen; das Ergebnis einer Seite wird auf die folgende übertragen. Spätestens zu Beginn eines neuen Kalenderjahrs ist der Überschuß der Einnahmen über die Ausgaben vorzutragen[2]. In Spalte 6 ist auf die Eintragung im Massenbuch zu verweisen.

(4) In dem Massenbuch ist jede Verwahrungsmasse mit den zugehörigen Einnahmen und Ausgaben gesondert unter laufender Nummer einzutragen. Den Eintragungen, die die gleiche Verwahrungsmasse betreffen, ist die Bezeichnung der Masse nebst der laufenden Nummer als Überschrift voranzustellen. Wertpapiere werden nach der Gattung, dem Nennbetrag, der Stückzahl, den Serien und den Nummern eingetragen; Zins-, Renten- und Gewinnanteilscheine oder Erneuerungsscheine sind durch Angabe der Fälligkeitstermine oder Nummern näher zu bezeichnen. Die Spalte 5 ist für die einzelnen Massen gesondert aufzurechnen. Die Belege über die Ausgaben werden mit der Nummer der Masse bezeichnet und für jede Masse in den zugehörigen, mit fortlaufenden Seitenzahlen zu versehenden Nebenakten aufbewahrt. Wird die Empfangsbescheinigung in einer Notariatsverhandlung beurkundet, so ist in Spalte 6 der Ausgabenseite auf diese Urkunde zu verweisen; auch kann diese Spalte zu Emp-

fangsbescheinigungen benutzt werden. Sind sämtliche zu einer Masse gehörigen Eintragungen im Massenbuch erledigt, so sind sie mit Rotstift zu durchstreichen.

(5) Änderungen und Ausschabungen in den Büchern sind unzulässig; Irrtümer sind durch einen von dem Notar zu unterschreibenden Nachtragsvermerk in der entsprechenden Spalte oder in der Bemerkungsspalte richtigzustellen[3].

1. Bei bargeldlosem Zahlungsverkehr genügt die Eintragung am Tage des Einlaufs der Gutschrift- oder Lastschriftanzeige der Bank oder des Postscheckamts.

2. Bei größerem Geschäftsumfang ist monatlicher Abschluß am Platze.

3. Handelt es sich um irrtümlich eingetragene Ziffern, so erfolgt die Berichtigung zweckmäßig durch ein Storno im buchtechnischen Sinne, das ebenfalls in der Bemerkungsspalte durch Unterschrift des Notars zu decken ist.

## § 13

(1) An Stelle des Massenbuchs können die Notare auch eine Kartei für die einzelnen Massen nach dem anliegenden Muster 5 führen.

(2) Das Karteiblatt ist im Normformat der Reihe A 4 herzustellen.

(3) Die Karteiblätter sind mit fortlaufenden Nummern zu versehen und in der Nummernfolge — getrennt nach erledigten und nicht erledigten Blättern — aufzubewahren.

## Kostenregister für die Notare in Bayern

## § 14

Die Notare in den Oberlandesgerichtsbezirken Bamberg, München, Nürnberg und Zweibrücken führen zur Feststellung der Gebühren, die der Abgabe zur Bayerischen Notariatskasse unterliegen, ein Kostenregister[1]. Bis zum Erlaß näherer Anordnungen[2] ist das bisherige Gebührenregister weiterzuführen.

1. Die Führung eines besonderen Kostenregisters, die allen Notaren im Reiche mit größerem Geschäftsumfang aus steuertechnischen Gründen, zur Gewährleistung einer besseren Übersicht und einer besseren Überwachung der Hilfskräfte nur dringend empfohlen werden kann, ist in Bayern unentbehrlich wegen der aus dem Rohanfall an Gebühren zu bewirkenden Ablieferungen an die Bayerische Notariatskasse und der von dieser vorzunehmenden Prüfungen der Erfüllung dieser Abgabepflicht (§ 84 III Abs. 6.)

2. Solche sind bisher nicht ergangen.

## Verwahrung der Urkunden

## § 15

(1) Die Urschriften der notarischen Urkunden bleiben, soweit sie in der Form einer Niederschrift verfaßt sind, in der Verwahrung des Notars[1].

(2) Der Notar darf die Urschrift aushändigen, wenn glaubhaft gemacht wird, daß sie zur Verwendung im Auslande gebraucht[2] wird und sämtliche Personen, die Anspruch auf eine Ausfertigung haben, zustimmen. Er behält eine Ausfertigung zurück, auf der zu vermerken ist, wann, an wen und weshalb die Urschrift ausgehändigt wurde. Zweckmäßig ist hierzu eine Photokopie zu benutzen[3].

(3) Wer Anspruch auf eine Ausfertigung oder beglaubigte Abschrift der beim Notar verwahrten Urschriften hat und in welcher Form diese zu erteilen ist, bestimmt sich bis auf weiteres nach den bisherigen Vorschriften[4].

1. Obwohl das Bayer. NotGes. die gleiche Vorschrift enthielt, war es im Hinblick auf § 285 Abs. 1 der Geschäftsordnung für die Notariate in Bayern und die bayerische Dienstanweisung

ür die Grundbuchämter, die aber seit 1. IV. 1936 nicht mehr gilt, in Bayern im Gegensatz zu den übrigen Teilen des Reiches üblich, die Urschriften zum Vollzug an die Grundbuchämter hinauszugeben. Wenn dies auch künftig mit Rücksicht darauf, daß es sich um die vorübergehende Überlassung an eine Reichsbehörde handelt, nicht als durchaus unzulässig betrachtet werden kann, so wird es doch notwendig sein, daß man sich auch in Bayern nunmehr den im übrigen Reich geltenden Gepflogenheiten anpaßt. Der Nachteil, daß die Urschriften dann nicht mehr den urschriftlichen Vollzugsvermerk des Grundbuchamts tragen können, wird dabei in Kauf genommen werden müssen.

2. Die bisher in Süddeutschland allgemein übliche Aushändigung der Urschriften von eidesstattlichen Versicherungen zum Gebrauch im Inland an die Beteiligten ist daher künftig nicht mehr zulässig.

3. Selbstverständlich genügt auch eine in der vorgeschriebenen Form erstellte gewöhnliche Ausfertigung.

4. Für die wichtigsten Länder außer Baden, wo die RNO. erst später in Kraft tritt, sind dies die folgenden Bestimmungen, wobei für die übrigen Länder im wesentlichen auf die preußischen Bestimmungen verwiesen werden kann:

Preußen: Art. 49, 50, 52, 61 PFGG.

Bayern: Art. 39 bis 45 Bayer. NotGes. §§ 283 bis 299 der Geschäftsordnung für die Notariate in Bayern.

Sachsen: §§ 63 bis 69 des Gesetzes zur Ausführung einiger mit dem BGB. zusammenhängender Reichsgesetze vom 15. 6. 1900 nebst §§ 23ff. der Ausführungsverordnung hierzu vom 16. 6. 1900.

Württemberg: Art. 116 des württembergischen Ausführungsgesetzes zum BGB. vom 26. 11. 1931 nebst § 14 der VO. des Justizministeriums vom 18. 3. 1933 über die öffentlichen Notare.

Thüringen: §§ 36 bis 44 der thüringischen AusführungsVO. zum RFGG. vom 21. 8. 1923.

Hessen: Art. 23 des hessischen Notariatsgesetzes vom 15. 3. 1899, §§ 11 Abs. 2, 59 bis 65 der Dienstanweisung für die Notare vom 22. 11. 1899, Art. 95 bis 109 des hessischen AG. zum RFGG. vom 18. 7. 1899.

Hamburg: §§ 31 bis 33 des Gesetzes betreffend das Notariat vom 29. 12. 1899.

## § 16

(1) Verfügungen von Todes wegen hat der Notar unverzüglich nach der Errichtung dem Amtsgericht — in Württemberg dem Bezirksnotariat — seines Amtssitzes zur besonderen amtlichen Verwahrung (§§ 2246, 2277 BGB.) einzureichen. Das Amtsgericht (Bezirksnotariat) benachrichtigt das Standesamt oder die Reichskartei für Testamente beim Amtsgericht Berlin von der Verwahrung (AV. vom 24.4.1936, Deutsche Justiz S. 705).

(2) Haben die Beteiligten bei einem Erbvertrag die besondere amtliche Verwahrung ausgeschlossen[1], so bleibt die Urkunde in der Verwahrung des Notars. Er benachrichtigt das Standesamt oder die Reichskartei für Testamente[2]. Nach Eintritt des Erbfalles liefert er die Urkunde an das Nachlaßgericht ab (§ 2259 Abs. 2 BGB.), in dessen Verwahrung sie verbleibt[3].

(3) Über jede Verfügung von Todes wegen hat der Notar einen Vermerk für seine Urkundensammlung anzufertigen, der den Namen, Beruf und Wohnort des Erblassers (der Vertragschließenden) und des zweiten Notars oder der Urkundszeugen sowie Angaben darüber enthält, in welcher Form (§ 2238 BGB.) die Verfügung von Todes wegen errichtet ist. Auf das Vermerkblatt ist die Nummer des Notariatsregisters und die nach § 154 Abs. 3 der Kostenordnung zurückzubehaltende Abschrift der Kostenberechnung zu setzen.

(4) Die vorstehenden Bestimmungen gelten auch für Erklärungen über den Anerben oder die Verwaltung und Nutznießung am Erbhof (§ 13 der Erbhofrechtsverordnung[4]).

1. Gemäß § 2277 Abs. 1 BGB.
2. Gemäß AV. des RMdJ. vom 24. 4. 1936, DJ. S. 705.

3. Eine Verpflichtung des Notars zur Überwachung der Todesfälle innerhalb seines Amtsbezirkes wird dadurch nicht begründet; es ist vielmehr Sache der Erben, des Nachlaßgerichts und der Standesämter, hilfsweise der Reichskartei für Testamente beim Amtsgericht Berlin, den Notar vom Ableben eines an einem bei ihm verwahrten Erbvertrag Beteiligten zu benachrichtigen und dadurch die Ablieferung herbeizuführen.

4. Denn auch diese Erklärungen sind nichts anderes als letztwillige Verfügungen, die nur ausnahmsweise in den Formen von Rechtsgeschäften unter Lebenden errichtet werden dürfen.

## § 17

Für die Verwahrung der Akten über die Vermittlung einer Nachlaß- oder Gesamtgutsauseinandersetzung (§ 22 Abs. 2, § 77 Abs. 3 der Reichsnotarordnung) gelten bis auf weiteres die bisherigen Bestimmungen[1].

1. Von einer Aufzählung der einschlägigen Bestimmungen der einzelnen Länder, in denen die Notare hierfür zuständig waren, kann abgesehen werden, da sie keine wesentlichen Besonderheiten bieten.

## § 18

Hat der Notar eine Urkunde entworfen und Unterschriften oder Handzeichen darunter beglaubigt, so hat er eine beglaubigte Abschrift der Urkunde, einschließlich der Kostenberechnung (§ 154 Abs. 3 Satz 3 der Kostenordnung), für seine Urkundensammlung zurückzubehalten. Auf die Abschrift ist der im § 14 Abs. 2 der Durchführungsbestimmungen zum Urkundensteuergesetz vom 6. Mai 1936 (RGBl. I S. 424) vorgesehene Vermerk über die Entrichtung der Urkundensteuer zu setzen[1].

1. Diese beglaubigten Abschriften sind als solche in entsprechender Anwendung des § 46 Abs. 6 UrkStGes. steuerfrei, obwohl die Notare keine Behörden sind, da andernfalls eine durch nichts gerechtfertigte Verteuerung des Rechtsverkehrs gerade

für geringfügige Rechtsgeschäfte wie Löschungsbewilligungen und -anträge eintreten würde. Sollte sich die Rechtsprechung wider Erwarten auf den gegenteiligen Standpunkt stellen, so wäre die sofortige Abänderung dieser nicht unbedingt erforderlichen Vorschrift dringend zu erwägen. Allerdings wäre dann auch eine Änderung des § 14 Abs. 2 UrkDV. erforderlich, der die Zurückbehaltung beglaubigter Abschriften in diesen Fällen voraussetzt.

### § 19

Bei Urkunden des Notars, die weder in Urschrift noch in Abschrift bei dem Notar zurückbleiben, insbesondere bei bloßen Unterschriftsbeglaubigungen sowie anderen Zeugnissen und Bescheinigungen, ist ein Vermerkblatt zu der Urkundensammlung zu bringen, das den Namen der Beteiligten, die Nummer der Urkundenrolle und die nach § 154 Abs. 3 der Kostenordnung zurückzubehaltende Abschrift der Kostenberechnung enthält[1].

1. Soferne die Unterschriftsbeglaubigung mit der Schreibmaschine erfolgt, dürfte es am praktischsten sein, sie durchzuschlagen und den Kostenvermerk beizusetzen.

## Akten des Notars

### § 20

(1) Die von dem Notar verwahrten Urschriften (§ 15 Abs. 1), Ausfertigungen (§ 15 Abs. 2) und beglaubigten Abschriften (§ 18) sowie die Vermerkblätter über hinausgegebene Urkunden (§ 16 Abs. 3, § 19) sind nach der Nummernfolge der Urkundenrolle geordnet in einer Urkundensammlung aufzubewahren. Sie sind in Aktenbänden mit festem Umschlag einzuheften; die Benutzung von Schnellheftern und Aktenordnern ist zulässig. Wo es bisher üblich war, können die Urkunden auch lose in festen Umschlägen oder Kästen aufbewahrt werden.

(2) Auf Urkunden, in denen ein früher vom Notar beurkundetes Geschäft aufgehoben, geändert oder ergänzt wird (§ 8 Abs. 3), soll bei der Haupturkunde durch einen Vermerk verwiesen werden[1].

1. In allen den Fällen, in denen die Haupturkunde ohne die spätere Urkunde unverständlich oder irreführend ist, erscheint es trotz dieser Vorschrift unbedenklich, die zweite Urkunde der Haupturkunde anzuheften und an der nach der Nummernfolge der zweiten Urkunde gebührenden Stelle durch ein Vermerkblatt hierauf zu verweisen. Dadurch wird allen Irrtümern vorgebeugt, die dadurch entstehen könnten, daß von der Haupturkunde ohne Beachtung der zweiten Urkunde Gebrauch gemacht wird.

## § 21

Die bei der Aufnahme von Wechsel- und Scheckprotesten zurückbehaltenen beglaubigten Abschriften der Protesturkunden und der über den Inhalt des Wechsels, der Wechselabschrift oder des Schecks aufgenommenen Vermerke (Art. 85 Abs. 2 des Wechselgesetzes, Art. 55 Abs. 3 des Scheckgesetzes) sind mit den zugehörigen Kostenberechnungen (§ 154 Abs. 3 Satz 1 der Kostenordnung) nach der zeitlichen Reihenfolge geordnet in Sammelbänden zu vereinigen; § 20 Abs. 1 Satz 2 gilt entsprechend. Die Protestabschriften sind innerhalb eines jeden Bandes mit fortlaufenden Nummern[1] zu versehen. Die Protestabschriften und die Vermerke sind möglichst auf dasselbe Blatt zu setzen. Ist von der Protestgebühr eine Abgabe nach der Verordnung vom 20. März 1936 (RGBl. I S. 190, 274) zu entrichten, so ist bei der Abschrift der Kostenberechnung auch die Nummer der Jahresliste (§ 1 der AV. vom 23. 3. 1936, Deutsche Justiz S. 498) anzugeben.

1. Ohne Rücksicht auf das Kalenderjahr.

## § 22

(1) Die nicht zur Urkundensammlung zu nehmenden Schriftstücke, z. B. Schriftwechsel mit den Beteiligten und mit den Behörden, werden, auch soweit sie Urkundsgeschäfte des Notars betreffen[1], in Blattsammlungen für die einzelnen Angelegenheiten oder in Sammelakten aufbewahrt. Sie können nach 10 Jahren vernichtet werden.

(2) Für Mitteilungen der Aufsichtsbehörden, Prüfungsberichte und andere den inneren Dienstbetrieb betreffenden Schriftstücke werden Generalakten gehalten. Sie sind mit einem Inhaltsverzeichnis und fortlaufenden Blattzahlen zu versehen[2].

1. Grundsätzlich sind alle Schriftstücke aufzubewahren, um ein vollständiges Bild des gesamten Vorganges zu haben. Daher ist es auch am Platze, von allen hinausgehenden Mitteilungen Durchschläge zurückzubehalten und über geführte Ferngespräche kurzgefaßte und mit Zeitangabe versehene Vermerke zu den Akten zu nehmen.

2. Näheres über die Einteilung der Generalakten ist nicht vorgeschrieben. Je nach dem Umfang des Amtsbetriebes werden sie mehr oder minder stark aufzuteilen sein. Die Aufteilung hat grundsätzlich nicht nach der zeitlichen Reihenfolge, sondern nach Sachgebieten zu erfolgen. Es empfiehlt sich, die Generalakten von Zeit zu Zeit zu sichten und von überholten Aktenstücken zu befreien. Mit Rücksicht auf die fortlaufende Blattzählung müssen jedoch die ausgeschiedenen Blätter nach Blattzahl und wesentlichem Inhalt aufgezeichnet werden.

## Geschäftsübersichten

## § 23

Die Notare haben nach Abschluß jedes Jahres eine Geschäftsübersicht bei dem Präsidenten des Landgerichts nach Maßgabe der hierüber ergehenden Anordnungen[1] einzureichen.

1. Solche sind noch nicht ergangen. Die Vorschriften der Länder, die bisher für Geschäftsübersichten bestanden, sind nicht mehr anwendbar (§ 75); infolge der veränderten Organisation des Notariatswesens haben sie größtenteils ihren Sinn verloren.

## 3. Abschnitt

## Äußere Form der notarischen Urkunden

### Herstellung der Urkunden

### § 24

(1) Notarische Urkunden, einschließlich der Testamente und Erbverträge, können handschriftlich mit haltbarer schwarzer Tinte oder mit Schreibmaschine[1] hergestellt werden; das gilt sowohl für die Urschriften als auch für Ausfertigungen und Abschriften.

(2) Bei Unterschriftsbeglaubigungen ist der Gebrauch von Farbstempeln mit haltbarer, schwarzer Schrift zulässig.

1. Damit sind die letzten, unzeitgemäßen Beschränkungen im Gebrauch der Schreibmaschine gefallen, wie sie z. B. bisher noch in Bayern galten, wo der Gebrauch der Schreibmaschine für die Herstellung von Testamenten und reinen Erbverträgen untersagt war.

### § 25

Die Urkunden können auch unter Verwendung gedruckter Formblätter hergestellt werden. Die Aufsichtsbehörden können die Verwendung unzweckmäßiger Formblätter untersagen[1]. Vordrucke mit dem Hoheitszeichen sind zulässig (AV. vom 9. 5. 1936, Deutsche Justiz S. 744).

1. Gelegentlich ist es vorgekommen, daß zugunsten der Aufrechterhaltung des Wortlautes von Formblättern der Vertrags-

wille umgebogen oder unvollständig wiedergegeben wurde. Obwohl dies bei den im Geiste des Nationalsozialismus arbeitenden Rechtswahrern nicht mehr vorkommen dürfte, wird hier der Aufsichtsbehörde die Handhabe gegeben, um derartigen Mißständen vorzubeugen. Siehe auch unten § 30 Abs. 2.

## § 26

(1) Zur Herstellung von Urkunden sind nur Schreibmaschinen mit deutlichen Schriftzeichen und schwarze Farbbänder, die amtlich auf ihre Eignung zur Herstellung von Urkunden geprüft sind, zu verwenden.

(2) Die Urschriften sind unmittelbar mit dem Farbband herzustellen. Für Ausfertigungen und Abschriften können auch deutlich geschriebene Durchschläge verwendet werden.

## § 27

Die Urschriften und Ausfertigungen notarischer Urkunden sind auf festem, weißem Papier in Din-Format zu schreiben.

## § 28

(1) Jede Urkunde (Urschrift, Ausfertigung oder Abschrift), die mehr als einen Bogen umfaßt, ist zu heften; der Heftfaden ist anzusiegeln. Es sollen Heftfäden in den Farben Schwarz-Weiß-Rot verwendet werden (AV. vom 4. 5. 1935, Deutsche Justiz S. 695).

(2) In gleicher Weise sind Anlagen, die einen Teil der Niederschrift bilden[1], mit dieser zu verbinden.

1. Das sind nur diejenigen Anlagen, die einen wesentlichen Bestandteil der Niederschrift deswegen bilden, weil ihr Inhalt einen Teil der Willenserklärungen der Beteiligten enthält.

## Lücken und Änderungen in den Urkunden

### § 29

(1) Es darf nichts ausgeschabt oder sonst unleserlich gemacht werden. Wichtigere Zahlen sind in Ziffern und Buchstaben zu schreiben.

(2) Lücken sind, soweit erforderlich, durch Füllstriche gegen nachträgliche Einschaltungen zu sichern.

(3) Zusätze und sonstige, nicht nur geringfügige Änderungen sollen am Schlusse vor den Unterschriften oder am Rande beigefügt[1] und im letzteren Falle von dem Notar und den sonst mitwirkenden Personen[2] besonders unterzeichnet werden. Ist der Niederschrift eine Anlage beigefügt, so brauchen Änderungen in der Anlage nicht unterzeichnet zu werden, wenn aus der Niederschrift hervorgeht, daß sie genehmigt sind[3].

(4) Offensichtliche Schreibfehler[4] kann der Notar auch nach Abschluß der Niederschrift durch einen von ihm zu unterschreibenden Nachtragsvermerk richtig stellen. Ergibt sich im übrigen nach Abschluß der Niederschrift die Notwendigkeit einer Änderung oder Berichtigung, so hat der Notar hierüber eine besondere Niederschrift aufzunehmen[5].

1. Ergibt sich die Notwendigkeit einer Änderung während der Herstellung der Urkunde sofort nach Niederschreiben eines unrichtigen Wortes oder Satzes, so steht diese Vorschrift der bisherigen Übung der Änderung durch Einklammern und eines auf die Berichtigung hinweisenden Zusatzes wie (.... lies:) oder (.... richtig:) nicht entgegen.

2. Den Beteiligten ,Zeugen, dem zweiten Notar.

3. Wenn die Berichtigung nicht am Rande erfolgt, empfiehlt es sich in jedem Fall, am Rande der zu berichtigenden Stelle auf die Stelle hinzuweisen, an der sich die Berichtigung befindet, z. B. „Berichtigung siehe am Schluß der Urkunde" oder „Berichtigung siehe Ziffer X".

**4.** Hierbei kann es sich nie um die Berichtigung von Worten oder Ziffern handeln, denen sachliche Bedeutung zukommt, denn bei diesen ist ein Schreibfehler niemals „offensichtlich". Eine strenge Auslegung dieses Wortes ist dringend geboten.

**5.** Erfolgt diese Niederschrift am gleichen Tage, so kann sie unbedenklich auf den gleichen Bogen gesetzt werden. Können in diesem Falle die beiden Urkunden keine aufeinanderfolgenden Nummern in der Urkundenrolle erhalten, weil dazwischen andere Beurkundungen oder Beglaubigungen erfolgt sind, so ist unter der Nummer der Nachtragsniederschrift ein Vermerkblatt in die Urkundensammlung einzulegen.

## 4. Abschnitt

## Prüfungs- und Belehrungspflichten des Notars bei der Beurkundung

### Im allgemeinen

### § 30 [1]

(1) Der Notar hat als unparteiischer Rechtswahrer vorsorgender Rechtspflege bei der Beurkundung von Rechtsgeschäften darauf Bedacht zu nehmen, daß Irrtümer und Zweifel sowie Übervorteilungen unerfahrener oder ungewandter Beteiligter nach Möglichkeit vermieden werden. Er hat zu diesem Zweck den ernstlichen Willen der Beteiligten sorgfältig zu ermitteln, den Sachverhalt möglichst vollständig aufzuklären, die Beteiligten über die rechtliche Tragweite [2] des Geschäfts zu belehren und ihre Erklärungen klar und unzweideutig in der Niederschrift wiederzugeben.

(2) Bei der Benutzung von Formblättern oder vorbereiteten Entwürfen darf der Wille der Beteiligten nicht zugunsten einer Aufrechterhaltung des Vordrucks oder Entwurfs beeinflußt werden [3].

1. Dieser Paragraph, der bescheiden in der zweiten Hälfte der Dienstordnung steht, seiner Bedeutung nach aber eigentlich an die Spitze der RNO. gehören würde, enthält in knappen klaren Worten das Grundgesetz des Notarberufs und umschließt zugleich all das, was das Schrifttum als die „ars notarii" umschrieben hat. Die Bestimmung ist ihrem Wortlaut nach auf die Beurkundung von Rechtsgeschäften beschränkt; es ist jedoch eine Selbstverständlichkeit für jeden von der Würde und Größe seines Berufs durchdrungenen Notar, daß er auch alle seine übrigen Aufgaben nur im Sinne dieser Grundsätze erfüllen darf. Wenn auch die folgenden Bestimmungen bis § 42 einschließlich eine Reihe wichtiger Einzelheiten festlegen, so läßt sich doch der Inhalt des § 30 nicht so leicht erschöpfen. Der größte Teil der bisherigen Rechtsprechung über die Amtspflichtverletzungen ist dazu heranzuziehen, mehr noch wird sich die künftige Rechtsprechung damit zu befassen haben. Von eingehenden Erläuterungen muß daher hier abgesehen werden.

2. In diesen Worten liegt eine bewußte Beschränkung der Aufklärungspflicht des Notars dahingehend, daß es nicht als seine Pflicht erachtet wird, die Beteiligten auch über die wirtschaftliche Tragweite ihrer Willenserklärungen zu belehren. Damit ist eine für den Notar von vornherein untragbare Haftung klar abgelehnt. Das bedeutet keinen Widerspruch zu der Vorschrift des ersten Satzes, denn der Schutz vor Übervorteilungen ist nur unerfahrenen und ungewandten Beteiligten zugedacht, ist auch diesen nur zu gewähren, wo sich ein begründeter Anlaß dazu zeigt, und bezieht sich auch bei ihnen ohne ganz besonderen Anlaß nur auf rechtliche Übervorteilungen.

3. Siehe hierzu Anm. 1 zu § 25 DOfN.

## Feststellung der Persönlichkeit

## § 31

(1) Bei der Beurkundung von Erklärungen hat der Notar äußerste Sorgfalt auf die Feststellung der Persönlichkeit der Beteiligten zu verwenden[1].

(2) Bei der Vorstellung durch Auskunftspersonen hat er deren Glaubwürdigkeit zu prüfen. Regelmäßig sind nur solche Personen als Erkennungszeugen geeignet,

die der Notar selbst als zuverlässig kennt und die nicht an der den Gegenstand der Amtshandlung bildenden Angelegenheit beteiligt sind oder zu einem Beteiligten in näheren verwandtschaftlichen oder sonstigen, dem Notar bekannten Beziehungen stehen.

(3) Kennt der Notar die Beteiligten, so soll er dies in der Niederschrift[2] feststellen. Kennt er sie nicht, so soll er angeben, wie er sich Gewißheit über ihre Persönlichkeit verschafft hat.

(4) Kann sich der Notar über die Persönlichkeit eines Beteiligten nicht volle Gewißheit verschaffen, so soll er die Vornahme des Geschäfts in der Regel ablehnen. Nimmt er auf Verlangen die Amtshandlung ohne ausreichende Feststellung der Persönlichkeit vor, so soll er dies in der Niederschrift unter Angabe des Sachverhalts und der zur Feststellung der Persönlichkeit vorgebrachten Unterlagen angeben.

1. Diese Bestimmung entspricht der in den letzten Jahren immer strenger gewordenen Rechtsprechung des Reichsgerichts zu dieser Frage und wird durch die folgenden Absätze näher erläutert. Es darf erwartet werden, daß das Reichsgericht, das seine Anforderungen immer mehr verschärft hat, diese Bestimmung nicht zum Anlaß nimmt, sie noch weiter zu verschärfen, namentlich nicht über den Wortlaut dieses Paragraphen hinaus. Eine bedenkliche Erschwerung des Rechtsverkehrs namentlich in den Großstädten wäre andernfalls die unausbleibliche Folge, solange nicht jeder Volksgenosse gesetzlich gezwungen wird, einen gültigen Paß jederzeit bei sich zu führen.

2. Bei Beglaubigungen siehe unten § 36.

## Prüfung der Geschäftsfähigkeit

### § 32

(1) Vor der Beurkundung von Rechtsgeschäften soll sich der Notar von der Geschäftsfähigkeit der Betei-

ligten überzeugen. Sind Erklärungen schwerkranker Personen zu beurkunden, so soll er die Tatsache der Erkrankung und seine Feststellungen über die Geschäftsfähigkeit in der Niederschrift angeben.

(2) Überzeugt sich der Notar, daß ein Beteiligter die erforderliche Geschäftsfähigkeit nicht besitzt, so hat er die Beurkundung abzulehnen. Bleibt er im Zweifel, so stellt er dies in der Niederschrift fest.

## Prüfung der Verfügungsbefugnis

## § 33

(1) Bei der Beurkundung von Rechtsgeschäften soll der Notar ferner die Vertretungsmacht und die Verfügungsbefugnis der Beteiligten prüfen. Bestehen Zweifel, so soll er die Beteiligten über die Rechtslage belehren und gegebenenfalls zur Aufnahme eines entsprechenden Vorbehalts in die Urkunde veranlassen.

(2) Stellt er fest, daß die Vertretungsmacht oder Verfügungsbefugnis fehlt und daß auch eine nachträgliche Genehmigung durch den Berechtigten nicht möglich ist (z. B. bei einseitigen Verfügungsgeschäften über eingebrachtes Gut, § 1398 BGB.), so hat er die Beurkundung abzulehnen.

(3) Bei der Verhandlung vorgelegte Vollmachten und Ausweise über die Berechtigung eines gesetzlichen Vertreters fügt er in Urschrift oder beglaubigter Abschrift der Niederschrift bei. Ergibt sich die Vertretungsberechtigung aus einer Eintragung im Handelsregister oder ähnlichem Register, so genügt eine Bescheinigung des Notars nach § 23 der Reichsnotarordnung[1].

(4) Bei Rechtsgeschäften Minderjähriger soll er in

der Regel deren Alter in der Urkunde angeben, auch wenn die Erklärungen durch einen Vertreter abgegeben werden.

1. Für die Länder, in denen das bisher möglich war, sei ausdrücklich betont, daß der Notar nicht mehr befugt ist, die Vertretungsmacht eines Beteiligten auf Grund einer Vollmacht, eines Erbscheins, eines anerkannten öffentlichen Testaments oder dergleichen zu bescheinigen.

## Geschäfte, die behördlicher Genehmigung bedürfen

### § 34

(1) Bedarf ein Geschäft der behördlichen Genehmigung oder Bestätigung, so soll der Notar die Beteiligten darauf hinweisen und — auch bei Zweifeln über die Genehmigungsbedürftigkeit — einen entsprechenden Vermerk in die Niederschrift aufnehmen. Dies gilt insbesondere[1] bei Geschäften, die

a) der vormundschafts- oder nachlaßgerichtlichen Genehmigung,
b) der Genehmigung durch das Anerbengericht,
c) der Genehmigung nach der Grundstücksverkehrsbekanntmachung vom 26. Januar 1937 (RGBl. I S. 35),
d) der Genehmigung nach den Vorschriften über die Devisenbewirtschaftung,
e) der Genehmigung nach der Verordnung über die Veräußerung von Entschuldungsbetrieben vom 6. Januar 1937 (RGBl. I S. 5),
f) der Genehmigung nach dem Gesetz über die Aufschließung von Wohnsiedlungsgebieten vom 22. September 1933 (RGBl. I S. 659),
g) der Genehmigung nach den Vorschriften über den

Erwerb von Rechten durch Ausländer oder juristische Personen oder nach den Vorschriften über Schenkungen an Orden und ordensähnliche Verbände (Art. 86 bis 88 des Einführungsgesetzes zum Bürgerlichen Gesetzbuch)

bedürfen.

(2) In den Fällen des Abs. 1 kann der Notar in geeigneten Fällen mit Einverständnis der Beteiligten vor der Beurkundung einen Entwurf der wesentlichen Bestimmungen des genehmigungspflichtigen Geschäfts der zuständigen Behörde mit der Bitte um Bekanntgabe etwaiger Bedenken vorlegen. Er soll, soweit dies zweckmäßig erscheint[2], den Beteiligten dieses Verfahren nahelegen.

1. Die Aufzählung will nicht erschöpfend sein, sie umfaßt jedoch alle Fälle, die gegenwärtig von Bedeutung sind. Zu erwähnen ist lediglich noch die Notwendigkeit gerichtlicher Bestätigung der Ehelichkeitserklärung und der Annahme an Kindes Statt.

2. Dies wird immer dann der Fall sein, wenn der Notar nicht auf Grund seiner Erfahrungen mit hoher Wahrscheinlichkeit annehmen kann, daß die Genehmigung oder Bestätigung erteilt werden wird, oder wenn nicht durch vorherige Rücksprache der Beteiligten oder des Notars mit der zur Genehmigung oder Bestätigung zuständigen Stelle begründete Aussicht auf Genehmigung oder Bestätigung eröffnet worden ist.

### Bedenken gegen die Gültigkeit des Geschäfts usw.

### § 35

(1) Bestehen in anderen als den in den §§ 32 bis 34 bezeichneten Fällen Zweifel, ob das Geschäft mit den gesetzlichen Vorschriften[1] im Einklang steht, ob es nichtig ist oder ob es dem wahren Willen der Beteiligten ent-

spricht, so hat der Notar seine Bedenken mit den Beteiligten zu erörtern.

(2) Erlangt er die Überzeugung, daß das Geschäft nichtig ist, oder daß die Beteiligten damit unredliche oder unlautere Zwecke verfolgen, so darf er die Beurkundung nicht vornehmen (§ 15 Abs. 2 der Reichsnotarordnung).

(3) Bleibt der Notar im Zweifel und bestehen die Beteiligten auf Vornahme der Beurkundung, so vermerkt der Notar die Belehrung sowie die Erklärungen der Beteiligten dazu[2] in der Niederschrift.

1. Hierzu gehört nach nationalsozialistischer Rechtsauffassung auch der Vorrang des öffentlichen Wohles vor den Einzelinteressen. Die Bestimmung trifft also in jedem Falle zu, in dem für den Notar begründeter Anlaß besteht, zu vermuten, daß das beabsichtigte Geschäft dem Gemeinwohl zuwiderläuft.

2. Dieser Vermerk braucht nicht etwa die Belehrung des Notars und die Erklärung der Beteiligten dazu im Wortlaut wiederzugeben, darf aber andererseits auch nicht so schematisch abgefaßt sein, daß er zur bloßen Formsache wird.

## Unterschriftsbeglaubigungen

## § 36

Die Bestimmungen über die Feststellung der Persönlichkeit (§ 31) und über die Ablehnung der Amtstätigkeit bei ungültigen oder zu unredlichen und unlauteren Zwecken vorgenommenen Geschäften (§ 32 Abs. 2, § 33 Abs. 2, § 35)[1] gelten auch bei der Beglaubigung von Unterschriften oder Handzeichen. Kennt der Notar die Beteiligten, so braucht er dies im Beglaubigungsvermerk nicht anzugeben[2].

1. Eine Prüfung im Sinne dieser Bestimmung ist stets eine solche im Sinne des § 27 Satz 1 RNO. und hat daher stets ohne Auftrag der Beteiligten zu erfolgen.

2. Im Gegensatz zur Niederschrift (§ 31 Abs. 3 DOfN.).

## Gesetzliche Vorkaufsrechte

### § 37

Bei der Beurkundung der Veräußerung von Grundstücken, an denen ein gesetzliches Vorkaufsrecht nach dem Reichssiedlungsgesetz vom 11. August 1919 (RGBl. S. 1429) oder nach dem Reichsheimstättengesetz vom 10. Mai 1920 (RGBl. S. 962) besteht, soll der Notar die Beteiligten darauf hinweisen, daß die Eintragung im Grundbuch erst erfolgt, wenn die Nichtausübung des Vorkaufsrechts nachgewiesen ist (vgl. §§ 10, 14 RSiedlG. und § 11 Abs. 3 RHeimstG.)[1].

1. Es ist unter allen Umständen zu empfehlen, in der Urkunde festzustellen, daß dieser Hinweis erfolgt ist.

## Hinweis auf steuerliche und kostenrechtliche Folgen

### § 38

(1) Beurkundet der Notar Rechtsvorgänge, die unter das Grunderwerbsteuergesetz oder Kapitalverkehrsteuergesetz fallen, so soll er die Beteiligten darauf hinweisen, daß die Eintragung im Grundbuch oder Handelsregister erst erfolgt, wenn die Unbedenklichkeitsbescheinigung des Finanzamts vorgelegt wird (vgl. § 189 d der Reichsabgabenordnung)[1].

(2) Er soll erforderlichenfalls auch auf die Steuerpflicht der Urkunde und auf die Bestimmungen der Kostenordnung über die Abhängigmachung gerichtlicher Handlungen von der Vorauszahlung oder Sicherstellung der Kosten (§ 7 Abs. 2 das.) hinweisen[1].

1. Siehe Anm. 1 zu § 37 DONot.

## Zuwachssteuerpflichtige Geschäfte

### § 39

Ist damit zu rechnen, daß ein Rechtsgeschäft der Wertzuwachssteuer unterliegt, so soll der Notar hierauf hinweisen und insbesondere den Erwerber darauf aufmerksam machen, daß auch er für die Steuer haftet, wenn sie vom Veräußerer nicht beigetrieben werden kann[1].

1. Siehe Anm. 1 zu § 37 DOfN.

## Feststellung des Grundbuchinhalts

### § 40

(1) Bei Geschäften, die im Grundbuch eingetragene Rechte zum Gegenstand haben, soll sich der Notar darüber vergewissern, ob die Beteiligten eine zuverlässige Kenntnis des Grundbuchstandes besitzen[1]. Kann er diese Gewißheit nicht erlangen, so soll er die Beteiligten, falls er nicht selbst den Grundbuchinhalt feststellt, über die Notwendigkeit der Grundbucheinsicht belehren und die Beurkundung nur vornehmen, wenn die Beteiligten trotz Belehrung über die damit verbundenen Gefahren auf einer sofortigen Beurkundung bestehen[2].

(2) Die Abtretung oder Belastung eines Briefpfandrechts soll der Notar nur beurkunden oder beglaubigen, wenn ihm der Brief vorgelegt wird[3].

1. Wirklich vergewissern kann sich der Notar hierüber nur, wenn ihm entweder ein beglaubigter Grundbuchauszug aus allerjüngster Zeit von den Beteiligten vorgelegt wird und er sich überzeugt, daß sie ihn verstanden haben, oder wenn er selbst das Grundbuch nebst Grundbuchakten und die noch nicht erledigten Eintragungsanträge einsieht und sich hernach davon überzeugt, daß die Beteiligten den Inhalt richtig kennen. Wenn

es sich nicht nur um Löschungen handelt, ist daher in allen Fällen die Einsicht des Grundbuchs oder einer beglaubigten Grundbuchblattabschrift aus jüngster Zeit am Platze, damit der Notar seine in § 30 dieser Dienstordnung niedergelegten Pflichten sachdienlich erfüllen kann.

2. In der Urkunde ist festzustellen, daß der Notar die Beteiligten belehrt hat und welche Erklärungen sie dazu abgegeben haben.

3. Auch das Vorliegen des Briefes wird zweckmäßig in der Urkunde festgestellt.

## § 41

(1) Vor der Beurkundung einer Auflassung oder der Bestellung oder Übertragung eines grundstücksgleichen Rechts soll der Notar das Grundbuch oder eine beglaubigte Abschrift des Grundbuchs einsehen. Er kann sich dabei einer anderen Person bedienen, wenn ihm diese als hinreichend sachkundig und zuverlässig bekannt ist [1], seine Verantwortlichkeit wird hierdurch nicht gemindert. Die Einsicht einer Grundbuchabschrift genügt nur dann, wenn die Abschrift in jüngster Zeit ausgestellt oder berichtigt ist, so daß nach den Umständen Änderungen in der Zwischenzeit nicht wahrscheinlich sind [2].

(2) Der Notar soll in der Urkunde angeben, daß er den Grundbuchinhalt festgestellt oder eine beglaubigte Grundbuchabschrift eingesehen hat, und letzterenfalls auch den Tag der Ausstellung oder Richtigstellung der Abschrift angeben.

(3) Auf Verlangen der Beteiligten kann der Notar von der Einsichtnahme des Grundbuchs oder einer Grundbuchabschrift absehen. Das Verlangen ist in der Niederschrift festzustellen [3].

1. Die Notariatsassessoren, die Probeassessoren nach Ablauf einer angemessenen Probezeit, die sonstigen Mitarbeiter des Notars, wenn sie genügend Erfahrungen gesammelt haben,

uneingeschränkt selbstverständlich die Notariatsbeamten in Bayern.

2. Sicherheit über den Grundbuchinhalt ist dadurch jedoch nie gegeben; sie kann nur durch Einsicht unmittelbar vor Beurkundung und Durchsicht des unerledigten Einlaufs beim Grundbuchamt geschaffen werden. Dies schreibt jedoch die Dienstordnung nicht vor; trotzdem wird sie in der Regel zu erfolgen haben, um den Beteiligten unnötige Kosten zu ersparen.

3. Vorher sind die Beteiligten über die möglichen Folgen der unterlassenen Einsicht zu belehren.

## Einreichung von Anträgen

### § 42

Hat der Notar Erklärungen beurkundet, die zur Einreichung bei dem Grundbuchamt oder dem Registergericht bestimmt sind, so soll er, wenn die Beteiligten nichts anderes verlangen [1], die Urkunde (Ausfertigung, beglaubigte Abschrift), sobald ihre Einreichung erfolgen kann, unverzüglich bei dem Grundbuchamt oder Registergericht einreichen [2]). Wünschen die Beteiligten eine spätere Einreichung, so soll er sie erforderlichenfalls auf die damit verbundenen Gefahren hinweisen [3].

1. Dieses Verlangen muß ausdrücklich gestellt sein und ist zweckmäßig in der Urkunde festzuhalten.

2. Darüber hinaus erfordert es eine richtige Berufsauffassung, daß der Notar den Beteiligten in jeder Beziehung bei den zum Vollzug der Urkunde erforderlichen Maßnahmen mit Rat und Tat behilflich ist. Gerade diese Tätigkeit gehört zu der Betreuung der Beteiligten, die nach § 26 RNO. ein Teil der Amtsaufgaben des Notars ist. Sie hat, soweit dies der RKostO. nicht widerspricht, gebührenfrei zu erfolgen. Soweit dafür nach der RKostO. besondere Gebühren angesetzt werden müssen, sind die Beteiligten vorher hierauf hinzuweisen, damit sie in die Lage versetzt werden, sich durch Selbsterledigung dieser Kosten zu ersparen.

3. Ein solcher Wunsch der Beteiligten ist wegen der damit verbundenen Gefahren zweckmäßig aktenkundig zu machen.

## 5. Abschnitt

## Prüfung der Amtsführung der Notare

### Umfang der Prüfung

### § 43

(1) Die Amtsführung der Notare wird in der Regel in Abständen von mehreren — höchstens vier — Jahren und, wenn besondere Gründe vorliegen, auch in der Zwischenzeit geprüft. Bei neu bestellten Notaren ist die erste Prüfung innerhalb der ersten zwei Jahre ihrer Tätigkeit vorzunehmen[1].

(2) Die Prüfung umfaßt die gesamte Amtsführung des Notars. Sie erstreckt sich insbesondere auch auf die Einrichtung der Geschäftsstelle, auf die Führung und Aufbewahrung der Bücher und Akten und auf die vorschriftsmäßige Verwahrung von Wertgegenständen. In jedem Falle ist eine größere Zahl von Urkunden durchzusehen und dabei auch die Kostenberechnung und die Abführung der Gebührenabgabe zu prüfen.

(3) Sind bei dem Notar Assessoren im Probe- und Anwärterdienst als Vertreter tätig gewesen, so soll die Prüfung auch auf deren Tätigkeit erstreckt werden[2].

(4) Der Prüfungsbeamte berichtet dem Landgerichtspräsidenten über das Ergebnis der Prüfung. Soweit der Bericht Beanstandungen enthält, trifft der Landgerichtspräsident nach Anhörung des Notars die erforderlichen Anordnungen.

(5) Die besonderen Bestimmungen über die Prüfung der Abgabepflicht (§§ 13 bis 15 der AV. vom 23. 3. 1936, Deutsche Justiz S. 498) und über die Überwachung der steuerlichen Beistandspflichten des Notars (§ 50 der Durchführungsbest. zum UrkStG. vom 6. 5.

1936, RGBl. I S. 424, §§ 91 ff. der Durchführungsbest. zum KapitalverkStG. vom 17. 12. 1934, RMin.-Bl. S. 839) bleiben unberührt.

(6) Soweit bei den Notaren in den Oberlandesgerichtsbezirken Bamberg, München, Nürnberg und Zweibrücken der Kostenansatz bereits von Beamten der Bayerischen Notariatskasse geprüft wird[3], ist die Prüfung durch den Bezirksrevisor in der Regel darauf zu beschränken, ob die abgabepflichtigen Gebühren vollständig in die Jahresliste über abgabepflichtige Notargebühren übertragen und die Abgaben rechtzeitig an die Oberjustizkasse abgeführt sind.

1. Es liegt nahe, daß die meisten und schwerwiegendsten Fehler in der ersten Zeit gemacht werden. Die LGPräsidenten werden daher ihrer Aufsichtspflicht am besten genügen und dem Rechtsverkehr einen Dienst erweisen, wenn sie bei neubestellten Notaren die erste Prüfung möglichst bald nach Ablauf des ersten halben Jahres der Amtstätigkeit vornehmen oder vornehmen lassen.

2. Über die Ausbildung der Assessoren und deren Überwachung siehe AV. vom 14. 6. 1937 A II Ziff. 4, 5, 9 Abs. 5 und 6, 10.

3. Siehe hierüber Anm. 23 zu § 84 RNO.

## Prüfungsbeamte

## § 44

Die Prüfung wird von dem Landgerichtspräsidenten oder einem von ihm beauftragten Beamten des Landgerichts (§ 66 Abs. 2 der Reichsnotarordnung) vorgenommen. Die Oberlandesgerichtspräsidenten können einen oder mehrere Prüfungsbeamte bestellen, die im Auftrage der Landgerichtspräsidenten die Notare im gesamten Oberlandesgerichtsbezirk prüfen[1, 2].

1. Dies dürfte regelmäßig geschehen, damit die Prüfungs-

beamten auch die erforderlichen Erfahrungen zur Prüfung mitbringen.

**2.** Es finden demnach folgende Prüfungen statt:

a) die allgemeine Prüfung der Geschäftsführung durch den LGPräsidenten oder einen von ihm beauftragten richterlichen Beamten (§ 43 Abs. 1, 2, 3 DOfN.);

b) die Prüfung der Kostenberechnung und der Ablieferung der Gebührenabgaben durch einen Rechnungsbeamten gemäß § 66 Abs. 2 Satz 2 (Bezirksrevisor);

c) die Prüfung durch einen Beamten des Finanzamts hinsichtlich der Erfüllung der steuerlichen Beistandspflichten des Notars (§ 43 Abs. 5 DOfN. nebst den dort genannten Bestimmungen);

d) die Überwachung der Ausbildung der Assessoren durch den OLGPräsidenten oder den von ihm beauftragten Prüfungsbeamten (AV. vom 14. 6. 1937 A II Ziff. 5);

e) die ständige Überwachung durch die Reichsnotarkammer im Sinne der §§ 45 Abs. 2, 58 Abs. 1, die aber nicht an Ort und Stelle und in der Regel nur aus besonderem Anlaß erfolgt;

f) in Bayern ferner noch die Prüfung der Kostenberechnung und der Erfüllung der Ablieferungspflicht durch den Prüfungsbeamten der bayerischen Notariatskasse (§ 43 Abs. 6 DOfN. nebst Anm.).

## 6. Abschnitt

## Schlußbestimmungen

### Notarverweser und Notarvertreter

### § 45

(1) Die Bestimmungen dieser Dienstordnung gelten auch für Notarverweser und Notarvertreter[1].

(2) Der Notarverweser führt das Amtssiegel (§ 2) mit der Umschrift „Notarverweser in ..... (Ort)“[2].

(3) Der Anfang und die Beendigung der Verwesung oder Vertretung sind in der Urkundenrolle zu ver-

merken. Die Beendigung der Vertretung ist dem Landgerichtspräsidenten anzuzeigen[3].

1. §§ 30ff. und § 40 mit §§ 1ff. der VO. vom 26. 6. 1937, siehe S. 107.
2. Der Vertreter führt das Siegel des Notars (§ 32 Abs. 1).
3. Eine Anzeige über den Beginn der Vertretung durch den ständigen Vertreter ist hier nicht vorgeschrieben, doch hat sie der Vertreter gemäß AV. vom 14. 6. 1937, B II 5 Abs. 1 (s. S. 187) zu erstatten, um die Akten des LGPräsidenten insbesondere für die Fälle der notwendigen Legalisation auf dem laufenden zu halten.

## Inkrafttreten

### § 46

Diese Dienstordnung tritt gleichzeitig mit der Reichsnotarordnung am 1. Juli 1937 in Kraft. Ausgenommen sind die §§ 6 bis 15 und 17 bis 23[1], die erst mit Wirkung vom 1. Januar 1938 anzuwenden sind; bis dahin gelten die bisherigen Vorschriften über die Bücher und Akten des Notars weiter[2]. Die bisher geführten Bücher können in geeigneten Fällen durch handschriftliche Änderungen an die neuen Bestimmungen angepaßt werden; Richtlinien hierüber bleiben vorbehalten[3].

1. Die Vorschriften über die Führung der Bücher, Verzeichnisse und Akten und über die Geschäftsübersichten.
2. d. h. die in den einzelnen Ländern geltenden Vorschriften; es steht jedoch nichts im Wege, die Aktenführung schon jetzt an die künftig geltenden Bestimmungen, da sie ja bekannt sind, anzupassen.
3. Solche sind bisher nicht ergangen.

## 4. Angelegenheiten der Notare

Allgemeine Verfügung des Reichsministers der Justiz vom 14. 6. 1937 (Deutsche Justiz S. 914)

Angelegenheiten der Notare werden durch die Reichsjustizbehörden in Zukunft nach folgenden Richtlinien bearbeitet:

### A. Die Bestellung als Notar

#### I. Allgemeine Voraussetzungen

Als Notar im Hauptberuf soll in der Regel[1]) nur bestellt werden, wer sich einem einjährigen Probedienst und einem dreijährigen Anwärterdienst als Notariatsassessor unterzogen hat (§ 5 Abs. 1 RNO.).

#### II. Der Probe- und Anwärterdienst für das Amt des Notars

In den Probe- und Anwärterdienst für das Amt des Notars kann übernommen werden, wer die Gewähr dafür bietet, daß er jederzeit rückhaltlos für den nationalsozialistischen Staat eintritt und sich nach seiner inneren Haltung, seinen Fähigkeiten, Kenntnissen und Leistungen für das Amt des Notars besonders eignet. Jährlich werden so viel Bewerber übernommen, wie später voraussichtlich als Notare bestellt werden können.

1. Der Antrag auf Übernahme in den Probedienst für das Amt des Notars ist binnen drei Monaten nach

---

[1]) Über die Ausnahmen siehe Anm. 1 zu § 5.

dem Bestehen der großen Staatsprüfung bei dem Präsidenten des Oberlandesgerichts zu stellen, zu dessen Bezirk der Bewerber als Gerichtsreferendar oder sonstiger Justizbeamter zuletzt gehörte oder bei Stellung des Antrags gehört. Anträge, die nach Ablauf dieser Frist eingehen, werden nur berücksichtigt, falls triftige Gründe für die Verzögerung glaubhaft gemacht werden; solche liegen nicht vor, wenn die Verzögerung durch eine andere Beschäftigung oder andere Bewerbung außerhalb der Justizverwaltung verursacht ist.

Der Antrag ist in zweifacher Ausfertigung einzureichen und muß enthalten:

a) Name, Wohnort und Wohnung des Bewerbers,

b) die Angabe, vor welchen Behörden der Bewerber die zum Richteramt befähigenden Prüfungen bestanden hat,

c) eine vollständige Darlegung der politischen Haltung des Bewerbers, insbesondere darüber, ob er sich kommunistisch, marxistisch, separatistisch oder freimaurerisch betätigt hat[2]),

d) eine Erklärung darüber, ob der Bewerber Strafen, Dienststrafen oder ehrengerichtliche Strafen erlitten hat, ob ihm schriftliche Mißbilligungen o. dgl. erteilt sind oder ob er in der Verfügung über sein Vermögen durch gerichtliche Anordnung beschränkt ist,

e) eine Angabe darüber, welche Beschäftigung der

[2]) Hierzu gehört auch die Angabe, ob und seit wann der Bewerber der NSDAP., einer ihrer Gliederungen oder einem ihr angeschlossenen Verbande angehört und ob er früher anderen politischen Parteien angehört hat.

Bewerber seit Bestehen der großen Staatsprüfung gehabt hat,

f) eine Erklärung, ob und gegebenenfalls wie der Bewerber im Sinne des § 383 Abs. 1 Ziff. 3 ZPO. mit einem Richter, Staatsanwalt, Beamten des gehobenen mittleren Justizdienstes, einem Notar oder Rechtsanwalt verwandt oder verschwägert ist[3]),

g) eine Erklärung, ob der Bewerber im Falle der Übernahme die Überweisung an einen bestimmten Notar wünscht,

h) eine Erklärung, daß er sich für den Fall seiner Übernahme verpflichtet, vier Jahre im Probe- und Anwärterdienst für das Amt des Notars zu bleiben.

Bewerber, die noch Reichsjustizbeamte sind, sollen ferner für den Fall der Übernahme die Entlassung aus dem Reichsbeamtenverhältnis beantragen.

Dem Antrag sind als Anlagen in zweifacher Ausfertigung beizufügen:

a) Lichtbild in der Größe 6×4 cm, das den Bewerber ohne Kopfbedeckung darstellt und auf der Vorder- und Rückseite mit einem Vermerk über die Zeit der Aufnahme und seiner eigenhändigen Unterschrift versehen sein muß,

b) eine Erklärung des Bewerbers über seinen Personenstand und seine Abstammung, gegebenenfalls auch den Personenstand und die Abstam-

---

[3]) Liegt eine solche Verwandtschaft oder Schwägerschaft vor, so ist zweckmäßig der Dienstort der betreffenden Person anzugeben.

mung seiner Ehefrau, seine politische Haltung und sein Verhältnis zur Wehrmacht nach dem für derartige Angaben im Bereich der Reichsjustizverwaltung eingeführten Muster[4]),

c) eine Erklärung über den Besitz des Reichsbürgerrechts[5]),

d) ein eigenhändig geschriebener Lebenslauf,

e) gegebenenfalls die Erklärung des Notars, dem der Bewerber überwiesen zu werden wünscht, daß er mit der Überweisung des Bewerbers für die Dauer des Probedienstes einverstanden und zur Zahlung der gesetzlichen Bezüge bereit ist.

Etwaige weitere Anlagen sind gleichfalls doppelt einzureichen.

Der Bewerber hat einen Beleg über den Besitz des Reichsbürgerrechts und ferner die zum Nachweis seines Personenstandes und seiner Abstammung, gegebenenfalls auch der Abstammung seiner Ehefrau, seiner politischen Haltung und seines Verhältnisses zur Wehrmacht im Bereich der Reichsjustizverwaltung erforderlichen Belege vorzulegen, soweit dies nicht schon früher geschehen ist. Der Oberlandesgerichtspräsident stellt das Ergebnis der Prüfung dieser Belege alsbald schriftlich fest und gibt die vorgelegten Urkunden und sonstigen Nachweise dem Bewerber zurück.

2. Der Oberlandesgerichtspräsident hat die Angaben des Antrags zu prüfen, den Präsidenten der Notar-

---

[4]) Diese Muster sind in den Präsidialkanzleien der LG. und OLG. erhältlich.

[5]) Bis auf weiteres kommt nur das vorläufige Reichsbürgerrecht in Frage. Siehe Reichsbürgergesetz nebst Durchführungsbestimmungen S. 223.

kammer über die Eignung des Bewerbers zu hören[6]) und über den Sachverhalt unter Beifügung des Antrags, der Anlagen und der entstandenen Vorgänge in einfacher Ausfertigung hierher zu berichten. Der Bericht muß insbesondere Angaben über Charakter und politische Haltung, Führung, Befähigung, dienstliche Leistungen, eine Mitteilung über die Ergebnisse der Ausbildung in den einzelnen Abschnitten des Vorbereitungsdienstes (insbesondere auf dem Gebiet der freiwilligen Gerichtsbarkeit) und eine Äußerung über die voraussichtliche besondere Eignung des Bewerbers für das Amt des Notars enthalten. Der Bericht, der einen Vorschlag für die von mir zu treffende Entscheidung enthalten muß, kann für die Benutzung des für die Übernahme in den staatlichen Probedienst vorgesehenen Musters erstattet werden. Dem Bericht sind die dem Oberlandesgerichtspräsidenten alsbald nach Abschluß der großen Staatsprüfung eines jeden Assessors abschriftlich zugeleitete Niederschrift über den Prüfungshergang nebst dem Lagerzeugnis sowie die Personalakten, falls sie für die Beurteilung des Bewerbers wesentlich sind, beizufügen. Die zweite Ausfertigung des Antrags und seiner Anlagen bleibt bei den Personalakten des Oberlandesgerichts.

3. Meine Entscheidung über das Gesuch wird dem Bewerber durch den Oberlandesgerichtspräsidenten mitgeteilt, der gleichzeitig den Präsidenten der Notarkammer benachrichtigt. Der Assessor ist in der Mit-

[6]) Jeder Bewerber hat sich daher so bald wie möglich dem Präsidenten der Notarkammer vorzustellen und dabei ihm seine Zeugnisse und sonstigen Urkunden, die über seine Person und seine Tätigkeit Aufschluß geben, vorzulegen.

teilung darauf hinzuweisen, daß er später in dem Amtsgerichtsbezirk oder Ort, in dem er als Notariatsassessor tätig war, in der Regel nicht als Notar bestellt werden wird, sofern nicht der Notar, dem der Bewerber als Notariatsassessor überwiesen war, sein Einverständnis erklärt. Der Probedienst beginnt, soweit ich nicht etwas anderes bestimme, sobald die Mitteilung von der Übernahme dem Assessor zugeht. Der Oberlandesgerichtspräsident nimmt den Bewerber bei seinem Antritt durch Handschlag in Pflicht und überweist ihn auf Vorschlag des Präsidenten der Notarkammer einem Notar; bei der Überweisung soll im Rahmen des Vorschlags des Präsidenten der Notarkammer nach Möglichkeit auf Wünsche des Bewerbers Rücksicht genommen werden. Einem Notar ist tunlichst nur ein Bewerber zu überweisen. Tritt der Assessor den Probedienst ohne triftigen Grund binnen einer vom Oberlandesgerichtspräsidenten zu bestimmenden angemessenen Frist, die zwei Monate nicht übersteigen soll, nicht an, so wird die Übernahme in den Probedienst von mir widerrufen; als triftiger Grund ist es nicht anzusehen, wenn die Verzögerung darauf beruht, daß der Assessor zunächst eine Anstellung außerhalb der Justizverwaltung angenommen oder sich um eine solche beworben hat.

Ist der Bewerber dem Bezirk eines anderen Oberlandesgerichts zur Leistung des Probedienstes zugeteilt, so sind die Personalakten an dessen Präsidenten weiterzuleiten, der mit dem Präsidenten der für diesen Bezirk zuständigen Notarkammer in Verbindung tritt und das Weitere veranlaßt.

4. Der Notar hat den Assessor mit den Aufgaben des Notaramts vertraut zu machen und ihn in allen

wesentlichen Geschäftsarten, in der Führung der Urkundenrolle, der Bücher und Akten sowie in dem Steuer- und Kostenwesen angemessen zu beschäftigen[7]). Der Assessor hat die ihm aufgetragenen Dienstgeschäfte gewissenhaft auszuführen und, insbesondere bei selbständiger Erledigung von Geschäften der in §§ 25, 26 RNO. bezeichneten Art, die ihm erteilten Weisungen des Notars genau zu beachten. Andere Geschäfte, insbesondere solche der in §§ 22—24 RNO. bezeichneten Art, kann er nicht selbständig erledigen.

5. Die Leitung des Probedienstes obliegt dem Präsidenten des Oberlandesgerichts, dessen Bezirk der Assessor überwiesen ist. Der Oberlandesgerichtspräsident kann die Erledigung einzelner Aufsichtsgeschäfte dem Landgerichtspräsidenten übertragen. Er ist befugt, den Assessor zur Erfüllung seiner Pflichten anzuhalten.

Gibt die Tätigkeit des Assessors im Probedienst zu ernsten Beanstandungen Anlaß, so hat der Oberlandesgerichtspräsident den Sachverhalt zu klären und nötigenfalls eine mündliche oder schriftliche Mißbilligung mit oder ohne Hinweis auf die Möglichkeit der Entlassung aus dem Probedienst zu erteilen[8]). Eine Ab-

[7]) Die hier dem Notar auferlegte Verpflichtung ist eine Amtspflicht im Sinne der §§ 15, 68, deren Erfüllung er sich mit besonderem Ernste widmen wird in dem Bewußtsein, daß es sich hier um die Erziehung der künftigen Berufskameraden handelt, denen später die Betreuung der Bevölkerung anvertraut werden soll. Er wird die Assessoren daher nicht nur mit der Technik des Berufs und seinem wissenschaftlichen Rüstzeug bekannt machen, sondern sie in den Geist des Berufes einführen und sie zur Hochhaltung seiner ideellen Werte anhalten.

[8]) Ernste Beanstandungen des Assessors sind daher durch den Notar, dem er zugeteilt ist, auf dem Dienstwege dem OLG.-Präsidenten zu melden.

schrift der schriftlich erteilten Mißbilligung ist hierher und an den Präsidenten der Notarkammer mitzuteilen.

Tatsachen, die nach Ansicht des Oberlandesgerichtspräsidenten Anlaß zur Entlassung des Assessors aus dem Probedienst geben, sind mir nach seiner Anhörung unter Beifügung einer Äußerung des Präsidenten der Notarkammer zu berichten. Die Entscheidung über die Entlassung behalte ich mir vor.

6. Urlaubsgesuche hat der Assessor bei dem Notar einzureichen, der sie mit seiner Stellungnahme weiterleitet. Jede Urlaubsbewilligung ist widerruflich und gilt nur für den Anlaß, aus dem sie erfolgt ist. Die Verwendung des Urlaubs zu einem anderen Zweck bedarf besonderer Genehmigung.

a) Der Assessor erhält den gleichen Erholungsurlaub wie der Assessor im staatlichen Probedienst[9]); für diese Zeit sind ihm die Bezüge fortzuzahlen. Wird der Assessor im Laufe des Probedienstes ausnahmsweise mehreren Notaren nacheinander überwiesen, so hat er gegen jeden einen Anspruch auf die der Dauer der Tätigkeit bei dem Notar entsprechenden Urlaubstage. Der Erholungsurlaub wird auf den Probedienst angerechnet.

b) Eine Erkrankung, die Dienstunfähigkeit zur Folge hat, ist dem Notar unverzüglich anzuzeigen. Ist der Assessor länger als drei Tage an der Wahrnehmung der Dienstgeschäfte behindert, so kann

[9]) Der Urlaub beträgt nach den derzeit geltenden Bestimmungen, wenn der Assessor das 30. Lebensjahr noch nicht vollendet hat, im ersten Dienstjahre 20 Tage, im zweiten 22 und im dritten und den folgenden 23 Tage, vom 31. Lebensjahre an im ersten Dienstjahre 26, im zweiten 28 und vom dritten an 29 Tage. Die Referendarzeit wird nicht mitgerechnet.

der Oberlandesgerichtspräsident oder der Notar die Vorlegung einer ärztlichen Bescheinigung verlangen. Nach Ablauf von sieben Tagen ist ihnen auf Verlangen auch eine amtsärztliche Bescheinigung vorzulegen. Die Kosten der Arztzeugnisse trägt der Assessor. Übersteigt die Dienstunfähigkeit des Assessors drei Tage, so hat der Notar dem Oberlandesgerichtspräsidenten und dem Präsidenten der Notarkammer den Anfang der Dienstunterbrechung und die Wiederaufnahme des Dienstes anzuzeigen.

Der Notar ist verpflichtet, dem Assessor im Krankheitsfalle die Bezüge weiterzuzahlen, und zwar nach einer Dienstzeit von:

weniger als drei Monaten bis zur Dauer von zwei Wochen,

mindestens drei Monaten bis zur Dauer von drei Wochen,

mindestens sechs Monaten bis zur Dauer von vier Wochen.

Ist der erkrankte Assessor nach Ablauf von fünf Wochen noch nicht in der Lage, den Dienst anzutreten, so kann der Notar bei dem Oberlandesgerichtspräsidenten beantragen, die Überweisung des Assessors an ihn mit Ablauf der sechsten Woche zurückzunehmen.

Der Assessor hat, sobald er zur Leistung des Probedienstes wieder in der Lage ist, dem Oberlandesgerichtspräsidenten unter Vorlegung eines ärztlichen Zeugnisses Mitteilung zu machen, damit er erneut einem Notar zur weiteren Ausbildung überwiesen werden kann. Der Assessor soll tunlichst wieder dem Notar überwiesen werden, bei dem er zur Zeit der Erkrankung beschäftigt war.

Der Oberlandesgerichtspräsident kann die Dauer der Dienstunfähigkeit des Assessors bis zur Höhe von 30 Tagen auf jedes Jahr des Probe- und Anwärterdienstes anrechnen. Dienstunterbrechungen von nicht mehr als drei Tagen können unberücksichtigt bleiben.

Einer Beurlaubung bedarf der erkrankte Assessor nur, wenn er seinen Wohnsitz zu verlassen beabsichtigt.

c) Wird der Assessor zur Ableistung einer Wehrdienstübung einberufen, so ist ihm der erforderliche Urlaub unter Fortzahlung der Bezüge zu erteilen. Alsdann ist der Erholungsurlaub in Ermangelung einer anderen Vereinbarung zwischen dem Notar und dem Assessor nach den für Assessoren im staatlichen Probedienst geltenden Grundsätzen entsprechend zu kürzen[10]).

Der Oberlandesgerichtspräsident hat von der auf die Ableistung von Wehrdienstübungen verwendeten Zeit mindestens zwei, höchstens aber acht Wochen auf jedes Jahr des Probe- und Anwärterdienstes anzurechnen. Dabei ist auf den Stand der besonderen Ausbildung des Assessors für das Amt des Notars Rücksicht zu nehmen.

d) Der Assessor hat Anspruch auf einen Eheschließungsurlaub bis zu drei Wochen unter Fortzahlung der Bezüge. Der Oberlandesgerichts-

---

[10]) Das ist um ein Drittel, höchstens um zehn Tage in jedem Kalenderjahre.

präsident soll den Eheschließungsurlaub auf die Probedienstzeit anrechnen.

e) Bei der Bemessung eines Eheschließungsurlaubs ist auf einen in den letzten Monaten vor Erteilung des Urlaubs bereits bewilligten Erholungsurlaub, ebenso bei dessen Bemessung auf einen in den letzten Monaten vor Erteilung des Urlaubs bereits bewilligten Eheschließungsurlaub Rücksicht zu nehmen.

f) Zur Erteilung des Urlaubs sind zuständig:

1. der Landgerichtspräsident in den Fällen zu a; er hat den Oberlandesgerichtspräsidenten von der Urlaubserteilung zu benachrichtigen;
2. der Oberlandesgerichtspräsident in den Fällen zu b bis zur Gesamtdauer eines halben Jahres; ferner in den Fällen zu c bis d.

   Der Oberlandesgerichtspräsident kann den Assessor ferner aus sonstigem wichtigen Anlaß bis zur Dauer einer Woche beurlauben und diese Zeit auf den Probedienst anrechnen.
3. In allen übrigen Fällen ist meine Entscheidung einzuholen.

7. Der Präsident der Reichsnotarkammer kann dem Assessor in entsprechender Anwendung der für die Assessoren im staatlichen Probedienst maßgebenden Bestimmungen aus Mitteln der Reichsnotarkammer eine Beihilfe zu den Kosten eines Umzugs (einschl. der Reise), eine Beschäftigungsvergütung oder Trennungsentschädigung gewähren, soweit der Assessor sie nicht auf Grund einer besonderen Vereinbarung von dem Notar erhält[11]).

[11]) Er ist dabei an die staatlichen Vorschriften nicht unbedingt

8. Fünf Wochen vor Abschluß des Probedienstes hat der Oberlandesgerichtspräsident nach Anhörung des Präsidenten der Notarkammer darüber zu berichten, ob der Assessor in den Anwärterdienst überwiesen werden kann oder ob ausnahmsweise eine Verlängerung des Probedienstes angebracht oder der Assessor zu entlassen ist. Dem Bericht sind ein Zeugnis des Notars, bei dem der Probedienst geleistet wird und die sonst über den Assessor abgegebenen Äußerungen beizufügen; der Bericht hat einen Vorschlag für die von mir zu treffende Entscheidung zu enthalten.

Zeigt sich der Bewerber vor Ablauf des Probedienstjahres für das Amt des Notars als vorzugsweise geeignet, so ist der Bericht entsprechend früher mit einem Vorschlag für die Abkürzung zu erstatten; als vorzugsweise geeignet ist, soweit keine besonderen Umstände vorliegen, nur der Assessor anzusehen, der nach seiner Persönlichkeit und seinen Leistungen uneingeschränkt zu loben ist.

9. Meine Entscheidung über die Überweisung in den Anwärterdienst werde ich dem Bewerber, dem Präsidenten des Oberlandesgerichts, in dessen Bezirk der Probedienst geleistet ist und der Anwärterdienst geleistet werden soll sowie dem Präsidenten der Reichs-Notarkammer mitteilen; dieser benachrichtigt den (die) Präsidenten der Notarkammer(n). Mit Zugehen der

---

gebunden, doch werden sie als Richtlinie und zugleich als Höchstsatz zu betrachten sein. — Solange gemäß § 5 Abs. 2 Satz 5 in Bayern an Stelle der Reichsnotarkammer die Bayerische Notariatskasse die Bezüge der Assessoren zu gewährleisten hat, dürften auch diese Nebenleistungen vom Präsidenten der Notariatskasse zu bewilligen sein, der sich dabei den vom Präsidenten der Reichsnotarkammer befolgten Grundsätzen anschließen wird.

Mitteilung an den Assessor beginnt, soweit ich nicht etwas anderes bestimme, der Anwärterdienst. Nunmehr führt der Assessor die Bezeichnung „Notariatsassessor“ [12]).

Wird der Anwärterdienst abgekürzt, so errechnet sich das Dienstalter als Notariatsassessor, insbesondere für die Vergütung oder Beurlaubung, in der Weise, daß dem Zeitpunkt des Beginns der Anwärterdienstzeit die Zeit hinzugerechnet wird, um welche die Anwärterdienstzeit verkürzt wird.

Der Oberlandesgerichtspräsident überweist den Notariatsassessor auf Vorschlag des Präsidenten der Notarkammer einem Notar und benachrichtigt hiervon den Präsidenten der Notarkammer. Er macht den Notariatsassessor bei der Überweisung darauf aufmerksam, daß er nunmehr der Dienstaufsicht und der Dienststrafgerichtsbarkeit (§§ 65—74 RNO.) untersteht [13]). Der Präsident der Notarkammer nimmt den Notariatsassessor bei Beginn des Anwärterdienstes auch für die Reichsnotarkammer durch Handschlag in Pflicht.

Wird der Anwärterdienst im Bezirk eines anderen Oberlandesgerichtsbezirks geleistet, so sind die Personalakten an dessen Präsidenten abzugeben, der mit dem Präsidenten der zuständigen Notarkammer in Verbindung tritt und das Weitere veranlaßt.

Der Notar, dem der Notariatsassessor überwiesen ist, hat ihm Geschäfte aus allen Rechtsgebieten zur

---

[12]) Hierdurch ist die nicht ganz eindeutige Bestimmung des § 5 Abs. 1 authentisch dahin ausgelegt, daß der Assessor im Probedienst noch nicht berechtigt ist, die Bezeichnung Notariatsassessor zu führen.

[13]) Siehe hierzu Anm. 10 zu § 5.

(vorbereitenden) Bearbeitung zu übertragen[14]). Der Notariatsassessor hat die ihm übertragenen Dienstgeschäfte nach den Weisungen des Notars gewissenhaft auszuführen. Zur selbständigen Erledigung anderer als der in den §§ 25, 26 RNO. bezeichneten Geschäfte ist auch der Notariatsassessor nicht befugt.

Der Notariatsassessor ist mindestens 3 Monate, höchstens jedoch ein halbes Jahr lang gemäß § 7 der VO. über die Laufbahn für das Amt des Richters und Staatsanwaltes vom 29. März 1935 (RGBl. I S. 487) zur Wahrnehmung richterlicher Geschäfte, tunlichst in Grundbuch-, Zwangsversteigerungs- und Nachlaßsachen, heranzuziehen. In diesem Rahmen ist der Oberlandesgerichtspräsident allgemein ermächtigt, den Assessor als Hilfsrichter an ein Amtsgericht abzuordern, soweit dadurch der Personalbestand des Gerichts nicht vermehrt wird[15]).

10. Die Vorschriften in Abschn. II Ziffer 5 Abs. 3 und Ziffer 6, 7 sind auf den Anwärterdienst entsprechend anzuwenden. Vor einer Entscheidung über die Entlassung des Notariatsassessors aus dem Dienst werde ich in der Regel den Präsidenten der Reichsnotarkammer anhören.

11. Zeigt sich der Notariatsassessor vor Ablauf des Anwärterdienstes als vorzugsweise für das Amt des Notars geeignet, so berichtet mir hierüber der Oberlandesgerichtspräsident im Benehmen mit dem Präsi-

---

[14]) Die Ausführungen in Fußnote 7 gelten auch hier, und zwar in besonderem Maße.

[15]) Diese Bestimmung entfällt in Bayern für diejenigen Assessoren, die am 1. 7. 1937 bereits seit mindestens einem Jahre einem Notar zur Dienstleistung zugewiesen sind.

denten der Notarkammer. Der Bericht hat einen Vorschlag für die Abkürzung der Anwärterdienstzeit zu enthalten.

12. Bei Beginn des letzten Halbjahres der Anwärterdienstzeit hat mir der Oberlandesgerichtspräsident nach Einholung der Stellungnahme des Präsidenten der Notarkammer über das Ergebnis des Anwärterdienstes und die Eignung des Notariatsassessors für das Amt des Notars zu berichten[16]). Die Vorschrift in Abschn. II Ziffer 8 Abs. 1 Satz 2 findet entsprechende Anwendung. Dem Notariatsassessor werde ich nach Einholung der Stellungnahme des Präsidenten der Reichsnotarkammer tunlichst zeitig vor Beendigung des Anwärterdienstes einen Bescheid erteilen, den ich auch dem Oberlandesgerichtspräsidenten und dem Präsidenten der Reichsnotarkammer mitteilen werde. Ist anzunehmen, daß der Assessor das Ziel des Anwärterdienstes zwar nicht in der vorgesehenen Zeit, aber demnächst erreichen wird, so werde ich die Anwärterdienstzeit angemessen verlängern; andernfalls wird er aus dem Dienst entlassen. Ist das Ziel des Anwärterdienstes erreicht, so erhält der Notariatsassessor die Genehmigung, sich um freie Notarstellen zu bewerben. Hat der Notariatsassessor diese Genehmigung erhalten und wird er nicht spätestens bis zum Ablauf der Anwärterdienstzeit als Notar bestellt, so verlängert sich diese, bis ich sie für beendet erkläre. Der Oberlandesgerichtspräsident berichtet mir im Benehmen mit dem Präsidenten der Notarkammer, wenn Anlaß hierzu besteht; dies ist insbesondere anzunehmen, wenn sich der

---

[16]) Übergangsvorschrift für Bayern siehe unter Übergangs- und Schlußbestimmungen V 1 Abs. 2.

Notariatsassessor nicht um ihm angebotene Notarstellen bewirbt[17]). Der Notariatsassessor kann die Beendigung des verlängerten Anwärterdienstes verlangen. Bewerbungen früherer Notariatsassessoren, die seit mehr als 3 Jahren aus dem Anwärterdienst ausgeschieden sind, werden in der Regel nicht berücksichtigt werden.

13. Frühere Notariatsassessoren sind zur Führung der Bezeichnung „Notariatsassessor" auch mit einem auf das Ausscheiden aus dem Anwärterdienst hinweisenden Zusatz nicht befugt.

## III. Die Bestellung zum Notar.

1. Ausschreibung von Stellen.

a) Notarstellen werden in der Deutschen Justiz zur Besetzung ausgeschrieben. Die Anordnung von Ausnahmen behalte ich mir vor[18]).

b) Freiwerdende Stellen, soweit sie wieder besetzt werden können, sollen tunlichst zum Zeitpunkt des Freiwerdens wieder besetzt werden. Hierauf ist bei allen einschlägigen Maßnahmen Bedacht zu nehmen, insbesondere sind alle über die Wiederbesetzung einer Stelle zu erstattenden Berichte beschleunigt zu bearbeiten und unter Innehaltung der angeordneten Fristen einzureichen.

c) Wegen der Ausschreibung von Notarstellen hat der Oberlandesgerichtspräsident — in Zweifels-

---

[17]) d. h. solche Stellen, die ihm persönlich angeboten werden nicht solche, die in der DJ. allgemein zur Bewerbung ausgeschrieben sind.

[18]) Eine allgemeine Ausnahme gilt für die Anwaltsnotarstellen (s. unten 4 b am Anfang).

fällen nach Anhörung des Präsidenten der Notarkammer — unter Darlegung der Notwendigkeit ihrer Besetzung an mich zu berichten (Ausschreibungsbericht).

Wird eine anderweitige Verwendung des Stelleninhabers oder seine Amtsenthebung vorgeschlagen, so ist der Ausschreibungsbericht gleichzeitig oder doch unmittelbar anschließend abzusenden. In allen übrigen Fällen ist der Ausschreibungsbericht unverzüglich nach dem Bekanntwerden des Ausscheidens des bisherigen Stelleninhabers zu erstatten. Dieses gilt auch[19]), wenn die in einem Amtsgerichtsbezirk vorhandene einzige Notarstelle frei wird.

2. Bewerbung.

a) Wer sich um eine ausgeschriebene Notarstelle bewerben will, hat unverzüglich nach der Ausschreibung auf dem Dienstwege ein Gesuch um Übertragung der Stelle an mich einzureichen. Bewerber, die nicht der Dienstaufsicht einer Reichsjustizbehörde unterstehen, haben das Gesuch unmittelbar beim Präsidenten des Oberlandesgerichts anzubringen, in dessen Bezirk die ausgeschriebene Stelle zu besetzen ist.

b) Wer sich um mehrere ausgeschriebene Stellen bewerben will, hat für jede Bewerbung ein besonderes Gesuch einzureichen. Auf den Inhalt eines anderen Gesuchs darf hierin nicht verwiesen werden.

---

[19]) Soll wohl heißen „insbesondere", weil hier ein besonderes dringendes Interesse an der Wiederbesetzung bei der Bevölkerung besteht.

c) Gesuche von Bewerbern, die der Dienstaufsicht einer Reichsjustizbehörde unterstehen, müssen enthalten:

aa) Name, Wohnort und Wohnung des Bewerbers,

bb) die Bezeichnung der (ausgeschriebenen) Stelle,

cc) eine Erklärung, ob und gegebenenfalls wie der Bewerber mit einem Richter, Staatsanwalt, Beamten des gehobenen mittleren Dienstes oder Rechtsanwalt, der bei dem Amtsgericht, in dessen Bezirk sich die (ausgeschriebene) Stelle befindet oder bei dem übergeordneten Landgericht tätig ist, oder mit einem in demselben Amtsgerichtsbezirk ansässigen Notar verwandt oder verschwägert ist,

dd) eine Angabe, ob und gegebenenfalls wann der Bewerber den Probe- und Anwärterdienst für das Amt des Notars geleistet hat,

ee) eine Erklärung über etwaige für das Bewerbungsgesuch maßgebende besondere Gründe.

Das Gesuch muß ferner den Erfordernissen in Abschn. II Ziff. 1 Abs. 4 Buchst. a, c und Abs. 6 entsprechen. Von der Beifügung eines Lichtbildes darf abgesehen werden, wenn mir und der höheren Reichsjustizbehörde ein solches bereits vorliegt; dies ist in dem Gesuch zu erwähnen.

Hat der Bewerber seine Abstammung bereits einer Behörde außerhalb der Reichsjustizverwaltung nachgewiesen, so kann er statt der sonst erforderlichen Urkunden eine Bescheinigung dieser Behörde über seine deutschblütige Abstammung vorlegen, soweit sie die für ihre Erteilung maßgebenden Richtlinien erkennen läßt und diese im wesentlichen den in der Reichsjustizverwaltung eingeführten entsprechen; eine Bescheinigung der Reichsstelle für Sippenforschung genügt in jedem Falle.

(Frühere) Notariatsassessoren, die sich um eine freie Stelle an dem Ort oder in dem Amtsgerichtsbezirk bewerben, in dem der Notar ansässig ist, bei dem sie den Anwärterdienst geleistet haben, müssen ferner eine Erklärung des Notars beifügen, ob er gegen die Bewerbung Einwendungen erhebe.

d) Gesuche anderer Bewerber haben ferner den Erfordernissen in Abschn. II Ziff. 1 Abs. 2 Buchst. b bis d und Abs. 4 Buchst. b, d zu entsprechen; sie müssen angeben, bei welchen Stellen außerhalb der Reichsjustizverwaltung der Bewerber beschäftigt gewesen ist und aus welchen Gründen er die Beschäftigung aufgegeben hat, sowie ob und gegebenenfalls in welcher Höhe er auf Grund früherer oder fortdauernder Tätigkeit ein Gehalt, Ruhegehalt oder ähnliche Bezüge erhält.

(Frühere) Rechtsanwälte müssen außerdem mitteilen, ob ihre Zulassung als Rechtsanwalt einmal versagt oder zurückgenommen ist; die Stelle, welche die Versagung ausgesprochen hat, ist dabei zu bezeichnen.

Diese haben ferner zu erklären, daß sie für den Fall ihrer Bestellung als Notar die Rechte aus ihrer Zulassung als Rechtsanwalt aufgeben[20]).

---

[20]) In den bisherigen Gebieten des Anwaltsnotariats (§ 8 Abs. 2) gilt diese Bestimmung insoweit nicht, als es sich um den

e) Die höhere Reichsjustizbehörde, deren Dienstaufsicht der Bewerber untersteht oder bei der das Gesuch sonst anzubringen ist, erfordert nötigenfalls die bei anderen öffentlichen Dienststellen über ihn geführten Personalakten, prüft die Vollständigkeit des Antrags und der Tatsachenangaben, stellt das Ergebnis der Prüfung der vorgelegten Belege alsbald schriftlich fest und gibt die vorgelegten Urkunden und sonstigen Nachweise dem Bewerber zurück.

f) Bewerbungsgesuche, die bei einer anderen höheren Reichsjustizbehörde einzureichen sind, werden von dieser beschleunigt an den Präsidenten des Oberlandesgerichts weitergeleitet, in dessen Bezirk die Notarstelle zu besetzen ist.

g) Jeder weiterzuleitenden Bewerbung um eine Notarstelle ist eine von der höheren Reichsjustizbehörde auszustellende Personal- und Befähigungsnachweisung nach dem in der Reichsjustizverwaltung eingeführten Muster beizufügen; diese muß auch eine Feststellung über das Reichsbürgerrecht des Bewerbers enthalten.

h) Die höhere Reichsjustizbehörde, deren Dienstaufsicht der Bewerber untersteht oder bei der das Bewerbungsgesuch sonst anzubringen ist, hat Bewerbungsgesuche von Notariatsassessoren, denen ich die Bestellungsfähigkeit nicht zuerkannt habe (vgl. Abschn. II Ziff. 12), allgemeine Bewerbungsgesuche und solche, die erforderlichenfalls nicht vervollständigt werden, zurückzuweisen.

---

Rechtsanwalt handelt, der gemäß Ziffer 4 a noch zum Notar bestellt werden kann.

3. Sonstiges.

a) Die Vorschriften über die Beteiligung des Stellvertreters des Führers bei der Besetzung von Beamtenstellen im Bereiche der Reichsjustizverwaltung (Eingangsstellen des höheren Dienstes)[21] und die für die Reichsjustizbeamten geltenden Vorschriften über die Zugehörigkeit zu Freimaurerlogen u. dgl.[22]) sind bei der Bestellung der Notare entsprechend anzuwenden. Liegt der höheren Reichsjustizbehörde eine Äußerung des Gauleiters über die politische Zuverlässigkeit des Bewerbers aus dem letzten Jahre vor, so kann sie von der Einholung einer nochmaligen Äußerung absehen, wenn sie gegen seine politische Zuverlässigkeit keine Bedenken hat.

Ebenso finden die Vorschriften über die Erstattung der Besetzungsberichte entsprechende Anwendung. Diese sollen in der Regel auch den Umfang und die Art der an die ausgeschriebene Stelle voraussichtlich anfallenden Geschäfte angeben und in geeigneten Fällen ferner erörtern,

---

[21]) Vgl. Erlaß des Führers und Reichskanzlers vom 24. 9. 1935, RGBl. I S. 1203.

[22]) Vgl. AV. vom 25. 7. 1935 (DJ. S. 1084), AV. vom 12. 9. 1936 (DJ. S. 1428), AV. vom 16. 12. 1936 (DJ. S. 1910) und die nicht veröffentlichte, in den Präsidialkanzleien der OLG. vorhandene RV. vom 8. 11. 1936 Nr. 2012 I A 10968. Darnach sollen den ehemaligen Freimaurern, die vor dem 30. 1. 1933 aus der Loge ausgeschieden und der NSDAP. beigetreten sind, keine Nachteile erwachsen. Soweit sie vor diesem Tage ausgeschieden, aber der NSDAP. nicht beigetreten sind, ebenfalls nicht, nur dürfen ihnen in keiner Form Personalangelegenheiten anvertraut werden. Die übrigen werden nicht befördert.

ob die zu besetzende Stelle einem überalterten Notariatsassessor anzubieten ist.

b) Die Bestallungsurkunde (§ 13 RNO.) wird dem Bewerber durch den Landgerichtspräsidenten oder seinen Vertreter ausgehändigt. Dieser hat über die Behändigung und die anzuschließende Vereidigung (§ 14 RNO.) eine Niederschrift aufzunehmen, mich, den Oberlandesgerichtspräsidenten und den Präsidenten der Notarkammer durch Übersendung je eines Durchschlages auf dem Dienstwege zu benachrichtigen und den Notar zur Einreichung seiner Unterschrift und eines Abdrucks seines Prägesiegels und Farbdruckstempels (§§ 1, 2 der Dienstordnung für Notare) zu veranlassen.

c) Gesuche eines Notars, bei dem Amtsgericht, in dessen Bezirk er seinen Amtssitz hat, als Rechtsanwalt zugelassen zu werden (§ 8 Abs. 1 RNO.) [23], sind auf dem Dienstwege an mich zu richten. Das Gesuch muß sinngemäß den Erfordernissen in Abschn. III Ziff. 2 Buchst. c Abs. 1 Buchst. aa bis cc, ee entsprechen. Der Oberlandesgerichtspräsident stellt die erforderlichen Ermittlungen an und berichtet mir nach Anhörung der Präsidenten der Notarkammer und der Rechtsanwaltskammer, ob die Zulassung einer geordneten Rechtspflege dienlich ist. Er hat mir in gleicher Weise zu berichten, wenn Anlaß besteht, die Zulassung bei einer wesentlichen Änderung der Verhältnisse zurückzunehmen.

---

[23]) S. Anm. 1 zu § 8.

4. Besonderheiten für das Anwaltsnotariat.

a) Soweit in einem bisherigen Gebiet des Anwaltsnotariats (§ 8 Abs. 2 RNO.) einem Rechtsanwalt, gegen dessen Eignung keine Bedenken bestehen, nach Ablauf einer bestimmten Wartezeit das Notariat verliehen wird, ohne daß ein besonderes Bedürfnis für die Wiederbesetzung oder Neuerrichtung einer Notarstelle vorliegt, verbleibt es bei dieser Übung; jedoch ist auf die Wartezeit außer der in der bisherigen Art anzurechnenden Kriegsdienstzeit jedes Jahr, in dem der Bewerber an einer Kampfhandlung im Grenzschutz, bei der Niederwerfung kommunistischer, marxistischer oder separatistischer Unruhen oder aus Anlaß der nationalsozialistischen Erhebung teilgenommen hat, voll anzurechnen. Dies gilt nicht für Rechtsanwälte, welche die erste Hälfte der Wartezeit bei voller Anrechnung der Kriegsdienstzeit in bisheriger Art und der ihr gleichzuachtenden Zeit nicht bis zum 1. 7. 1937 vollendet haben[24]).

[24]) Obwohl die übergangsweise Aufrechterhaltung des Anwaltsnotariats der Vorschrift des § 6 widerspricht, weil die dadurch noch längere Zeit fortbestehende Überzahl von Notaren es unmöglich macht, daß der einzelne Notar die zur wirklich sachgemäßen Berufsausübung erforderlichen Erfahrungen sammelt (s. auch Anm. 1 zu § 6), ist diese Vorschrift notwendig, um Härten gegenüber den Anwälten zu vermeiden, die sich an einem bestimmten Ort nur in der sicheren Hoffnung auf künftige Verleihung des Notariats niedergelassen haben, und einen reibungslosen Übergang vom alten in den neuen Rechtszustand zu ermöglichen. Durch den letzten Satz dieses Absatzes ist jedoch hierfür eine feste Grenze gesetzt, die allerdings in den einzelnen Ländern, da in ihnen verschieden lange Wartezeiten bestehen

Auch insoweit, als in einem bisherigen Gebiet des Anwaltsnotariats einem Rechtsanwalt, gegen dessen Eignung keine Bedenken bestehen, das Notariat verliehen wird, wenn für die Wiederbesetzung oder Neuerrichtung einer Notarstelle ein besonderes Bedürfnis besteht, verbleibt es bis auf weiteres bei dieser Übung. Dabei ist insbesondere auf den Umfang und die Art der Geschäfte der im Amtsgerichtsbezirk ansässigen Notare und des Amtsgerichts sowie ihre voraussichtliche Entwicklung, die örtlichen Verhältnisse, die persönlichen Verhältnisse der ansässigen Notare und des Bewerbers, insbesondere ihre Verdienste um Volk und Staat, das Herkommen und auf berechtigte Wünsche der Gesamtheit der Bevölkerung Rücksicht zu nehmen.

Sobald die Entwicklung der Verhältnisse es zuläßt, werden in diesen Gebieten Stellen für Nurnotare errichtet. Bietet sich eine solche Möglichkeit, so haben die Aufsichtsbehörden unverzüglich zu berichten. In der Übergangszeit können diese Stellen auch geeigneten Rechtsanwälten, die den Probe- und Anwärterdienst für das Amt des Notars nicht geleistet haben, übertragen werden [25]).

---

(z. B. Preußen 10, Sachsen 15 Jahre), verschieden weit hinausgeschoben ist. Ist diese Grenze erreicht, so tritt auch in dem betreffenden Gebiet die Vorschrift des § 6 voll in Wirksamkeit, während mit Rücksicht auf den folgenden Absatz die Vorschrift des § 7 immer noch zahlreiche Ausnahmen erleidet und § 8 Abs. 2 seine Bedeutung noch eine weitere Zeit lang behält.

[25]) Wenn die in der vorigen Anm. bezeichnete Grenze erreicht

b) Eine Ausschreibung von Anwaltsnotarstellen findet in der Regel nicht statt. Gesuche um Bestellung als Notar sind an mich zu richten und bei dem Präsidenten des Oberlandesgerichts einzureichen, zu dessen Bezirk das Gericht gehört, bei dem der Bewerber als Rechtsanwalt zugelassen ist oder gleichzeitig zugelassen zu werden wünscht; letzteres gilt auch für Anwaltsnotare, die um eine anderweitige Zulassung zur Rechtsanwaltschaft unter Belassung des Notaramts nachsuchen.

Das Gesuch muß angeben, bei welchem Gericht der Bewerber seine Grundzulassung hat oder erstrebt und im übrigen den Erfordernissen im Abschnitt III Ziff. 2 Buchst. c, d Abs. 1 und 2 entsprechen; eine Erklärung über die Ableistung des Probe- und Anwärterdienstes für das Amt des Notars ist nicht erforderlich. Soweit ein Gesuch um Zulassung als Rechtsanwalt mit einem solchen um Bestellung als Notar oder um Belassung des Notaramts verbunden wird, hat es anzugeben, ob die Anträge voneinander abhängig gemacht werden.

Der Oberlandesgerichtspräsident stellt mit tunlichster Beschleunigung die notwendigen Ermitt-

---

ist, wird die nach dieser Vorschrift bis auf weiteres aufrecht erhaltene Übung bedenklich, weil die volle Wirksamkeit des § 7 dadurch noch weiter hinausgeschoben wird. Es ist daher wichtige Amtspflicht der Aufsichtsbehörden, durch gewissenhafte Erforschung und Meldung sich bietender Möglichkeiten, Stellen für Nurnotare zu schaffen, die Erreichung des vom Gesetzgeber einmal für richtig erkannten Zieles nach Kräften zu fördern.

lungen an, holt eine Äußerung des zuständigen Gauleiters über die politische Zuverlässigkeit des Bewerbers ein und erfordert die über ihn bei anderen öffentlichen Dienststellen geführten Personalakten. Untersteht der Bewerber der Dienstaufsicht einer dem Bezirk eines anderen Oberlandesgerichts angehörenden Reichsjustizbehörde oder ist er in einem solchen als Rechtsanwalt zugelassen, so ersucht der Oberlandesgerichtspräsident die zuständige höhere Reichsjustizbehörde um Einholung einer Äußerung des für den Bewerber zuständigen Gauleiters und um Erteilung einer Personal- und Befähigungsnachweisung. Die Erforderung der Personalakten bleibt ihm unbenommen.

Der Präsident des Oberlandesgerichts, in dessen Bezirk die Notarstelle besetzt oder wieder besetzt werden soll, hört den Präsidenten der Notarkammer über die Eignung des Bewerbers und die Bedürfnisfrage und erstattet mir einen Bericht. Diesem ist eine Personal- und Befähigungsnachweisung (vgl. Abschn. III Ziff. 2 g und Ziff. 3 Buchst. a Abs. 1), ferner, soweit die nach der maßgebenden Übung vorgesehene Wartezeit nicht vollendet ist, eine Übersicht über die Geschäfte der im Amtsgerichtsbezirk ansässigen Notare und des Amtsgerichts nach dem in der Reichsjustizverwaltung eingeführten Muster und, soweit tunlich, eine Bewerberliste beizufügen. Der Bericht muß die maßgebenden Gesichtspunkte erörtern und einen Vorschlag für die von mir zu treffende Entscheidung enthalten.

## B. Abwesenheit und Verhinderung des Notars.

### Notarvertreter und Notarverweser.

I. Will sich der Notar länger als eine Woche von seinem Amtssitz entfernen oder ist er aus tatsächlichen Gründen länger als eine Woche an der Ausübung seines Amtes verhindert, so hat er dies unverzüglich dem Landgerichtspräsidenten anzuzeigen; er hat ihm auch alsbald die Wiederaufnahme seiner Amtsführung zu melden. Dauert die tatsächliche Verhinderung des Notars länger als drei Monate, so hat der Landgerichtspräsident dem Oberlandesgerichtspräsidenten Beginn und Beendigung der Unterbrechung der Amtsführung anzuzeigen.

Die Entscheidung über die Genehmigung[25a] der Abwesenheit des Notars von seinem Amtssitz liegt, sofern der Notar aus diesem Anlaß zugleich die Bestellung eines Vertreters beantragt, der für die Vertreterbestellung zuständigen Stelle ob.

In den übrigen Fällen ermächtige ich zur Entscheidung:

1. den Landgerichtspräsidenten, wenn die Abwesenheit länger als ein Monat, aber insgesamt nicht länger als drei Monate,
2. den Oberlandesgerichtspräsidenten, wenn die Abwesenheit länger als drei Monate, aber insgesamt nicht länger als ein Jahr

dauern soll.

Kürzere Unterbrechungen sind bei Berechnung der Gesamtdauer der Abwesenheit außer Betracht zu lassen.

---

[25a]) Diese ist nur erforderlich, wenn die Abwesenheit vom Amtssitz länger als einen Monat dauern soll (§ 29 Satz 2).

II. 1. Die Bestellung eines Vertreters für einen abwesenden oder sonst verhinderten Notar ist nur zulässig, wenn er zeitweise an der Ausübung seines Amtes im ganzen verhindert ist[26]. Ist der Notar dauernd dienstunfähig, so soll ihm ein Vertreter nur bestellt werden, wenn er vorläufig des Amtes enthoben worden ist; in Zweifelsfällen soll ein amtsärztliches Zeugnis erfordert werden. Ist der Notar nur an der Wahrnehmung einzelner Amtsgeschäfte verhindert, so soll ihm ein Vertreter nicht bestellt werden.

Der ständige Vertreter eines Notars (§ 30 Abs. 1 Halbsatz 2 RNO.) darf nur tätig werden, wenn der Notar an der Ausübung seines Amtes im ganzen verhindert ist.

Einem Notar, der nicht deutschen oder artverwandten Blutes ist, darf zum Vertreter nur bestellt werden, wer die Bestellung schriftlich beantragt; zum Vertreter ist nicht zu bestellen, wer der NSDAP., einer ihrer Gliederungen oder einem der ihr angeschlossenen Verbände angehört.

2. Zur Bestellung eines Notarvertreters werden ermächtigt:

a) der Landgerichtspräsident, dessen Dienstaufsicht der zu vertretende Notar untersteht, wenn dieser nicht zugleich als Rechtsanwalt bei einem Oberlandesgericht zugelassen ist und

1. die Vertretung einem Notar, Rechtsanwalt oder Notariatsassessor übertragen werden und

---

[26]) Also insbesondere niemals zum Zwecke einer bestimmten Beurkundung, die der Notar nach § 17 und den dort in Abs. 2 aufgeführten Vorschriften nicht vornehmen darf, da auch der Vertreter sich in diesen Fällen der Ausübung des Amtes zu enthalten hätte (§ 32 Abs. 2).

insgesamt die Dauer von drei Monaten nicht überschreiten soll,

2. ein Notar oder Notariatsassessor zum ständigen Vertreter bestellt werden soll (§ 30 Abs. 1 Halbsatz 2 RNO.).

Von der Bestellung eines Notariatsassessors zum Vertreter und der Bestellung eines Notars oder Notariatsassessors zum ständigen Vertreter ist der Oberlandesgerichtspräsident durch Übersendung zweier Abschriften der Verfügung zu benachrichtigen.

b) der Oberlandesgerichtspräsident

aa) wenn einem Notar, der zugleich als Rechtsanwalt beim Oberlandesgericht zugelassen ist,

1. ein Notar oder Rechtsanwalt als Vertreter bestellt werden und die Vertretung insgesamt die Dauer eines Jahres nicht überschreiten soll,
2. ein Notariatsassessor als Vertreter bestellt werden und die Vertretung insgesamt die Dauer von drei Monaten nicht überschreiten soll,
3. ein Notar oder Notariatsassessor zum ständigen Vertreter bestellt werden soll (§ 30 Abs. 1 Halbsatz 2 RNO.);

bb) wenn die Vertretung eines seiner Dienstaufsicht unterstehenden Notars durch einen Notar oder Rechtsanwalt in den Fällen des Buchst. a Nr. 1 zwar die Dauer von 3 Monaten, nicht aber die Dauer eines Jahres überschreiten soll,

cc) wenn die Vertretung einem Gerichtsassessor, Anwaltsassessor oder Assessor übertragen werden und die Dauer von 3 Monaten nicht überschreiten soll.

In allen anderen Fällen ist meine Entscheidung auf dem Dienstwege einzuholen.

Gehört der zu bestellende Vertreter im Falle des Buchst. a einem anderen Landgerichtsbezirk, in den Fällen des Buchst. b einem anderen Oberlandesgerichtsbezirk an, so ist die Zustimmung des zuständigen Oberlandesgerichtspräsidenten einzuholen und dieser von der erfolgten Bestellung zu benachrichtigen.

Von der Bestellung eines Vertreters ist dem Präsidenten der Notarkammer Nachricht zu geben.

3. a) Nurnotaren sollen andere Personen als Notare und Notariatsassessoren zu Vertretern in der Regel nur bestellt werden, wenn der Präsident der Notarkammer bescheinigt, daß in ihrem Bezirk keine zur Vertretung geeigneten Notariatsassessoren zur Verfügung stehen.

Anwaltsnotaren sollen in der Regel andere Personen als Notare, Notariatsassessoren, Rechtsanwälte und Anwaltsassessoren als Vertreter nur bestellt werden, wenn der Präsident der Rechtsanwaltskammer bescheinigt, daß in ihrem Bezirk keine zur Vertretung geeigneten Anwaltsassessoren verfügbar sind[27]).

---

[27]) Gegen die Bestellung eines Anwaltsassessors bestehen erhebliche Bedenken, da die Anwaltsassessoren mangels praktischer Vorbildung zur Ausübung der Amtstätigkeit als Notar im allgemeinen nicht geeignet sein werden. In den bisherigen Gebieten des Anwaltsnotariats wird sich ihre Heranziehung jedoch eine geraume Zeit lang nicht umgehen lassen; sie sollte aber auf die Fälle beschränkt bleiben, in denen ein anderer Ausweg nicht besteht.

b) Die Zeit, während deren ein Assessor im Probe- und Anwärterdienst für das Notaramt als Notarvertreter bestellt war, wird ihm regelmäßig auf den Probe- und Anwärterdienst angerechnet. Er erhält von dem vertretenen Notar und dem Präsidenten des Landgerichts, in dessen Bezirk der Notar ansässig ist, ein Zeugnis über die Vertretung.

4. Die dem Notarvertreter zu erteilende Bestallungsurkunde (§ 31 RNO.) ist in der üblichen Form der schriftlichen Verfügung zu halten und vom Oberlandesgerichtspräsidenten oder Landgerichtspräsidenten, der den Vertreter bestellt hat, zu unterzeichnen. Die Bestellung des Notarvertreters ist tunlichst auf einen kalendermäßigen Zeitraum abzustellen. Der Notarvertreter ist von dem Landgerichtspräsidenten oder seinem Beauftragten zu vereidigen. Über die Vereidigung des Vertreters (§ 31 RNO.) ist eine Niederschrift aufzunehmen und in Abschrift dem Oberlandesgerichtspräsidenten einzureichen, wenn er den Vertreter bestellt hat. Ist der Vertreter schon einmal als Vertreter eines Notars nach § 14 RNO. vereidigt worden und wird er in kurzen Abständen wieder als solcher bestellt, so genügt es, wenn er auf den früher geleisteten Eid schriftlich verwiesen wird.

5. Der ständige Vertreter hat dem Landgerichtspräsidenten den Anlaß und den Beginn der Vertretung anzuzeigen.

Die Pflicht zur Anzeige der Beendigung einer Vertretung (§ 45 Abs. 3 Satz 2 der Dienstordnung) obliegt dem Notar.

III. Stirbt der Notar oder wird er des Amtes vorläufig enthoben[28]), so hat der Landgerichtspräsident unverzüglich zu berichten, ob Anlaß zur Bestellung eines Notarverwesers besteht. Der Oberlandesgerichtspräsident hat mir die Bestellung eines Notarverwesers anzuzeigen. Er hat zu berichten, wenn Anlaß zum Widerruf der Bestellung besteht. Soll ein Notarverweser bestellt werden, weil der Notar vorläufig des Amtes enthoben ist, so findet die Bestimmung in Abschn. II Ziff. 1 Abs. 3 entsprechende Anwendung.

## C. Tätigkeit der Aufsichtsbehörden.

### I.

1. Der Landgerichtspräsident führt die Aufsicht über die Notare und Notariatsassessoren des Landgerichtsbezirks. Er hat insbesondere die Prüfung der Geschäfte des Notars nach Maßgabe der §§ 43, 44 der Dienstordnung für die Notare zu veranlassen. Über das Ergebnis der Prüfung und die Abstellung der vorgefundenen Mängel hat er dem Oberlandesgerichtspräsidenten zu berichten.

Der Landgerichtspräsident[29]) hat ferner über Beschwerden wegen Amtsverweigerung eines Notars (§ 16

[28]) Nach § 40 kann ein Notarverweser bestellt werden, wenn das Amt eines Notars erloschen ist oder der Notar vorläufig seines Amtes enthoben ist; nach § 1 der VO. vom 26. 6. 1937 (s. S. 107) auch dann, wenn dem Notar ein anderer Amtssitz angewiesen wird. Mit Rücksicht auf diese Bestimmungen wird der LGPräsident darüber, ob Anlaß zur Bestellung eines Notarverwesers besteht, auch dann zu berichten haben, wenn das Amt eines Notars auf andere Weise als durch seinen Tod erloschen ist oder ihm ein anderer Amtssitz angewiesen wurde (s. auch S. 203).

[29]) Bei Assessoren im Probe- oder Anwärterdienst an seiner Stelle der OLGPräsident (s. Ziffer 8).

RNO.), über die Befreiung von der Amtsverschwiegenheit in besonderen Fällen (§ 19 Abs. 1 letzter Halbsatz RNO.) und über die ihm von einem Notar unterbreiteten Zweifel über seine Pflicht zur Amtsverschwiegenheit im Einzelfalle (§ 19 Abs. 2 RNO.) zu entscheiden. Hierzu soll er in geeigneten Fällen den Präsidenten der Notarkammer hören.

2. Dem Oberlandesgerichtspräsidenten liegt die Führung der Aufsicht über die Notare und Notariatsassessoren des Oberlandesgerichtsbezirks und die Entscheidung über die Beschwerden gegen die Verfügungen des Landgerichtspräsidenten ob.

Der Oberlandesgerichtspräsident hat ferner zu entscheiden:

a) über Gesuche eines Notars, der nicht selbst als Rechtsanwalt zugelassen ist, um die Erlaubnis, sich mit einem Rechtsanwalt zu gemeinsamer Berufsausübung zu verbinden oder mit ihm gemeinsame Geschäftsräume zu haben (§ 10 RNO.). Die Genehmigung soll nur in Ausnahmefällen erteilt werden; sie ist zu versagen, wenn Bedenken gegen die Person des Rechtsanwalts bestehen, insbesondere wegen seiner Abstammung, oder wenn die in Aussicht genommene Gemeinschaft dazu dienen kann, einem aus dem Amte entfernten Notar der Sache nach die Fortsetzung notarischer Tätigkeit zu erleichtern.

b) über Gesuche um die Erlaubnis, außerhalb des Amtssitzes zu wohnen (§ 11 Abs. 2 RNO.). Die Genehmigung soll nur aus wichtigen Gründen erteilt werden; sie ist zu versagen, wenn zwischen den Wohn- und Geschäftsräumen des Notars keine angemessenen Verkehrsverbindungen bestehen oder ihm der Wettbewerb mit einem anderen Notar wesentlich erleichtert würde.

c) über Gesuche um die Erlaubnis zur Abhaltung auswärtiger Sprechtage (§ 11 Abs. 4 RNO.). Die Genehmigung soll nur erteilt werden, wenn ein dringendes Bedürfnis der Rechtspflege anzuerkennen ist; sie ist zu versagen, wenn der Ort, der für die Abhaltung der Sprechtage in Aussicht genommen ist, Amtssitz eines andern Notars ist oder in einem anderen Amtsgerichtsbezirk liegt, in dem sich der Amtssitz eines anderen Notars befindet.

d) über Gesuche um die Erlaubnis, Amtshandlungen außerhalb des Amtsbezirkes vorzunehmen (§ 12 RNO.). Zuständig ist der Oberlandesgerichtspräsident, dessen Dienstaufsicht der Notar untersteht; er soll sich mit dem Präsidenten des Oberlandesgerichts ins Benehmen setzen, in dessen Bezirk die Amtshandlung vorgenommen werden soll. Die Genehmigung soll nur in ganz besonderen Ausnahmefällen erteilt werden. Zu Amtshandlungen außerhalb des Amtssitzes, aber innerhalb des Amtsbezirkes, bedarf der Notar keiner Genehmigung. Die Vornahme derartiger Amtshandlungen ist zulässig, soweit sie nicht die gebotene Rücksicht auf die ansässigen Notare außer acht läßt[30]).

e) über Gesuche eines Anwaltsnotars, dem in einer Großstadt ein bestimmter Stadtteil als Amtssitz angewiesen ist, ihm innerhalb desselben Ortes

[30]) S. hierzu Anm. 2 zu § 12.

einen anderen Stadtteil, insbesondere einen anderen Amtsgerichtsbezirk als Amtssitz anzuweisen, wenn der Rechtsanwalt nicht wegen eines besonderen Bedürfnisses, sondern nach Vollendung einer in dem Bezirk üblichen Wartezeit als Notar bestellt worden ist. Amtssitzverlegungen dieser Art sind zur „Deutschen Justiz" mitzuteilen.

f) über die vorläufige Amtsenthebung eines Notars (§ 42 Abs. 1 RNO.). Der Oberlandesgerichtspräsident hat unverzüglich den Landgerichtspräsidenten zu benachrichtigen, der seinerseits das zuständige Amtsgericht mit Weisungen zu versehen hat (§ 43 RNO.); er gibt ferner dem Präsidenten der Notarkammer Nachricht.

3. Bittet ein Notar um die Erlaubnis, mehrere Geschäftsstellen zu unterhalten, oder besteht Anlaß, ihn zur Unterhaltung mehrerer Geschäftsstellen zu verpflichten[31]), so ist meine Entscheidung einzuholen.

4. Der Oberlandesgerichtspräsident soll in geeigneten Fällen der in Ziff. 2 Abs. 2 und Ziff. 3 bezeichneten Art den Präsidenten der Notarkammer anhören.

## II.

1. Über Gesuche von Notaren, ihnen die Übernahme einer Nebenbeschäftigung gegen Vergütung zu gestatten (§ 9 Abs. 2, 4 RNO.), haben zu entscheiden:

a) der Landgerichtspräsident[32]), wenn der Gesuchsteller ohne Berufung in das Beamtenverhältnis

---

[31]) S. § 11 Abs. 4 und Anm. 6 hierzu.

[32]) Bei Assessoren im Probe- oder Anwärterdienst der OLG.-Präsident (s. Ziffer 8).

aa) als Mitglied einer öffentlichen Behörde oder Träger eines sonstigen Amtes in dem Staat, einer öffentlich-rechtlichen Körperschaft, in der Nationalsozialistischen Deutschen Arbeiterpartei, ihren Gliederungen und angeschlossenen Verbänden oder einem staatlich anerkannten Stande oder

bb) als Mitglied eines gesetzlich geregelten Schiedsgerichts, Einigungsamts oder dergl. oder

cc) als Lehrer an Schulen, Verwaltungsakademien und sonstigen Unterrichtsanstalten mit Ausnahme von Universitäten und technischen Hochschulen tätig zu werden beabsichtigt;

b) der Oberlandesgerichtspräsident

aa) in allen übrigen Fällen einschl. des Betriebes des Gewerbes durch die Ehefrau des Gesuchstellers, soweit ich mir die Genehmigung nicht vorbehalten habe,

bb) in den Fällen zu a, wenn bereits die Übernahme eines besoldeten Amts oder einer Nebenbeschäftigung gegen Vergütung genehmigt ist.

Meine Genehmigung ist auf dem Dienstwege einzuholen:

a) für die Übernahme des Amts eines besoldeten Beamten,

b) für die Tätigkeit als Lehrer zur Vorbereitung von Referendaren auf eine rechtwissenschaftliche Prüfung und als Lehrer an Universitäten und technischen Hochschulen,

c) für die Tätigkeit als Schiedsrichter in einem ständigen Schiedsgericht (soweit nicht der Landgerichtspräsident zuständig ist)[33])

d) für die Nebentätigkeit gegen Vergütung im Ausland,

e) in Zweifelsfällen.

2. Meine Genehmigung ist ferner für den Eintritt in ein Organ eines wirtschaftlichen Unternehmens der in § 9 Abs. 2 b RNO. bezeichneten Art einzuholen, auch wenn der Notar eine Vergütung nicht erhält.

3. Als genehmigungspflichtige Nebenbeschäftigung gegen Vergütung ist jede Tätigkeit zu bewerten, bei der durch Arbeitsleistung irgendwelcher Art eine Vergütung erzielt wird[34]). Als Vergütung sind Leistungsentgelte, Aufwandsentschädigungen, Sitzungsgelder und sonstige Bezüge in Geld oder Geldeswert und, soweit sie die Sätze der Bestimmungen für Reichsbeamte der Eingangsstellen des höheren Dienstes übersteigen, auch Fahrtkosten, Tage- und Übernachtungsgelder anzusehen.

Bei einem Notaranwalt oder Anwaltsnotar sind die Nebenbeschäftigungen gegen Vergütung nicht genehmigungspflichtig, die der Ausübung des Anwaltsberufs dienen.

---

[33]) Für die Genehmigung zur Beteiligung an einem Schiedsgericht bestehen demnach folgende Zuständigkeiten:

a) wenn das Schiedsgericht gesetzlich geregelt ist: der LG.-Präsident;

b) wenn eine einmalige Tätigkeit in einem nicht gesetzlich geregelten Schiedsgericht ausgeübt werden soll: der OLG.-Präsident;

c) wenn eine ständige Tätigkeit in einem nicht gesetzlich geregelten Schiedsgericht ausgeübt werden soll: der RMdJ.

Zu beachten ist ferner unten Ziffer 6 Abs. 2.

[34]) Soweit sie nicht nach § 9 Abs. 3 genehmigungsfrei ist.

4. Die Genehmigung wird unter dem Vorbehalt des Widerrufs hiermit allgemein erteilt für:

a) freundschaftliche Hilfeleistungen geringen Umfangs, wenn die gewährte Vergütung nicht in Geld besteht, soweit die Aufsichtsbehörde die Tätigkeit nicht aus besonderen Gründen untersagt,

b) einzelne Nebenbeschäftigungen geringen Umfangs, für die Vergütungen im Werte bis zu 50 RM. gewährt werden.

5. Für Nebenbeschäftigungen, die im Interesse von Verwandten übernommen werden, soll die Genehmigung in der Regel erteilt werden.

6. Die Genehmigung darf nicht erteilt werden:

a) für eine Tätigkeit, die mit dem Ansehen des Notaramts oder mit Rücksichten auf das Gemeinwohl nicht vereinbar ist,

b) für eine Tätigkeit, die den amtlichen Belangen widerspricht. Dies ist insbesondere der Fall,

aa) wenn die Tätigkeit die Arbeitskraft des Notars so in Anspruch nimmt, daß ihm nicht die erforderliche Zeit für die Ausübung seines Amtes verbleibt,

bb) wenn der Notar als Schiedsrichter oder — außerhalb der vorsorgenden Rechtspflege — als Gutachter in einer Sache tätig werden soll, mit der er amtlich befaßt ist oder befaßt gewesen ist und sich Anlaß zu Mißtrauen gegen seine Unparteilichkeit ergeben kann,

c) für eine berufsfremde Tätigkeit, durch die der Notar in einen den Handel, das Gewerbe oder den Arbeitsmarkt nachteilig beeinflussenden Wettbewerb mit anderen geeigneten Personen tritt,

d) für eine Tätigkeit, deren Vergütung der Höhe nach zu beanstanden ist.

Die Genehmigung zur Übernahme des Vorsitzes in einem Schiedsgericht kann, abgesehen von den in Abs. 1 b, bb geordneten Fällen in der Regel erteilt werden. Die Genehmigung zum Eintritt in ein Schiedsgericht als Beisitzer soll, wenn der Vorsitzende nicht ein Richter, Staatsanwalt, Notar oder Rechtsanwalt ist, nur ausnahmsweise erteilt werden.

7. Die dienstliche Verantwortlichkeit des Notars, der eine nicht genehmigungspflichtige Nebenbeschäftigung übernimmt, bleibt unberührt. Es ist Pflicht der Aufsichtsbehörden, Mißbräuchen entgegenzutreten.

Dies gilt insbesondere, wenn ein Notaranwalt oder Anwaltsnotar, der mit einer Angelegenheit amtlich befaßt ist oder befaßt gewesen ist, in einem hieraus zwischen den Beteiligten entstandenen Rechtsstreit einen Beteiligten gegen einen anderen berät oder vertritt[35]).

8. Die Bestimmungen in Abschn. I Ziff. 1 Abs. 2, Ziff. 2 Abs. 2 b und in Abschnitt II Ziff. 1 bis 7 finden auf Assessoren und Notariatsassessoren mit der Maßgabe entsprechende Anwendung, daß bei den Assessoren an Stelle des Landgerichtspräsidenten der Oberlandesgerichtspräsident tritt.

## III.

Genehmigungen der in Abschnitt I Ziff. 2 Buchstabe a—d und Abschnitt II bezeichneten Art können

---

[35]) Die Übernahme einer derartigen Vertretung wird im allgemeinen als standeswidrig zu betrachten sein, sofern die Vertretung nicht ausschließlich die Aufrechterhaltung oder Durchsetzung des in der Urkunde niedergelegten Vertragswillens der Beteiligten bezweckt.

mit einer Befristung, Bedingung oder Auflage verbunden werden; eine Geldleistung darf nicht verlangt werden. Jede Genehmigung der in Satz 1 bezeichneten Art gilt als unter dem Vorbehalt des Widerrufs erteilt, sofern nicht gleichzeitig ausdrücklich auf die Möglichkeit des Widerrufs verzichtet wird.

### D. Dienststrafverfahren.

1. Bewirbt sich ein Notar, Notariatsassessor, Beamter (oder Rechtsanwalt), gegen den Ermittlungen zur Einleitung eines Dienststrafverfahrens (oder Ehrengerichtsverfahrens) schweben oder gegen den das Verfahren bereits eingeleitet ist, um eine Notarstelle, so ist bei der Weiterleitung des Gesuchs über den Inhalt und Stand des Verfahrens Mitteilung zu machen.

2. Im Dienststrafverfahren gegen Notare und Notariatsassessoren sind die für die richterlichen Reichsjustizbeamten geltenden Vorschriften über Mitteilungen in Dienststrafsachen u. dgl. entsprechend anzuwenden. Die Einleitung des förmlichen Verfahrens, die vorläufige Amtsenthebung, die Urteile und den Eintritt der Rechtskraft hat der Generalstaatsanwalt auch dem Präsidenten der Notarkammer mitzuteilen. Der Landgerichtspräsident setzt, soweit dies angezeigt ist, den aufsichtführenden Amtsrichter des Amtsgerichts, in dessen Bezirk der Notar (Notariatsassessor) ansässig ist, von den verfügten Maßnahmen in Kenntnis.

### E. Erlöschen des Amts.

Die freiwillige Niederlegung des Amts (§ 36 RNO.) ist schriftlich dem Oberlandesgerichtspräsidenten auf dem Dienstwege zu erklären. Das Notariat erlischt, sobald die Erklärung dem Oberlandesgerichtspräsidenten zugeht. Der Oberlandesgerichtspräsident zeigt mir den Zeitpunkt des Zugehens der Erklärung an und berichtet, ob bei entsprechender Anwendung der für Richter geltenden Grundsätze Anlaß besteht, dem Notar den Dank der Reichsjustizverwaltung für seine Amtsführung auszusprechen. Die Benachrichtigung des Notars behalte ich mir vor.

Erlischt das Amt des Notars auf sonstige Weise, insbesondere durch den Tod, so ist mir auf dem Dienstwege zu berichten.

Der Oberlandesgerichtspräsident benachrichtigt den Präsidenten der Notarkammer in allen Fällen vom Erlöschen des Amtes.

## F. Sonstiges.

Die für richterliche Reichsjustizbeamte geltenden Vorschriften über Mitteilungen in Straf- und Zivilsachen (einschl. der Zwangsvollstreckungssachen), über die Stellung von Strafanträgen durch die Aufsichtsbehörden und über die Anzeige der Verehelichung finden auf Notare, Notariatsassessoren und Assessoren im Probedienst entsprechende Anwendung.

## Übergangs- und Schlußvorschriften.

### I.

1. Die Vorschriften in Teil A Abschnitt II über den Probe- und Anwärterdienst für das Amt des Notars werden, soweit ich nicht im Einzelfall etwas anderes verfüge, in den bisherigen Gebieten des Anwaltsnotariats bezirksweise nach Maßgabe der Entwicklung eingeführt werden. Die Einführung wird jeweils durch

eine in der Deutschen Justiz bekanntzumachende Allgemeine Verfügung erfolgen.

2. Die in Teil A Abschnitt II Ziffer 1 für die Einreichung von Gesuchen um Übernahme in den Probe- und Anwärterdienst bestimmte Frist von drei Monaten endigt für die Bewerber, die die Fähigkeit zum Richteramt vor dem 1. Januar 1933 erlangt haben, am 30. 9. 1937. Den Lauf der Antragsfrist für die sonstigen Bewerber, welche die Fähigkeit zum Richteramt vor dem 1. 7. 1937 erlangt haben, werde ich jeweils in der Deutschen Justiz bekanntgeben.

3. Soweit es zur Vermeidung von Härten erforderlich ist, können Gerichtsassessoren und Assessoren, die

a) die Fähigkeit zum Richteramt vor dem 1. 4. 1935 erlangt haben oder

b) die Zeitverluste erlitten haben, weil sie

aa) vor dem 30. 1. 1933 kämpferisch in der nationalsozialistischen Bewegung tätig waren oder

bb) ohne wehrpflichtig zu sein, Heeresdienst geleistet haben

ohne Ableistung oder unter Abkürzung des Probe- und Anwärterdienstes zu hauptberuflich tätigen Notaren bestellt werden, wenn sie ihrer Persönlichkeit nach für das Amt des Notars besonders geeignet sind.

## II.

Amtsbezirk des Notars ist derjenige Oberlandesgerichtsbezirk, zu dem der Ort seines Amtssitzes in Rechtssachen gehört; danach richtet sich auch die Zuständigkeit für die Führung der Dienstaufsicht und die sonstigen Verwaltungsgeschäfte.

## III.

1. Die Vereidigung der Notare, die nicht bereits als Beamte vereidigt sind, ist unverzüglich zu bewirken (§§ 14, 76 RNO.)[36]).

2. Nurnotaren, die sich ohne Genehmigung mit einem Rechtsanwalt zur gemeinsamen Berufsausübung oder Benutzung von Geschäftsräumen verbunden haben, ist, wenn die Genehmigung nicht nachträglich erteilt wird[37]), eine angemessene Frist zur Auflösung der Gemeinschaft zu bestimmen. Die Beibehaltung einer Gemeinschaft, die nach dem 15. 2. 1937 eingegangen ist, soll in der Regel nicht mehr genehmigt werden.

3. Ergeben sich bei Anwendung der Vorschriften im § 76 RNO. im Einzelfall Zweifel, ob eine Genehmigung (ausdrücklich oder stillschweigend) erteilt ist, so hat die Stelle zu entscheiden, die nunmehr zur Erteilung der Genehmigung zuständig sein würde. Das gleiche gilt, soweit einem Notar eine Frist zur Abwicklung einer Nebentätigkeit oder zur Auflösung einer Gemeinschaft zu bestimmen ist.

## IV.

Die höheren Reichsjustizbehörden haben für die erforderliche Vervollständigung laufender Gesuche Sorge zu tragen, um sie alsdann nach Maßgabe dieser Verfügung zu bearbeiten.

---

[36]) Das dürfte nur in Thüringen zutreffen und zwar auch dort nur in den seltenen Fällen, in denen der Notar nicht bereits als Referendar den Beamteneid geleistet hat.

[37]) S. C I 2 a.

# V.

## Bayern

1. Die in die Notariatsbewerberliste eingetragenen Notariatsassessoren gelten als im Anwärterdienst stehend, wenn sie am 1. Juli 1937 schon seit mindestens einem Jahr einem Notar zur Dienstleistung zugewiesen sind; andernfalls sind sie als Probedienstassessoren zu behandeln. Soweit sie am 30. Juni 1937 höhere Bezüge erhalten, als sie nach der Reichsnotarordnung zu beanspruchen hätten, dürfen ihnen diese höheren Bezüge fortgezahlt werden. Die Vorschrift in Teil A Abschnitt II Ziffer 9 Absatz 6 über die Heranziehung zur Wahrnehmung richterlicher Geschäfte gilt für die nach Satz 1 schon im Anwärterdienst stehenden Notariatsassessoren nicht.

Der Bericht über das Ergebnis des Anwärterdienstes und über die Eignung für das Amt des Notars (Teil A Abschnitt II, Ziffer 12) ist für alle Notariatsassessoren, die am 1. Juli 1937 schon seit mindestens 3½ Jahren einem Notar zur Dienstleistung zugewiesen sind, bis 1. August 1937 zu erstatten. Bis zum gleichen Zeitpunkt ist eine Übersicht einzureichen, in der für alle übrigen Notariatsassessoren des Bezirks in der Reihenfolge des Beginns des Probedienstes Name, Geburtszeit, Jahr und Ergebnis der großen Staatsprüfung sowie der Zeitpunkt des Beginns des Probe- und allenfalls des Anwärterdienstes anzugeben sind.

2. Bis zum Ablauf des Kalenderjahres 1937 können der Landgerichtspräsident und der Oberlandesgerichtspräsident auch einen Richter unter den gleichen Voraussetzungen wie einen Notar (vgl. Teil C Abschnitt II

Ziffer 2 Buchstabe a und Buchstabe b, bb, cc) als Notarvertreter bestellen.

3. Für die am 1. Juli 1937 dauernd unbesetzten Notariate (vgl. Artikel 95 Abs. 2 des bayer. Notariatsgesetzes) bleiben zunächst die bestellten Notarverweser nach § 11 Nr. 3 der Verordnung zur Ausführung und Ergänzung der Reichsnotarordnung weiter im Amte. Die Oberlandesgerichtspräsidenten prüfen für diese Notariate, ob nicht im Hinblick auf die Entwicklung der Erträgnisse der Notariate in den letzten Jahren die Wiederbestellung eines Notars angezeigt erscheint. Dies wird grundsätzlich in allen Fällen zu bejahen sein, in denen voraussichtlich ein Notar nicht auf eine ständige größere Einkommensergänzung aus der Notariatskasse angewiesen sein wird. Der Präsident der Bayerischen Notariatskasse ist zu der Frage zu hören. Kommt der Oberlandesgerichtspräsident in Übereinstimmung mit der Stellungnahme des Präsidenten der Bayerischen Notariatskasse zu der Meinung, daß sich die Bestellung eines Notars nicht empfiehlt, so soll er unter Aufhebung der Verwesung dem bisher zum Verweser bestellten Notar die Abhaltung von Sprechtagen und allenfalls auch die Unterhaltung einer Geschäftsstelle am Sitze des unbesetzten Notariats nach Maßgabe der bisher im Einzelfalle bestehenden Übung regelmäßig zur Pflicht machen, solange ein Bedürfnis dafür besteht. Der Oberlandesgerichtspräsident berichtet bis spätestens 1. Oktober 1937 für jedes dauernd unbesetzte Notariat seines Bezirks über das Ergebnis der Prüfung und über die von ihm getroffenen Maßnahmen.

Soweit einem Notar bisher nicht in seiner Eigenschaft als Verweser eines unbesetzten Notariats die Abhaltung von auswärtigen Sprechtagen oder die Unterhaltung einer Geschäftsstelle gestattet war, kann es dabei bis auf weiteres verbleiben. Auch über diese Fälle ist bis 1. Oktober 1937 unter Darlegung der Verhältnisse und unter Stellungnahme zu der Frage der Beibehaltung der bisherigen Übung zu berichten.

4. Für die Notare in Bayern gilt nach § 84 Abs. I RNO. bis zum 31. März 1942 die bisherige Vorschrift weiter, daß der Notar nach Vollendung des 68. Lebensjahres seines Amtes enthoben werden kann (Art. 88 Nr. 1 des Bayer. Notariatsgesetzes in der Fassung des Gesetzes vom 21. März 1930, Bayer. GVBl. S. 65). Von dieser Vorschrift wird auch künftig bis auf weiteres ausnahmslos Gebrauch gemacht werden, und zwar entsprechend der bisherigen Übung in der Weise, daß die Enthebung vom Amte, wenn der Notar nicht zu einem früheren Zeitpunkte selbst darum nachsucht, spätestens zum Ablauf des Monats erfolgt, der auf den Monat folgt, in dem der Notar das 68. Lebensjahr vollendet hat. Die Oberlandesgerichtspräsidenten legen daher auch künftig rechtzeitig vor diesem Zeitpunkte dem Notar die Einreichung eines Gesuches um Enthebung vom Amte nahe; lehnt er diese ab, so regen sie die Enthebung von Amts wegen bei mir an.

## VI.

Diese allgemeine Verfügung tritt am 1. Juli 1937 gleichzeitig mit der Reichsnotarordnung vom 13. Februar 1937 (RGBl. I S. 191) in Kraft. Entgegenstehende Verwaltungsvorschriften werden mit der Maßgabe aufgehoben, daß die auf Grund der bisherigen Verwaltungsbestimmungen getroffenen Maßnahmen der Justizbehörden ihre Wirksamkeit behalten.

## Nachtrag.

In Ergänzung zu B III der vorstehenden AV. hat der RMdI. in einer RV. vom 16. 7. 1937 die Oberlandesgerichtspräsidenten angewiesen, über die Notwendigkeit der Verwesung ihm auch dann zu berichten, wenn das Amt eines Notars auf andere Weise als durch seinen Tod erloschen oder wenn sein Amtssitz verlegt worden ist. (D. Verf.)

## 5. Erlaß des Führers und Reichskanzlers über die Ausübung des Gnadenrechts in Dienststrafsachen der Notare und Notariatsassessoren

vom 29. 6. 1937 (Deutsche Justiz S. 1054).

Über die Ausübung des Gnadenrechts in Dienststrafsachen der Notare und Notariatsassessoren, die dem Deutschen Beamtengesetz nicht unterstehen, bestimme ich was folgt:

I. Ich behalte mir vor

1. die Niederschlagung von Dienststrafverfahren, die bei den Dienststrafgerichten bereits anhängig sind,
2. die Aufhebung eines auf Dienstentlassung oder Entfernung aus dem Amt lautenden Dienststrafurteils,
3. die Zuerkennung eines im Dienststrafurteil nicht ausgesprochenen Teilruhegehalts (Unterhaltsbeitrag), soweit die Notare einen Anspruch auf Ruhegehalt gegen das Reich haben,
4. die Beseitigung der beamten- oder amtsrechtlichen Folgen einer strafgerichtlichen Verurteilung.

II. Im übrigen übertrage ich die Befugnis zu Gnadenerweisen und ablehnenden Entschließungen dem Reichsminister der Justiz.

## 5a. Durchführung des Erlasses des Führers und Reichskanzlers über die Ausübung des Gnadenrechts in Dienststrafsachen der Notare und Notariatsassessoren

vom 7. 7. 1937 (Deutsche Justiz S. 1054).
AV. des Reichsjustizministers.

Zur Durchführung des vorstehenden Erlasses bestimme ich:

1. Der Erlaß betrifft auch Dienststrafurteile, die vor dem Tage seiner Vollziehung Rechtskraft erlangt haben. Er erstreckt sich jedoch nicht auf die Notare, die dem Deutschen Beamtengesetz unterstehen.

2. Zu den mir übertragenen Entscheidungen gehören die ablehnenden Entschließungen über Gnadengesuche aller Art.

3. Gesuche um Erteilung von Gnadenerweisen im Dienststrafverfahren gegen Notare und Notariatsassessoren sind auf dem Dienstwege einzureichen und mir vom Oberlandesgerichtspräsidenten mit einem eingehenden Bericht vorzulegen; dem Generalstaatsanwalt und dem Präsidenten der Notarkammer ist Gelegenheit zur Äußerung gegeben.

4. Vermerke über Mißbilligung und Dienststrafen in den Personalakten der Notare und Notariatsassessoren sind mit einem Vermerk in roter Tinte: „Ge-

löscht auf Grund der AV. des RJM. vom 7. 7. 1937 (Deutsche Justiz S. 1054)" zu versehen, wenn seit der Verhängung einer Mißbilligung, einer Warnung, eines Verweises oder einer Geldstrafe bis zu 50 RM. mehr als 5 Jahre, seit der Verhängung einer sonstigen Dienststrafe mehr als 10 Jahre verstrichen sind und der Betroffene sich einwandfrei geführt hat, insbesondere nicht erneut gemaßregelt ist.

Der Landgerichtspräsident berichtet dem Oberlandesgerichtspräsidenten, wenn die Voraussetzungen für die Löschung einer Mißbilligung oder einer Dienststrafe vorliegen. Die Löschung wird vom Oberlandesgerichtspräsidenten angeordnet, der mir hierüber berichtet.

## 6. Satzung der Bayerischen Notariatskasse[1]).

Vom 12. Juli 1937 (DJ. S. 1066).

Auf Grund des § 84 Nr. III Abs. 4 der Reichsnotarordnung erlasse ich für die Bayerische Notariatskasse mit Wirkung vom 16. Juli 1937 an folgende Satzung:

**Art. 1.** I. Die Verwaltung sowie die gerichtliche und außergerichtliche Vertretung der Notariatskasse obliegt dem Präsidenten.

II. Der Präsident wird von der Aufsichtsbehörde (§ 84 Nr. III Abs. 1 RNotO.) auf die Dauer von 4 Jahren berufen. Er muß seit mindestens 5 Jahren das Amt eines Notars in einem der Oberlandesgerichtsbezirke München, Nürnberg, Bamberg oder Zweibrücken innehaben.

**Art. 2.** Dem Präsidenten steht der Beirat zur Seite, der aus 5 Mitgliedern und der gleichen Zahl von Vertretern besteht. Die Mitglieder und deren Vertreter beruft die Aufsichtsbehörde auf die Dauer von 4 Jahren; Art. 1 Abs. II Satz 2 gilt entsprechend.

**Art. 3.** Der Präsident bestimmt aus den Mitgliedern des Beirats mit Genehmigung der Aufsichtsbehörde seinen Stellvertreter; er kann die Bestimmung jederzeit widerrufen. Der Stellvertreter nimmt die Rechtsstellung des Präsidenten während dessen Behinderung ein.

**Art. 4.** Zur Erledigung der laufenden Geschäfte kann der Präsident unbeschadet seiner eigenen Verantwortung nach Anhörung des Beirats einen oder mehrere Geschäftsführer bestellen. Die Bestellung ist jederzeit widerruflich.

**Art. 5.** I. Das Personalamt wird mit einem Notar und einem Notariatsbeamten besetzt; der Notariatsbeamte ist hauptamtlich

---

[1]) Von Erläuterung dieser Satzung mußte wegen ihres späten Erscheinens abgesehen werden.

tätig. Für jedes der beiden Mitglieder des Personalamts wird ein dem gleichen Berufe angehörender 1. und 2. Ersatzmann bestimmt. Die Mitglieder und Ersatzmänner beruft der Präsident mit Genehmigung der Aufsichtsbehörde auf die Dauer von 4 Jahren; für Notare gilt Art. 1 Abs. II Satz 2. Die Berufung kann jederzeit widerrufen werden.

II. Die Mitglieder des Personalamts erledigen dessen Aufgaben (Nr. I, 3 der VO. über die Rechtsverhältnisse der Notariatbeamten in Bayern vom 2. Juli 1937, DJ. S. 1028)[2]) gemeinschaftlich und gleichberechtigt. Sie sind an Weisungen des Präsidenten gebunden. Der Präsident entscheidet auch über Beschwerden gegen das Personalamt.

III. Der Präsident kann im Rahmen der gesetzlichen[3]) und satzungsmäßigen Bestimmungen nach Anhörung des Beirats eine Geschäftsordnung für das Personalamt erlassen.

**Art. 6.** I. Die Aufsichtsbehörde kann die von ihr berufenen Personen jederzeit abberufen.

II. Sobald der Präsident oder ein Beiratsmitglied aus dem Amte des Notars ausscheidet oder seinen Amtssitz nicht mehr in einem der Oberlandesgerichtsbezirke München, Nürnberg, Bamberg oder Zweibrücken hat, erlischt auch sein Amt bei der Notariatskasse. Bei vorläufiger Amtsenthebung ruht die Ausübung des Amts bei der Notariatskasse. Diese Vorschriften gelten auch für das Personalamtsmitglied aus den Reihen der Notare.

III. Bei vorzeitiger Erledigung eines Amts bei der Notariatskasse wird der Nachfolger für den Rest der Amtszeit berufen.

**Art. 7.** I. Der Präsident und die Mitglieder des Beirats sind ehrenamtlich tätig. Auslagen werden ihnen erstattet; dem Präsidenten dürfen insbesondere auch die Aufwendungen für einen Notariatsassessor ersetzt werden, den er wegen seiner Inanspruchnahme durch die Tätigkeit für die Notariatskasse zur Unterstützung in seinem Hauptamte benötigt. Bei Dienstreisen erhalten sie Reisekostenvergütung nach den für die Reichsbeamten geltenden Vorschriften[4]) und zwar der Präsident und

---

[2]) Siehe S. 216.

[3]) Insbesondere DBG., RDStO., VO. vom 2. Juli 1937 (s. S. 216).

[4]) Näheres s. Anm. 2 zu § 60.

sein Stellvertreter nach Reisekostenstufe Ib (Fahrkostenentschädigung für die II. Wagenklasse), die übrigen Mitglieder nach Reisenkostenstufe II.

II. Den Geschäftsführern und dem Personalamtsmitglied aus den Reihen der Notare kann nach Anhörung des Beirats eine feste Vergütung bewilligt werden.

III. Das Personalamtsmitglied aus den Reihen der Notariatsbeamten und seine Ersatzmänner erhalten die ihnen zustehenden beamtenrechtlichen Bezüge; das gleiche gilt für einen etwa zum Geschäftsführer der Notariatskasse bestellten Notariatsbeamten. Einem Ersatzmann, der die Vertretung des Personalamtsmitglieds neben seiner Dienstleistung bei einem Notar wahrnimmt, oder einem nebenamtlich zum Geschäftsführer der Notariatskasse bestellten Notariatsbeamten kann dafür eine besondere Vergütung bewilligt werden.

**Art. 8.** Der Beirat berät und unterstützt den Präsidenten. Er ist außer in den Fällen, in denen dies ausdrücklich bestimmt ist, vor der Entscheidung in allen sonstigen wichtigen Angelegenheiten zu hören.

**Art. 9.** I. Die Notariatskasse unterliegt den Vorschriften des Beitrögegesetzes vom 24. März 1934 (RGBl. I S. 235)[5].

II. Der Präsident stellt nach Anhörung des Beirats für jedes Rechnungsjahr die Entwürfe des Haushaltsplans und der Abgabenfestsetzung auf und legt beide bis spätestens 1. Februar der Aufsichtsbehörde vor.

III. Nach Maßgabe der von den zuständigen Reichsministern erteilten Genehmigung (§ 4 des Beitrögegesetzes) setzt der Präsident den Haushaltsplan und die Abgaben endgültig fest.

IV. Die Haushaltsrechnung (§ 5 des Beitrögegesetzes) legt der Präsident innerhalb von 2 Monaten nach Abschluß des Rechnungsjahres. Der Beirat ist über die Rechnungslegung zu hören. Die Rechnung wird vom Rechnungsamt des Oberlandesgerichts München vorgeprüft. Die endgültige Prüfung obliegt dem Rechnungshof des Deutschen Reiches (§ 84 Nr. III Abs. 3 RNotO.).

**Art. 10.** I. Das Vermögen der Notariatskasse besteht aus dem Grundstockvermögen und dem sonstigen Vermögen.

II. Zum Grundstockvermögen gehören die ihm bisher zu-

---

[5]) Siehe auch Anm. 1 zu § 59.

gewiesenen Vermögenswerte und das auf die Notariatskasse übergehende Vermögen des Pensionsvereins für die Bayerischen Notare und ihre Hinterbliebenen. Das Grundstockvermögen, das der nachhaltigen Sicherung der Zwecke der Notariatskasse dienen soll, muß in seinem Bestande solange als möglich ungeschmälert erhalten bleiben. Alle Verfügungen, durch die der Bestand des Grundstockvermögens verringert wird, bedürfen der Genehmigung der Aufsichtsbehörde.

III. Bare Kassenbestände sollen möglichst nicht gehalten werden. Der gesamte Zahlungsverkehr soll tunlichst bargeldlos erfolgen und zwar möglichst über ein Postscheckkonto oder über ein Guthabenkonto bei der Bayerischen Staatsbank; dies gilt insbesondere für die Erhebung der Abgaben. Das Vermögen ist nach den Grundsätzen anzulegen, die der Präsident nach Anhörung des Beirats mit Genehmigung der Aufsichtsbehörde aufstellt. Zum Grundstocksvermögen gehörige Wertpapiere sind einer oder mehreren Kreditanstalten unverschlossen zur Sonderverwahrung oder zur Sammelverwahrung bei einer Wertpapiersammelbank anzuvertrauen mit der Bestimmung, daß die Zurückziehung der hinterlegten Wertpapiere nur mit Genehmigung der Aufsichtsbehörde zulässig ist; zum Grundstockvermögen gehöriges Geld ist mit der gleichen Bestimmung anzulegen.

IV. Anweisungen an Kreditanstalten oder an das Postscheckamt sowie Quittungen müssen außer der Unterschrift des Präsidenten oder eines Geschäftsführers aus den Reihen der Notare auch die eines Notariatsbeamten tragen. Diesen Beamten und seinen Stellvertreter bestellt der Präsident nach Anhörung des Beirats.

V. Die näheren Anordnungen über das Kassen- und Rechnungswesen für die Einnahmen und Ausgaben und für die Vermögensverwaltung trifft der Präsident im Einvernehmen mit dem Rechnungshof des Deutschen Reichs nach Anhörung des Beirats.

**Art. 11.** Der Präsident kann im Rahmen der gesetzlichen und satzungsmäßigen Bestimmungen für die Geschäftsführung der Notariatskasse nach Anhörung des Beirats eine Geschäftsordnung erlassen.

**Art. 12.** Die Aufgaben der Notariatskasse sind in § 84 Nr. III Abs. 2 der RNotO. festgelegt. Andere Aufgaben darf sie nicht übernehmen.

**Art. 13.** Bleibt das Berufsreineinkommen eines Notars in einem Kalenderjahr hinter dem Diensteinkommen eines Beamten der Reichsbesoldungsgruppe A 2c 2 mit vergleichbarem Besoldungsdienstalter und gleichem Dienstsitz zurück, so kann ihm die Notariatskasse eine Einkommensergänzung in Höhe des Unterschiedbetrages gewähren; ein Rechtsanspruch darauf besteht nicht. Die nähere Regelung trifft der Präsident nach Anhörung des Beirats.

**Art. 14.** Die Versorgung der ausgeschiedenen Notare im Alter und bei Amtsunfähigkeit sowie die Versorgung ihrer Hinterbliebenen bemißt sich nach der beigefügten Anlage, die einen Bestandteil dieser Satzung bildet.

**Art. 15.** Die Besoldung der Notariatsbeamten sowie ihre Ruhestands- und Hinterbliebenenversorgung richtet sich nach der VO. über die Rechtsverhältnisse der Notariatsbeamten in Bayern vom 2. Juli 1937 — DJ. S. 1028[6]) — und den sonst hierüber bestehenden Bestimmungen.

**Art. 16.** Für die Gewährung von Unterstützungen und Unterhaltsbeiträgen an ehemalige Notariatsgehilfen und deren Hinterbliebene ist die Verfügung des RM. d. J. vom 21. November 1935 — VIa 1194/35[7]) — maßgebend.

**Art. 17.** Wird ein Assessor zur Leistung des Probe- oder Anwärterdienstes einem Notar überwiesen, der zur Zahlung der gesetzlichen Bezüge ganz oder teilweise außerstande ist, so werden diese Bezüge auf Antrag des Notars von der Notariatskasse ganz oder teilweise bezahlt.

**Art. 18.** Die Notariatskasse schließt auf ihre Kosten zugunsten der Notare eine Versicherung für die Haftpflicht aus Amtspflichtverletzungen ab. Vor dem Abschluß ist der Beirat zu hören. Eine unmittelbare Haftung für Amtspflichtverletzungen der Notare übernimmt die Notariatskasse nicht.

**Art. 19.** Für diese Satzung ist die gegenwärtige Abgrenzung der Oberlandesgerichtsbezirke München, Nürnberg, Bamberg und Zweibrücken maßgebend. Etwaige spätere Bezirksänderungen sind für den Geltungsbereich und die Anwendung der Satzungsvorschriften ohne Einfluß, soweit nicht ausdrücklich etwas anderes bestimmt wird.

---

[6]) Siehe S. 216.

[7]) Abgedruckt im Bayerischen Notariatskalender für 1937 S. 595.

## Anlage zu Art. 14

### § 1

Notare, die ihr Amt mindestens 5 Jahre lang in einem der Oberlandesgerichtsbezirke München, Nürnberg, Bamberg oder Zweibrücken ausgeübt und beim Ausscheiden aus dem Amt in eine dieser Oberlandesgerichtsbezirke ihren Amtssitz haben, sowie deren Hinterbliebene, erhalten von der Bayerischen Notariatskasse Ruhestands- und Hinterbliebenenversorgung nach Maßgabe der folgenden Vorschriften:

### § 2

I. Ruhegehalt erhält der Notar

1. wenn er infolge eines körperlichen Gebrechens oder wegen Schwäche seiner körperlichen und geistigen Kräfte zur ordnungsmäßigen Ausübung seines Amtes dauernd unfähig ist und er aus diesem Grunde sein Amt freiwillig niedergelegt hat oder nach § 38 Abs. 1 Nr. 5 der RNotO. seines Amtes enthoben worden ist;
2. wenn er nach Vollendung des 65. Lebensjahres sein Amt freiwillig niederlegt;
3. wenn er nach § 84 Nr. I der RNotO. seines Amtes enthoben wird;
4. wenn er nach § 38 Abs. 1 Nr. 1 der RNotO. seines Amtes enthoben wird, weil er oder sein Ehegatte nicht deutschen oder artverwandten Blutes ist, und die Voraussetzungen vorliegen, unter denen ein Beamter nach § 72 des Deutschen Beamtengesetzes in den Ruhestand zu versetzen wäre;
5. wenn er nach § 38 Abs. 3 der RNotO. seines Amtes enthoben wird.

II. Dem Notar kann das sich satzungsmäßig errechnende Ruhegehalt ganz oder teilweise gewährt werden, wenn er nach § 38 Abs. 1 Nr. 4 oder Nr. 6 der RNotO. seines Amtes enthoben wird.

III. Die dauernde Unfähigkeit zur Amtsausübung ist durch ein amtsärztliches Zeugnis nachzuweisen; die Notariatskasse kann das Zeugnis eines von ihr bestellten Vertrauensarztes und auch weitere Beweismittel fordern. Durch die Amtsenthebung nach § 38 Abs. 1 Nr. 5 der RNotO. gilt die Amtsunfähigkeit als nachgewiesen.

§ 3

Das Ruhegehalt beträgt jährlich 2400 RM. Es erhöht sich für jedes volle Dienstjahr

vom 1.—20. Dienstjahr um 3 v. H.
vom 21.—35. Dienstjahr um 6 v. H.

§ 4

Als Dienstzeit gilt die Zeit der Ausübung des Notaramtes in einem der Oberlandesgerichtsbezirke München, Nürnberg, Bamberg oder Zweibrücken sowie der Probe- und Anwärterdienst für das Amt des Notars und die Zeit eines dafür nach den bisherigen landesrechtlichen Vorschriften angeordneten oder zugelassenen Vorbereitungsdienstes. Die Vorschriften des § 81 Abs. 1 Nr. 4 sowie der §§ 82, 83 des § 85 Abs. 1 Nr. 1 und des § 179 Abs. 7 und 10 des Deutschen Beamtengesetzes sind sinngemäß anzuwenden. Der Präsident kann nach Anhörung des Beirats allgemein oder im Einzelfall zulassen, daß auch die im § 81 Abs. 2 und § 179 Abs. 8 des DBG. bestimmte Zeit sowie die Dienstzeit als Beamter oder die Zeit eines für die Ernennung zum Beamten angeordneten oder zugelassenen Vorbereitungsdienstes, soweit sie bei Beamten als ruhegehaltfähig berücksichtigt werden muß oder kann, angerechnet wird.

§ 5

I. Der Anspruch auf Ruhegehalt erlischt:

1. mit Ablauf des Monats, in dem der Ruhegehaltsberechtigte stirbt;
2. im Falle der Wiederbestellung zum Notar oder der Ernennung zum Beamten oder der Zulassung als Rechtsanwalt mit dem Tage, von dem an die Bestellung, Ernennung oder Zulassung wirksam ist;
3. in den Fällen des § 2 Absatz I Nr. 1 oder 5, wenn der Ruhegehaltsberechtigte nach Wiedererlangung der Dienstfähigkeit oder Wegfall der Voraussetzungen für die Amtsenthebung von der etwa vorhandenen Möglichkeit der Wiederbestellung zum Notar keinen Gebrauch macht — für die Frage, ob und von wann an die Wiederbestellung zum Notar möglich war, ist ausschließlich die Mitteilung des Reichsministers der Justiz maßgebend;

4. wenn gegen den Ruhegehaltsberechtigten wegen einer vor dem Ausscheiden aus dem Amte begangenen Tat auf eine Strafe erkannt wird, die nach § 37 der RNotO. Amtsverlust zur Folge hätte oder wenn er wegen eines nach dem Ausscheiden aus dem Amt begangenen Hoch- oder Landesverrats oder einer sonst mit dem Tode bedrohten Handlung zum Tode oder zu Zuchthaus oder wegen einer anderen vorsätzlichen hoch- oder landesverräterischen Handlung zu Gefängnis verurteilt wird, mit der Rechtskraft des Urteils;
5. wenn der Ruhegehaltsempfänger das Reichsbürgerrecht verliert oder wenn ihm die deutsche Staatsangehörigkeit aberkannt wird.

II. Das Ruhegehalt für den Sterbemonat (Absatz I Nr. 1) verbleibt den Erben. Die an den Verstorbenen noch nicht gezahlten Teile der Sterbemonatsbezüge können statt an die Erben auch an die Witwe oder die ehelichen oder für ehelich erklärten Abkömmlinge des Verstorbenen bezahlt werden.

III. Der Ruhegehaltsberechtigte hat den Wegfall von Voraussetzungen für den Fortbestand des Ruhegehaltsanspruchs sofort der Notariatskasse anzuzeigen. Die Kasse kann insbesondere jederzeit den Nachweis (§ 2 Absatz III) verlangen, daß die Unfähigkeit zur Amtsausübung noch fortdauert.

## § 6

I. Als Sterbegeld erhalten die Witwe sowie die ehelichen und für ehelich erklärten Abkömmlinge das dem Verstorbenen zustehende Ruhegehalt und zwar beim Tode eines Notars im Amt für den Sterbemonat und die folgenden 2 Monate, beim Tode eines Ruhegehaltsempfängers für die auf den Sterbemonat folgenden 3 Monate.

II. Die §§ 94, 95 DBG. gelten sinngemäß; an die Stelle der obersten Dienstbehörde tritt der Präsident der Notariatskasse.

## § 7

I. Für die Gewährung von Witwen- und Waisengeld gelten die §§ 97—106 und § 133 DBG. sinngemäß. Keine Anwendung finden jedoch die in § 98 DBG. enthaltenen Vorschriften über die Höchstbeträge und den Mindestbetrag des Witwengeldes. Die nach den Vorschriften des Deutschen Beamtengesetzes der obersten Dienstbehörde (im Einvernehmen mit dem Reichsminister der Finanzen) vorbehaltenen Entscheidungen trifft der Präsident der Notariatskasse.

II. Der Präsident bestimmt endgültig, an wen das Witwen- und Waisengeld zu zahlen ist.

§ 8

Ruhegehalt, Witwen- und Waisengeld werden für die gleichen Zeiträume und zu den gleichen Zeitpunkten gezahlt, wie die Dienstbezüge der Beamten.

§ 9

Ehemaligen Notaren, die ihren letzten Amtssitz in einem der Oberlandesgerichtbezirke München, Nürnberg, Bamberg oder Zweibrücken hatten und denen beim Ausscheiden aus dem Amt kein Anspruch auf Ruhestands- und Hinterbliebenenversorgung gegen die Notariatskasse zusteht und Hinterbliebenen solcher Notare sowie ehemaligen Notariatsassessoren und ihren Hinterbliebenen kann der Präsident der Notariatskasse nach Anhörung des Beirats im Falle der Bedürftigkeit einmalige oder fortlaufende Unterhaltsbeiträge in jederzeit widerruflicher Weise bewilligen. Ist die Auszahlung des Unterhaltsbeitrags an den ehemaligen Notar oder Notariatsassessor selbst nicht angebracht, so kann der Unterhaltsbeitrag auch seiner Frau oder seinen Kindern bewilligt werden. Im Falle besonderer Bedürftigkeit kann der Präsident nach Anhörung des Beirats ausnahmsweise auch versorgungsberechtigten ehemaligen Notaren und ihren Hinterbliebenen einmalige Unterstützungen bewilligen.

§ 10

Versorgungsansprüche jeder Art gegen die Bayerische Notariatskasse bestehen nur insoweit, als sie den Betrag etwa vorhandener Abgabenrückstände des Notars übersteigen. Trifft den Notar an den Rückständen kein Verschulden, so kann der Präsident nach Anhörung des Beirats anordnen, daß nur ein zur angemessenen ratenweisen Tilgung der Rückstände erforderlicher Teilbetrag der jeweiligen Versorgungsbezüge einbehalten und der Restbetrag ausbezahlt wird.

§ 11

Der Präsident kann nach Anhörung des Beirats und mit Genehmigung der Aufsichtsbehörde die satzungsmäßigen Versorgungsbezüge allgemein im gleichen Verhältnis herabsetzen, wenn die Verhältnisse der Notariatskasse dies notwendig machen. Die Aufsichtsbehörde kann eine solche Herabsetzung anordnen.

§ 12

Die im Zeitpunkte des Inkrafttretens dieser Satzung laufenden Versorgungsbezüge werden — unbeschadet des § 11 — in der bisherigen Höhe fortgewährt.

## 7. Rechtsverhältnisse der Notariatsbeamten in Bayern

VO. des RJM. v. 2. 7. 1937 (Deutsche Justiz S. 1028)

Auf Grund des § 84 Abs. II der Reichsnotarordnung vom 13. 2. 1937 (RGBl. I S. 191) wird für die Notariatsbeamten in Bayern mit Wirkung vom 1. 7. 1937 an bestimmt[1]):

I.

1. Für die Notariatsbeamten gelten das Deutsche Beamtengesetz und die Reichsdienststrafordnung[2]). Sie sind mittelbare Reichsbeamte[3]); die für Beamte der Justizverwaltung geltenden

[1]) Die hier erwähnte Ermächtigung, auf welche sich diese VO. stützt, beruht ihrerseits wieder auf der in Art. 5 des ersten Gesetzes zur Überleitung der Rechtspflege auf das Reich (s. S. 223) enthaltenen Ermächtigung des RMdJ. Die VO. hat daher den Charakter einer RechtsVO., obwohl sie nur in der DJ. bekanntgemacht ist, und schafft als solche zwingendes Reichsrecht, das, soweit es Ausnahmebestimmungen enthält, denen des DBG. und der RDStO. vorgeht.

[2]) Von einer Wiedergabe oder Erläuterung dieser Gesetze muß hier wegen Raummangels abgesehen werden. Es sei verwiesen auf die im gleichen Verlag erschienene Textausgabe dieser Gesetze mit Begründung und Erläuterungen von Krauthausen. — Hierzu gehören auch die zu diesen Gesetzen ergangenen Durchführungsbestimmungen, von denen bisher vorliegen die VO. zur Durchführung des DBG. vom 29. 6. 1937 (RGBl. I 669) und die VO. zur Durchführung der RDStO. vom gleichen Tage (RGBl. I 690).

[3]) Daher gelten für sie insbesondere die Bestimmungen der

Vorschriften der §§ 142 Abs. 2, 147 Abs. 3 des DBG.[4]) und des § 109 RDStO.[5]) gelten auch für sie. Ihr unmittelbarer Dienstherr[6]) ist die Bayerische Notariatskasse. Diese weist sie den Notaren in Bayern zur Dienstleistung zu[7]).

2. Der Notar, dem der Notariatsbeamte zur Dienstleistung zugewiesen ist, ist sein Dienstvorgesetzter[8]). Für die bei der Verwaltung der Notariatskasse beschäftigten Notariatsbeamten, die keinem Notar zur ständigen Dienstleistung zugewiesen sind[9]), ist Dienstvorgesetzter der Präsident der Notariatskasse.

3. Oberste Dienstbehörde im Sinne des DBG.[10]) ist der Präsident der Notariatskasse. Er kann sich die Ausübung von Zuständigkeiten des Dienstvorgesetzten im Sinne des DBG. selbst vorbehalten oder von seiner Genehmigung abhängig

§§ 151 ff. DBG. und die Bestimmungen in §§ 2, 35, 47, 48, 165 DBG. sowie § 112 Abs. 4 und 5 RDStO., die durch die folgenden Vorschriften der gegenwärtigen VO. ergänzt werden.

[4]) Zuständigkeit der ordentlichen Gerichte für vermögensrechtliche Ansprüche gegen die Beamten.

[5]) Besetzung der Dienststrafgerichte und des Dienststrafsenats; zuständig sind demnach nicht die allgemeinen Dienststrafgerichte bei den Verwaltungsgerichten, sondern die für richterliche Beamte gebildete Dienststrafkammer beim OLG. und der Dienststrafsenat beim RG.

[6]) Im Sinne des § 2 Abs. 2 DBG.

[7]) Die Notare sind verpflichtet, die ihnen zugewiesenen Beamten zu beschäftigen (§ 84 II letzter Satz).

[8]) Im Sinne der §§ 2 Abs. 5, 42, 46, 151 DBG., §§ 21, 27 RDStO. Letztere Bestimmungen kommen jedoch nicht in Betracht, da sie für Notariatsbeamte durch die folgenden Ziffern 4a und c, 5 abgeändert sind.

[9]) Dies sind insbesondere der vom Präsidenten der Notariatskasse zum ständigen, hauptamtlichen Mitglied des Personalamts bestellte Notariatsbeamte, der oder die Prüfungsbeamten, die vom Präsidenten zur Nachprüfung der Erfüllung der Abgabepflicht durch die Notare aus den Reihen der Notariatsbeamten gemäß § 84 III Abs. 6 bestellt sind, der Buchführer der Notariatskasse usw.

[10]) Im Sinne der §§ 2 Abs. 4, 151 DBG., nicht aber im Sinne der §§ 21, 112 RDStO. wegen der nachfolgenden Ziffern 4 und 5.

machen [11]). Die ihm nach Satz 1 und 2 obliegenden Aufgaben kann er dem Personalamt der Notariatskasse [12]) zur selbständigen Wahrnehmung übertragen; Versetzungen in ein anderes Amt, Beförderungen, Entlassungen und Versetzungen in den Ruhestand nimmt das Personalamt in ständigem Auftrage des Präsidenten vor [13]).

4. Im Sinne der RDStO. sind:

a) höhere Dienstvorgesetzte [14]):
der Landgerichtspräsident und der Oberlandesgerichtspräsident, deren Aufsicht der Notar untersteht,

b) Einleitungsbehörde [15]):
der nach a zuständige Oberlandesgerichtspräsident; für die

---

[11]) Dies wird in bezug auf alle diejenigen Angelegenheiten geschehen, deren einheitliche Handhabung für alle Notariatsbeamten zur Aufrechterhaltung geregelter Verhältnisse unerläßlich erscheint, soweit sie nicht ohnehin nachstehend dem Präsidenten und dem in seinem Auftrage handelnden Personalamt übertragen sind.

[12]) Über die Einrichtung des Personalamts enthält diese VO. nähere Bestimmungen nicht, s. aber Art. 5 der Satzung (S. 207), wo über die Besetzung des Personalamts bestimmt ist. Gegenüber dem früheren Personalamt ist seine Rechtsstellung grundsätzlich verändert; es ist nicht mehr eine selbständige Behörde in dem Sinne, daß es von der Verwaltung der Notariatskasse unabhängig wäre, sondern ein Organ des Präsidenten, dessen er sich jederzeit zur Regelung der Personalangelegenheiten bedienen kann und in bestimmten Angelegenheiten nach dieser Verordnung und der Satzung bedienen muß. Mit der durch Ziffer V dieser VO. aufgehobenen Notariatsbeamtenordnung ist auch die auf ihr beruhende bisherige Dienstordnung des Personalamts der bayerischen Notariatskasse (JMBl. n. F. II S. 323 und VI S. 29) aufgehoben. Die neue Dienstordnung erläßt der Präsident im Rahmen seiner gesetzlichen und satzungsmäßigen Befugnisse.

[13]) Gegen die Entscheidungen des Personalamts kann in jedem Falle die Entscheidung des Präsidenten angerufen werden.

[14]) §§ 21 und 27 RDStO.

[15]) §§ 29 und 112 RDStO.

in Nr. 2 Satz 2 bezeichneten Notariatsbeamten[16]) der Präsident des Oberlandesgerichts München,

c) oberste Dienstbehörde[17]):
der Reichsminister der Justiz.

5. Mit der Ermittlung des Sachverhalts im Verfahren nach § 75 Abs. 3 des DBG.[18]) ist ein Beamter der Justizverwaltung zu beauftragen. Der Präsident der Notariatskasse ersucht darum den Präsidenten des Landgerichts, in dessen Bezirk der Notariatsbeamte seinen Wohnsitz oder Aufenthalt hat.

6. Hat auf die Beschwerde gegen eine Dienststrafverfügung[19]) der Oberlandesgerichtspräsident entschieden, so findet eine weitere Beschwerde nicht statt[20]).

7. Verletzt ein Notariatsbeamter vorsätzlich oder fahrlässig seine Dienstpflicht, so haftet er dem Notar für den Schaden, der diesem daraus entsteht[21]).

---

[16]) Das heißt diejenigen, welche bei der Verwaltung der Notariatskasse beschäftigt sind (s. auch Fußnote 9).

[17]) §§ 21 und 112 RDStO.

[18]) Das Verfahren zur Feststellung der Dienstunfähigkeit eines Beamten, der die Versetzung in den Ruhestand nicht selbst beantragt.

[19]) Über die Dienststrafverfügung siehe insbesondere §§ 24ff., aber auch §§ 11, 97, 102, 112 RDStO. Es ist zu beachten, daß in keinem Falle der Notar, dem ein Beamter zur Dienstleistung zugewiesen ist, oder der Präsident der Notariatskasse zum Erlaß einer Dienststrafverfügung berechtigt ist, da beide nicht Dienstvorgesetzte im Sinne der RDStO. sind (siehe oben 4), sondern nur im Sinne des DBG.

[20]) Eine Anrufung des RMdJ. als oberster Dienstbehörde im Aufsichtswege und des Führers und Reichskanzlers mit der Bitte um Begnadigung (§ 104 RDStO.) ist dadurch nicht ausgeschlossen.

[21]) Die Bestimmung entspricht dem § 21 DBG. mit der Maßgabe, daß die Haftung nicht gegenüber dem obersten Dienstherrn, sondern gegenüber dem Notar besteht, dem ja der Schaden selbst erwächst, während er z. B. bei unmittelbaren Reichsbeamten dem Reiche erwächst (Art. 131 der Weimarer Verfassung, s. S. 252).

Die Vorschriften der §§ 827, 830, des § 840 Abs. 1, des § 852 Abs. 2 und des § 853 BGB.[22]) finden entsprechende Anwendung. Der Anspruch des Notars auf Schadensersatz verjährt in drei Jahren von dem Zeitpunkt an, in dem er von dem Schaden und der Person des ersatzpflichtigen Notariatsbeamten Kenntnis erlangt, ohne Rücksicht auf diese Kenntnis in 30 Jahren von der Begehung der Handlung an[23]). Fällt dem Notariatsbeamten nur Fahrlässigkeit zur Last, so entfällt seine Schadensersatzpflicht, soweit dem Notar die ihm obliegende Ersatzpflicht durch eine auf Kosten der Notariatskasse abgeschlossene Haftpflichtversicherung abgenommen wird[24]).

8. Ruhegehaltsfähig ist auch die Dienstzeit, die ein Notariatsbeamter nach Vollendung des 27. Lebensjahres als Notariatsgehilfe abgeleistet hat[25]).

II.

Für die Notariatsbeamten gelten die reichsrechtlichen

---

[22]) Siehe S. 237.

[23]) Gegensatz zum DBG., das von einer Verjährung überhaupt nicht spricht.

[24]) Das natürliche Gegenstück dazu, daß es nach § 84 III Abs. 2 f Aufgabe der Notariatskasse ist, für eine einheitliche Haftpflichtversicherung aller zu ihrem Wirkungskreis gehörenden Notare zu sorgen, wobei nach allgemeinem Versicherungsrecht kein Versicherungsschutz für vorsätzlich herbeigeführte Schäden gewährt werden kann. Die Ersatzpflicht des nur fahrlässig handelnden Beamten entfällt auch insoweit, als der geschädigte Notar es schuldhaft unterlassen hat, den ihm durch die Notariatskasse gewährten Versicherungsschutz überhaupt oder rechtzeitig oder in geeigneter Weise in Anspruch zu nehmen.

[25]) Die bayerischen Notariatsbeamten haben erst seit 1925 Beamteneigenschaft. Wie schon die bisherigen Bestimmungen, so sorgt nun diese Bestimmung dafür, daß ihnen ihre Tätigkeit als Notariatsgehilfen in früheren Zeiten bei der Festsetzung des Ruhegehalts angerechnet wird. Es handelt sich hier um eine Ausnahme von den allgemeinen beamtenrechtlichen Bestimmungen.

Vorschriften über die Besoldung[26]). Es erhalten die Beamten

| | | |
|---|---|---|
| der bayer. BesGr. | A 4a | (Notariatsoberinspektoren) die Bezüge der Reichsbesoldungsgruppe A 4b 1, |
| " " " | A 4b | (Notariatsinspektoren) die Bezüge der Reichsbesoldungsgruppe A 4c 2, |
| " " " " | A 7a | (Notariatssekretäre) die Bezüge der Reichsbesoldungsgruppe A 7a, |
| " " " | A 8a | (Notariatsassistenten) die Bezüge der Reichsbesoldungsgruppe A 8a, |
| " " " | A 9 | (Notariatsassistenten) die Bezüge der Reichsbesoldungsgruppe A 9. |

Die Rechnungsräte der bayerischen BesGr. A 3a und die Notariatsobersekretäre der bayer. BesGr. A 5a erhalten bis auf weiteres ihre Bezüge aus ihren bisherigen Besoldungsgruppen[27]); § 7 Abs. 1 bis 3 der Justizüberleitungsverordnung vom 15. 3. 1937 (RGBl. I S. 328) findet entsprechende Anwendung[28]).

Besoldungsdienstalter und Amtsbezeichnungen bleiben unverändert.

III.

Für die Notariatsbeamten gelten die reichsrechtlichen Vorschriften über Reisekostenvergütung[29]) und Umzugskosten[30]). Die Reisekostenvergütung bei auswärtigen Geschäften im Dienste des Notars trägt dieser.

---

[26]) Siehe Reichsbesoldungsgesetz nebst Änderungen, näher bezeichnet in Anm. 7 zu § 5, im übrigen die übersichtliche Zusammenstellung im bayerischen Notariatskalender für 1937 S. 370 bis 387.

[27]) Die Verhandlungen über deren Überleitung zwischen den mehreren beteiligten Ministerien sind noch nicht abgeschlossen; sie wird anläßlich der Aufstellung eines der nächsten Haushaltpläne der Notariatskasse nachträglich erfolgen.

[28]) Eine Minderung der Bezüge dieser Beamten findet demnach nicht statt.

[29]) Näheres s. Anm. 2 zu § 60.

[30]) Gesetz über die Umzugskosten der Beamten vom 3. 5. 1935 (RGBl. I 566), DurchführungsVO. hierzu vom 7. 5. 1935 (RBesoldBl. 35 S. 40), die Richtlinien hierzu (RBesoldBl. 35

IV.

1. Im übrigen sind die jeweils für die Beamten der Reichsjustizverwaltung geltenden Vorschriften auf die Notariatsbeamten sinngemäß anzuwenden. Zweifelsfragen, insbesondere über die Anwendung von Zuständigkeitsvorschriften, werden von mir im Verwaltungswege entschieden; die Entscheidung bindet Gerichte und Verwaltungsbehörden.

2. Der Präsident der Notariatskasse kann im Rahmen der geltenden Bestimmungen eine Personal- und Dienstordnung für die Notariatsbeamten erlassen. Sie bedarf meiner Genehmigung.

V.

Die Notariatsbeamtenordnung vom 4. 9. 1925 (bayer. JMBl. n. F. Bd. II S. 282) tritt außer Kraft [31]).

## 8. Erstes Gesetz zur Überleitung der Rechtspflege auf das Reich

Vom 16. Februar 1934

(RGBl. I S. 91)

(Auszug)

### Artikel 4

Notarielle Urkunden haben im gesamten Reichsgebiet dieselbe Wirksamkeit. Landesrechtliche Vorschriften, nach denen die Wirksamkeit einer notariellen Beurkundung oder Beglaubigung davon abhängig ist, daß die Beurkundung oder Beglaubigung von einem Notar des eigenen Landes oder eines bestimmten Landesteiles vorgenommen ist, treten außer Kraft.

---

S. 52) und die AV. des RMdJ. vom 1. 8. 1935 (DJ. S. 1116) nebst Änderungen vom 4. 3. 1936 (DJ. S. 404) und vom 1. 12. 1936 (DJ. S. 1818).

[31]) Mit ihr auch alle Nebenbestimmungen dazu, wie die Dienstordnung für das Personalamt, die Bekanntmachung über die Dienstanwärter, die Prüfungsordnung usw.

Artikel 5

Der Reichsminister der Justiz wird ermächtigt, alle Bestimmungen zu treffen, die durch den Übergang der Justizhoheit auf das Reich erforderlich werden.

## 9. Gesetz über Titel, Orden und Ehrenzeichen

Vom 1. Juli 1937

(RGBl. I S. 725)

(Auszug)

§ 6

Mit Gefängnis bis zu einem Jahr und mit Geldstrafe oder mit einer dieser Strafen wird bestraft,

a) wer unbefugt inländische oder ausländische Amts- oder Dienstbezeichnungen, Titel oder Würden führt. . . .

## 10. Reichsbürgergesetz

Vom 15. September 1935

(RGBl. I S. 1146)

§ 1

(1) Staatsangehöriger ist, wer dem Schutzverband des Deutschen Reiches angehört und ihm dafür besonders verpflichtet ist.

(2) Die Staatsangehörigkeit wird nach den Vorschriften des Reichs- und Staatsangehörigkeitsgesetzes erworben.

§ 2

(1) Reichsbürger ist nur der Staatsangehörige Deutschen oder artverwandten Blutes, der durch sein Verhalten beweist, daß er gewillt ist, in Treue dem Deutschen Volk und Reich zu dienen.

(2) Das Reichsbürgerrecht wird durch Verleihung des Reichsbürgerbriefes erworben.

(3) Der Reichsbürger ist der alleinige Träger der vollen politischen Rechte nach Maßgabe der Gesetze.

§ 3

Der Reichsminister des Innern erläßt im Einvernehmen mit dem Stellvertreter des Führers die zur Durchführung und Ergänzung des Gesetzes erforderlichen Rechts- und Verwaltungsvorschriften.

# 11. Erste Verordnung zum Reichsbürgergesetz

Vom 14. November 1935
(RGBl. I S. 1333)

§ 1

(1) Bis zum Erlaß weiterer Vorschriften über den Reichsbürgerbrief gelten vorläufig als Reichsbürger die Staatsangehörigen deutschen oder artverwandten Blutes, die beim Inkrafttreten des Reichsbürgergesetzes das Reichstagswahlrecht besessen haben, oder denen der Reichsminister des Innern im Einvernehmen mit dem Stellvertreter des Führers das vorläufige Reichsbürgerrecht verleiht.

(2) Der Reichsminister des Innern kann im Einvernehmen mit dem Stellvertrer des Führers das vorläufige Reichsbürgerrecht entziehen.

§ 2

(1) Die Vorschriften des § 1 gelten auch für die staatsangehörigen jüdischen Mischlinge.

(2) Jüdischer Mischling ist, wer von einem oder zwei der Rasse nach volljüdischen Großelternteilen abstammt, sofern er nicht nach § 5 Abs. 2 als Jude gilt. Als volljüdisch gilt ein Großelternteil ohne weiteres, wenn er der jüdischen Religionsgemeinschaft angehört hat.

§ 3

Nur der Reichsbürger kann als Träger der vollen politischen Rechte das Stimmrecht in politischen Angelegenheiten ausüben und ein öffentliches Amt bekleiden. Der Reichsminister des Innern oder die von ihm ermächtigte Stelle kann für die Übergangszeit Ausnahmen für die Zulassung zu öffentlichen Ämtern gestatten. Die Angelegenheiten der Religionsgesellschaften werden nicht berührt.

§ 4

(1) Ein Jude kann nicht Reichsbürger sein. Ihm steht ein Stimmrecht in politischen Angelegenheiten nicht zu; er kann ein öffentliches Amt nicht bekleiden.

............

§ 5

(1) Jude ist, wer von mindestens drei der Rasse nach volljüdischen Großeltern abstammt. § 2 Abs. 2 findet Anwendung.

(2) Als Jude gilt auch der von zwei volljüdischen Großeltern abstammende staatsangehörige jüdische Mischling,

a) der beim Erlaß des Gesetzes der jüdischen Religionsgesellschaft angehört hat oder darnach in sie aufgenommen wird,
b) der beim Erlaß des Gesetzes mit einem Juden verheiratet war oder sich darnach mit einem solchen verheiratet,
c) der aus einer Ehe mit einem Juden im Sinne des Abs. 1 stammt, die nach dem Inkrafttreten des Gesetzes zum Schutz des Deutschen Blutes und der Deutschen Ehre vom 15. September 1935 (RGBl. I S. 1146) geschlossen ist,
d) der aus dem außerehelichen Verkehr mit einem Juden im Sinn des Abs. 1 stammt und nach dem 1. Juli 1936 außerehelich geboren wird.

§ 7

Der Führer und Reichskanzler kann Befreiungen von den Vorschriften der Ausführungsverordnungen erteilen.

## 12. Gerichtsverfassungsgesetz

in der Fassung der Bekanntmachung vom 22. März 1924 (RGBl. I S. 229) nebst mehreren Änderungen

(Auszug)

§ 2

Die Fähigkeit zum Richteramt wird durch die Ablegung zweier Prüfungen erlangt.

Der ersten Prüfung muß ein dreijähriges Studium der Rechtswissenschaft auf einer Universität vorangehen. Von dem dreijährigen Zeitraum sind mindestens drei Halbjahre dem Studium auf einer deutschen Universität zu widmen.

Zwischen der ersten und zweiten Prüfung muß ein Zeitraum von drei Jahren liegen, welcher im Dienste bei den Gerichten und bei den Rechtsanwälten zu verwenden ist, auch zum Teil bei der Staatsanwaltschaft verwendet werden kann[1]).

[1]) Der bisherige § 3, betreffend die zeitweise Beschäftigung bei Verwaltungsbehörden nach Maßgabe landesrechtlicher

§ 4

Zum Richteramte befähigt ist ferner jeder ordentliche öffentliche Lehrer des Rechtes an einer deutschen Universität.

§ 71

(1) ........

(2) Die Landgerichte sind ohne Rücksicht auf den Wert des Streitgegenstandes ausschließlich zuständig:

1. ........
2. für die Ansprüche gegen Reichsbeamte wegen Überschreitung ihrer amtlichen Befugnisse oder wegen pflichtwidriger Unterlassung von Amtshandlungen.

.............

## 13. Reichsgesetz über die Angelegenheiten der freiwilligen Gerichtsbarkeit

Vom 17. Mai 1898

(Auszug)

§ 29

Die weitere Beschwerde kann bei dem Gericht erster Instanz, bei dem Landgericht oder bei dem Oberlandesgericht eingelegt werden. Erfolgt die Einlegung durch Einreichung einer Beschwerdeschrift, so muß diese von einem Rechtsanwalt unterzeichnet sein. Der Zuziehung eines Rechtsanwalts bedarf es nicht, wenn die Beschwerde von einer Behörde oder von einem Notar eingelegt wird, der in der Angelegenheit für den Beschwerdeführer einen Antrag bei dem Gericht erster Instanz gestellt hat.

§ 86

Hinterläßt ein Erblasser mehrere Erben, so hat das Nachlaßgericht auf Antrag die Auseinandersetzung in Ansehung des Nachlasses zwischen den Beteiligten zu vermitteln, sofern nicht ein zur Bewirkung der Auseinandersetzung berechtigter Testamentsvollstrecker vorhanden ist.

---

Bestimmungen ist gegenstandslos; es gilt jetzt einheitlich für das ganze Reich die Justizausbildungsordnung vom 22. Juli 1934 (RGBl. I S. 727).

Antragsberechtigt ist jeder Miterbe, der Erwerber eines Erbteils sowie derjenige, welchem ein Pfandrecht oder ein Nießbrauch an einem Erbteile zusteht.

## § 99

Nach der Beendigung einer ehelichen Gütergemeinschaft oder einer fortgesetzten Gütergemeinschaft finden auf die Auseinandersetzung in Ansehung des Gesamtgutes die Vorschriften der §§ 86 bis 98 entsprechend Anwendung.

Für die Auseinandersetzung ist, falls ein Anteil an dem Gesamtgute zu einem Nachlasse gehört, das Amtsgericht zuständig, welches für die Auseinandersetzung in Ansehung des Nachlasses zuständig ist. Im übrigen ist das Amtsgericht zuständig, in dessen Bezirke der Ehemann oder bei fortgesetzter Gütergemeinschaft der überlebende Ehegatte zur Zeit der Beendigung der Gütergemeinschaft seinen Wohnsitz oder in Ermangelung eines inländischen Wohnsitzes seinen Aufenthalt hatte. Hatte der Ehemann oder der Ehegatte zu der bezeichneten Zeit im Inlande weder Wohnsitz noch Aufenthalt, so finden die Vorschriften des § 73 Abs. 2 entsprechende Anwendung.

## § 100

In Ansehung eines Pfandrechts an einem im Schiffsregister eingetragenen Schiffe soll, soweit nicht das Gesetz ein anderes vorschreibt, eine Eintragung nur auf Antrag erfolgen. Der Zeitpunkt, in welchem der Antrag bei der Registerbehörde eingeht, soll auf dem Antrag genau vermerkt werden.

Antragsberechtigt ist jeder, dessen Recht von der Eintragung betroffen wird oder zu dessen Gunsten die Eintragung erfolgen soll. Die Vorschriften der §§ 14 bis 18 der Grundbuchordnung finden entsprechende Anwendung.

## § 124

Bei der Einlegung der weiteren Beschwerde[1]) durch Einreichung einer Beschwerdeschrift bedarf es der Zuziehung eines Rechtsanwalts nicht, wenn die Beschwerde von dem Notar eingelegt wird, der die zu der Eintragung erforderliche Erklärung beurkundet oder beglaubigt und im Namen eines Antragsberechtigten den Eintragungsantrag gestellt hat. Die Vorschrift des § 29 Abs. 1 Satz 3 bleibt unberührt.

---

[1]) In Angelegenheiten des Schiffspfandrechts.

§ 129

Ist die zu einer Eintragung[2]) erforderliche Erklärung von einem Notar beurkundet oder beglaubigt, so gilt dieser als ermächtigt, im Namen des zur Anmeldung Verpflichteten die Eintragung zu beantragen. Die Vorschriften des § 124 finden entsprechende Anwendung.

§ 147

Die Vorschriften der §§ 127 bis 131, 142, 143 finden auf die Eintragungen in das Genossenschaftsregister entsprechende Anwendung.

Eine in das Genossenschaftsregister eingetragene Genossenschaft kann gemäß den Vorschriften der §§ 142, 143 als nichtig gelöscht werden, wenn die Voraussetzungen vorliegen, unter denen nach den §§ 94, 95 des Gesetzes, betreffend die Erwerbs- und Wirtschaftsgenossenschaften, die Nichtigkeitsklage erhoben werden kann.

Ein in das Genossenschaftsregister eingetragener Beschluß der Generalversammlung einer Genossenschaft kann gemäß den Vorschriften der §§ 142, 143 als nichtig gelöscht werden, wenn er durch seinen Inhalt zwingende Vorschriften des Gesetzes verletzt und seine Beseitigung im öffentlichen Interesse erforderlich erscheint. ........

§ 159

Auf die Eintragungen in das Vereinsregister finden die Vorschriften der §§ 127 bis 130, 142, 143, auf das Verfahren bei der Verhängung von Ordnungsstrafen gegen Mitglieder des Vorstandes oder Liquidatoren eines eingetragenen Vereins finden die Vorschriften der §§ 127, 132 bis 139 entsprechende Anwendung.

§ 161

Auf die Eintragungen in das Güterrechtsregister finden die Vorschriften der §§ 127 bis 130, 142, 143 entsprechende Anwendung.

Von einer Eintragung sollen in allen Fällen beide Ehegatten benachrichtigt werden.

---

[2]) In Handelssachen.

## § 168

Für die gerichtliche und die notarielle Beurkundung eines Rechtsgeschäfts gelten, unbeschadet der Vorschriften des Bürgerlichen Gesetzbuchs über die Errichtung von Testamenten und Erbverträgen, die §§ 169 bis 182. Als Beteiligter im Sinne der §§ 169 bis 182 ist derjenige anzusehen, dessen Erklärung beurkundet werden soll.

## § 169

Ist ein Beteiligter nach der Überzeugung des Richters oder des Notars taub, blind, stumm oder sonst am Sprechen verhindert, so muß der Richter einen Urkundsbeamten der Geschäftsstelle oder zwei Zeugen, der Notar einen zweiten Notar oder zwei Zeugen zuziehen.

## § 170

Als Richter, Notar, Urkundsbeamter der Geschäftsstelle oder Zeuge kann bei der Beurkundung nicht mitwirken:

1. wer selbst Beteiligter ist sowie derjenige, für welchen ein Beteiligter als Vertreter handelt;
2. der Ehegatte eines Beteiligten, auch wenn die Ehe nicht mehr besteht;
3. wer mit einem Beteiligten in gerader Linie oder im zweiten Grade der Seitenlinie verwandt oder verschwägert ist;
4. wer zu demjenigen, für welchen ein Beteiligter als Vertreter handelt, in einem Verhältnisse der unter Nr. 2, 3 bezeichneten Art steht.

## § 171

Als Richter, Notar, Urkundsbeamter der Geschäftsstelle oder Zeuge kann bei der Beurkundung nicht mitwirken:

1. derjenige, zu dessen Gunsten in der Urkunde eine Verfügung getroffen wird;
2. wer zu demjenigen, zu dessen Gunsten in der Urkunde eine Verfügung getroffen wird, in einem Verhältnisse der im § 170 Nr. 2, 3 bezeichneten Art steht.

Die Mitwirkung einer hiernach ausgeschlossenen Person hat zur Folge, daß die Beurkundung insoweit nichtig ist, als sie eine Verfügung zugunsten einer der im Abs. 1 Nr. 1, 2 bezeichneten Personen zum Gegenstande hat.

§ 172

Als Urkundsbeamter der Geschäftsstelle oder zweiter Notar oder Zeuge kann bei der Beurkundung nicht mitwirken, wer zu dem Richter oder dem beurkundenden Notar in einem Verhältnisse der im § 170 Nr. 2, 3 bezeichneten Art steht.

§ 173

Als Zeuge soll bei der Beurkundung nicht mitwirken:

1. ein Minderjähriger;
2. wer der bürgerlichen Ehrenrechte für verlustig erklärt ist, während der Zeit, für welche die Aberkennung der Ehrenrechte erfolgt ist;
3. wer nach den Vorschriften der Strafgesetze unfähig ist, als Zeuge eidlich vernommen zu werden;
4. wer als Gesinde oder Gehilfe im Dienste des Richters oder des beurkundenden Notars steht.

§ 174

Die bei der Beurkundung mitwirkenden Personen müssen bei der Vorlesung, Genehmigung und Unterzeichnung der Urkunde zugegen sein.

§ 175

Über die Verhandlung muß ein Protokoll in deutscher Sprache aufgenommen werden.

§ 176

Das Protokoll muß enthalten:

1. Ort und Tag der Verhandlung;
2. die Bezeichnung der Beteiligten und der bei der Verhandlung mitwirkenden Personen;
3. die Erklärung der Beteiligten.

Wird in der Erklärung auf eine Schrift Bezug genommen, und diese dem Protokoll als Anlage beigefügt, so bildet sie einen Teil des Protokolls.

Das Protokoll soll eine Angabe darüber enthalten, ob der Richter oder der Notar die Beteiligten kennt oder, falls dies nicht der Fall ist, in welcher Weise er sich Gewißheit über ihre Persönlichkeit verschafft hat. Kann er sich diese Gewißheit nicht verschaffen, wird aber gleichwohl die Aufnahme der Verhandlung verlangt, so sollen der Sachverhalt und dasjenige, was zur Feststellung der Persönlichkeit beigebracht ist, in das Protokoll aufgenommen werden.

## § 177

Das Protokoll muß vorgelesen, von den Beteiligten genehmigt und von ihnen eigenhändig unterschrieben werden. Im Protokolle muß festgestellt werden, daß dies geschehen ist. Das Protokoll soll den Beteiligten auf Verlangen auch zur Durchsicht vorgelegt werden.

Erklärt ein Beteiligter, daß er nicht schreiben könne, so muß diese Erklärung im Protokolle festgestellt werden. Bei der Vorlesung und der Genehmigung muß der Richter oder der Notar einen Zeugen zuziehen. In den Fällen des § 169 bedarf es dieser Zuziehung nicht; das gleiche gilt, wenn in anderen Fällen ein Urkundsbeamter der Geschäftsstelle oder ein zweiter Notar zugezogen wird.

Das Protokoll muß von den mitwirkenden Personen unterschrieben werden.

## § 178

Ist nach der Überzeugung des Richters oder des Notars ein Beteiligter stumm oder sonst am Sprechen verhindert und eine schriftliche Verständigung mit ihm nicht möglich, so muß bei der Beurkundung ein vereideter Dolmetscher zugezogen werden.

Im Protokolle muß festgestellt werden, daß der Richter oder der Notar die Überzeugung gewonnen hat, daß der Beteiligte am Sprechen verhindert und eine schriftliche Verständigung mit ihm nicht möglich ist. Das Protokoll muß von dem Dolmetscher genehmigt und unterschrieben werden.

Der Zuziehung eines Zeugen, eines Gerichtsschreibers oder eines zweiten Notars bedarf es in diesem Falle nicht.

## § 179

Erklärt ein Beteiligter, daß er der deutschen Sprache nicht mächtig sei, so muß bei der Beurkundung ein vereideter Dolmetscher zugezogen werden. Der Zuziehung des Dolmetschers bedarf es nicht, wenn der Richter oder der Notar der Sprache, in der sich der Beteiligte erklärt, mächtig ist; die Beeidigung des Dolmetschers ist nicht erforderlich, wenn der Beteiligte darauf verzichtet.

Das Protokoll muß dem der deutschen Sprache nicht mächtigen Beteiligten durch den Dolmetscher oder, wenn ein Dolmetscher nicht zugezogen worden ist, durch den Richter oder den Notar in der fremden Sprache vorgetragen werden und die Feststellung enthalten, daß dies geschehen ist.

Im Protokolle muß festgestellt werden, daß der Beteiligte der deutschen Sprache nicht mächtig ist.

Der Dolmetscher muß das Protokoll unterschreiben.

Eine Beurkundung ist nicht aus dem Grund unwirksam, weil den Vorschriften des Abs. 1 zuwider die Zuziehung eines Dolmetschers unterblieben ist.

## § 180

Auf den Dolmetscher finden die nach den §§ 170 bis 173 für einen Zeugen geltenden Vorschriften entsprechende Anwendung.

## § 181

Bei der gerichtlichen oder notariellen Beurkundung von Versteigerungen gelten Bieter nicht als Beteiligte; ausgenommen sind solche Bieter, die an ihr Gebot gebunden bleiben. Entfernt sich ein solcher Bieter vor dem Schlusse der Verhandlung, so genügt an Stelle seiner Unterschrift die Angabe des Grundes, aus welchem sie unterblieben ist.

## § 182

Die Ausfertigung der Protokolle über die gerichtliche Beurkundung eines Rechtsgeschäfts ist von dem Urkundsbeamten der Geschäftsstelle zu unterschreiben und mit dem Gerichtssiegel zu versehen.

Auf Antrag können die Protokolle auch auszugsweise ausgefertigt werden.

## § 183

Die gerichtliche oder notarielle Beglaubigung einer Unterschrift darf nur erfolgen, wenn die Unterschrift in Gegenwart des Richters oder des Notars vollzogen oder anerkannt wird.

Die Beglaubigung geschieht durch einen unter die Unterschrift zu setzenden Vermerk. Der Vermerk muß die Bezeichnung desjenigen, welcher die Unterschrift vollzogen oder anerkannt hat, enthalten und den Ort und den Tag der Ausstellung angeben sowie mit Unterschrift und Siegel oder Stempel versehen sein.

Diese Vorschriften finden auf die gerichtliche oder notarielle Beglaubigung eines Handzeichens entsprechende Anwendung.

§ 184

Für die nach § 167 den Amtsgerichten obliegenden Verrichtungen sind in Ansehung solcher Personen, die zur Besatzung eines in Dienst gestellten Schiffes der Kaiserlichen Marine gehören oder die in anderer Eigenschaft an Bord eines solchen Schiffes sind, auch die Geschwaderauditeure zuständig, solange das Schiff sich außerhalb eines inländischen Hafens befindet. Den Schiffen stehen die sonstigen Fahrzeuge der Kaiserlichen Marine gleich.

Die Ausfertigung der Protokolle über die Beurkundung eines Rechtsgeschäfts ist von dem Auditeur zu unterschreiben und mit dem Gerichtssiegel zu versehen.

Die Vorschriften des Artikels 44 des Einführungsgesetzes zum Bürgerlichen Gesetzbuche bleiben unberührt.

§ 193

Unberührt bleiben die landesgesetzlichen Vorschriften, nach welchen für die gemäß § 99 den Amtsgerichten obliegenden Verrichtungen andere als gerichtliche Behörden zuständig sind, sowie die landesgesetzlichen Vorschriften, nach welchen in den Fällen der §§ 86, 99 an Stelle der Gerichte oder neben diesen die Notare die Auseinandersetzung zu vermitteln haben[3]).

## 14. Bürgerliches Gesetzbuch

Vom 18. August 1896

(Auszug)

§ 6

Entmündigt kann werden:

1. wer infolge von Geisteskrankheit oder von Geistesschwäche seine Angelegenheiten nicht zu besorgen vermag;
2. wer durch Verschwendung sich oder seine Familie der Gefahr des Notstandes aussetzt;

---

[3]) Siehe § 77 Abs. 3 RNO. nebst Verweisungen.

3. wer infolge von Trunksucht seine Angelegenheiten nicht zu besorgen vermag oder sich oder seine Familie der Gefahr des Notstandes aussetzt oder die Sicherheit anderer gefährdet.

Die Entmündigung ist wieder aufzuheben, wenn der Grund zur Entmündigung wegfällt.

### § 104

Geschäftsunfähig ist:

1. wer nicht das siebente Lebensjahr vollendet hat;
2. wer sich in einem die freie Willensbestimmung ausschließenden Zustande krankhafter Störung der Geistestätigkeit befindet, sofern nicht der Zustand seiner Natur nach ein vorübergehender ist;
3. wer wegen Geisteskrankheit entmündigt ist.

### § 114

Wer wegen Geistesschwäche, wegen Verschwendung oder wegen Trunksucht entmündigt oder wer nach § 1906 unter vorläufige Vormundschaft gestellt ist, steht in Ansehung der Geschäftsfähigkeit einem Minderjährigen gleich, der das siebente Lebensjahr vollendet hat.

### § 134

Ein Rechtsgeschäft, das gegen ein gesetzliches Verbot verstößt, ist nichtig, wenn sich nicht aus dem Gesetz ein anderes ergibt.

### § 249

Wer zum Schadensersatze verpflichtet ist, hat den Zustand herzustellen, der bestehen würde, wenn der zum Ersatze verpflichtende Umstand nicht eingetreten wäre. Ist wegen Verletzung einer Person oder wegen Beschädigung einer Sache Schadenersatz zu leisten, so kann der Gläubiger statt der Herstellung den dazu erforderlichen Geldbetrag verlangen.

### § 250

Der Gläubiger kann dem Ersatzpflichtigen zur Herstellung eine angemessene Frist mit der Erklärung bestimmen, daß er die Herstellung nach dem Ablaufe der Frist ablehne. Nach dem Ablaufe der Frist kann der Gläubiger den Ersatz in Geld verlangen, wenn nicht die Herstellung rechtzeitig erfolgt; der Anspruch auf die Herstellung ist ausgeschlossen.

§ 251

Soweit die Herstellung nicht möglich oder zur Entschädigung des Gläubigers nicht genügend ist, hat der Ersatzpflichtige den Gläubiger in Geld zu entschädigen.

Der Ersatzpflichtige kann den Gläubiger in Geld entschädigen, wenn die Herstellung nur mit unverhältnismäßigen Aufwendungen möglich ist.

§ 252

Der zu ersetzende Schaden umfaßt auch den entgangenen Gewinn. Als entgangen gilt der Gewinn, welcher nach dem gewöhnlichen Laufe der Dinge oder nach den besonderen Umständen, insbesondere nach den getroffenen Anstalten und Vorkehrungen, mit Wahrscheinlichkeit erwartet werden konnte.

§ 253

Wegen eines Schadens, der nicht Vermögensschaden ist, kann Entschädigung in Geld nur in den durch das Gesetz bestimmten Fällen gefordert werden.

§ 254

Hat bei der Entstehung des Schadens ein Verschulden des Beschädigten mitgewirkt, so hängt die Verpflichtung zum Ersatze sowie der Umfang des zu leistenden Ersatzes von den Umständen, insbesondere davon ab, inwieweit der Schaden vorwiegend von dem einen oder dem anderen Teile verursacht worden ist.

Dies gilt auch dann, wenn sich das Verschulden des Beschädigten darauf beschränkt, daß er unterlassen hat, den Schuldner auf die Gefahr eines ungewöhnlich hohen Schadens aufmerksam zu machen, die der Schuldner weder kannte noch kennen mußte, oder daß er unterlassen hat, den Schaden abzuwenden oder zu mindern. Die Vorschrift des § 278 findet entsprechende Anwendung.

§ 255

Wer für den Verlust einer Sache oder eines Rechtes Schadensersatz zu leisten hat, ist zum Ersatze nur gegen Abtretung der Ansprüche verpflichtet, die dem Ersatzberechtigten auf Grund des Eigentums an der Sache oder auf Grund des Rechtes gegen dritte zustehen.

§ 259

Wer verpflichtet ist, über eine mit Einnahmen oder Ausgaben verbundene Verwaltung Rechenschaft abzulegen, hat dem Berechtigten eine die geordnete Zusammenstellung der Einnahmen oder der Ausgaben enthaltende Rechnung mitzuteilen und, soweit Belege erteilt zu werden pflegen, Belege vorzulegen.

Besteht Grund zu der Annahme, daß die in der Rechnung enthaltenen Angaben über die Einnahmen nicht mit der erforderlichen Sorgfalt gemacht worden sind, so hat der Verpflichtete auf Verlangen den Offenbarungseid dahin zu leisten:

daß er nach bestem Wissen die Einnahmen so vollständig angegeben habe, als er dazu imstande sei.

In Angelegenheiten von geringer Bedeutung besteht eine Verpflichtung zur Leistung des Offenbarungseides nicht.

§ 421

Schulden mehrere eine Leistung in der Weise, daß jeder die ganze Leistung zu bewirken verpflichtet, der Gläubiger aber die Leistung nur einmal zu fordern berechtigt ist (Gesamtschuldner), so kann der Gläubiger die Leistung nach seinem Belieben von jedem der Schuldner ganz oder zu einem Teile fordern. Bis zur Bewirkung der ganzen Leistung bleiben sämtliche Schuldner verpflichtet.

§ 422

Die Erfüllung durch einen Gesamtschuldner wirkt auch für die übrigen Schuldner. Das gleiche gilt von der Leistung an Erfüllungs Statt, der Hinterlegung und der Aufrechnung.

Eine Forderung, die einem Gesamtschuldner zusteht, kann nicht von den übrigen Schuldnern aufgerechnet werden.

§ 423

Ein zwischen dem Gläubiger und einem Gesamtschuldner vereinbarter Erlaß wirkt auch für die übrigen Schuldner, wenn die Vertragschließenden das ganze Schuldverhältnis aufheben wollten.

§ 424

Der Verzug des Gläubigers gegenüber einem Gesamtschuldner wirkt auch für die übrigen Schuldner.

§ 823

Wer vorsätzlich oder fahrlässig das Leben, den Körper, die Gesundheit, die Freiheit, das Eigentum oder ein sonstiges Recht eines anderen widerrechtlich verletzt, ist dem anderen zum Ersatze des daraus entstehenden Schadens verpflichtet.

Die gleiche Verpflichtung trifft denjenigen, welcher gegen ein den Schutz eines anderen bezweckendes Gesetz verstößt. Ist nach dem Inhalte des Gesetzes ein Verstoß gegen dieses auch ohne Verschulden möglich, so tritt die Ersatzpflicht nur im Falle des Verschuldens ein.

§ 826

Wer in einer gegen die guten Sitten verstoßenden Weise einem anderen vorsätzlich Schaden zufügt, ist dem anderen zum Ersatze des Schadens verpflichtet.

§ 830

Haben mehrere durch eine gemeinschaftlich begangene unerlaubte Handlung einen Schaden verursacht, so ist jeder für den Schaden verantwortlich. Das gleiche gilt, wenn sich nicht ermitteln läßt, wer von mehreren Beteiligten den Schaden durch seine Handlung verursacht hat.

Anstifter und Gehilfen stehen Mittätern gleich.

§ 831

Wer einen anderen zu einer Verrichtung bestellt, ist zum Ersatze des Schadens verpflichtet, den der andere in Ausführung der Verrichtung einem Dritten widerrechtlich zufügt. Die Ersatzpflicht tritt nicht ein, wenn der Geschäftsherr bei der Auswahl der bestellten Person und, sofern er Vorrichtungen oder Gerätschaften zu beschaffen oder die Ausführung der Verrichtung zu leiten hat, bei der Beschaffung oder der Leitung die im Verkehr erforderliche Sorgfalt beobachtet oder wenn der Schaden auch bei Anwendung dieser Sorgfalt entstanden sein würde.

Die gleiche Verantwortlichkeit trifft denjenigen, welcher für den Geschäftsherrn die Besorgung eines der im Abs. 1 Satz 2 bezeichneten Geschäfte durch Vertrag übernimmt.

§ 839

Verletzt ein Beamter vorsätzlich oder fahrlässig die ihm einem Dritten gegenüber obliegende Amtspflicht, so hat er dem Dritten den daraus entstehenden Schaden zu ersetzen. Fällt dem Beamten nur Fahrlässigkeit zur Last, so kann er nur dann in Anspruch genommen werden, wenn der Verletzte nicht auf andere Weise Ersatz zu erlangen vermag.

Verletzt ein Beamter bei dem Urteil in einer Rechtssache seine Amtspflicht, so ist er für den daraus entstehenden Schaden nur dann verantwortlich, wenn die Pflichtverletzung mit einer im Wege des gerichtlichen Strafverfahrens zu verhängenden öffentlichen Strafe bedroht ist. Auf eine pflichtwidrige Verweigerung oder Verzögerung der Ausübung des Amtes findet diese Vorschrift keine Anwendung.

Die Ersatzpflicht tritt nicht ein, wenn der Verletzte vorsätzlich oder fahrlässig unterlassen hat, den Schaden durch Gebrauch eines Rechtsmittels abzuwenden.

## § 840

Sind für den aus einer unerlaubten Handlung entstehenden Schaden mehrere nebeneinander verantwortlich, so haften sie, vorbehaltlich der Vorschrift des § 835 Abs. 3, als Gesamtschuldner.

Ist neben demjenigen, welcher nach den §§ 831, 832 zum Ersatze des von einem andern verursachten Schadens verpflichtet ist, auch der andere für den Schaden verantwortlich, so ist in ihrem Verhältnisse zueinander der andere allein verpflichtet.

Ist neben demjenigen, welcher nach den §§ 833 bis 838 zum Ersatze des Schadens verpflichtet ist, ein Dritter für den Schaden verantwortlich, so ist in ihrem Verhältnisse zueinander der Dritte allein verpflichtet.

## § 852

Der Anspruch auf Ersatz des aus einer unerlaubten Handlung entstandenen Schadens verjährt in drei Jahren von dem Zeitpunkt an, in welchem der Verletzte von dem Schaden und der Person des Ersatzpflichtigen Kenntnis erlangt, ohne Rücksicht auf diese Kenntnis in dreißig Jahren von der Begehung der Handlung an.

Hat der Ersatzpflichtige durch die unerlaubte Handlung auf Kosten des Verletzten etwas erlangt, so ist er auch nach der Vollendung der Verjährung zur Herausgabe nach den Vorschriften über die Herausgabe einer ungerechtfertigten Bereicherung verpflichtet.

## § 853

Erlangt jemand durch eine von ihm begangene unerlaubte Handlung eine Forderung gegen den Verletzten, so kann der Verletzte die Erfüllung auch dann verweigern, wenn der Anspruch auf Aufhebung der Forderung verjährt ist.

## § 1589

Personen, deren eine von der anderen abstammt, sind in gerader Linie verwandt. Personen, die nicht in gerader Linie verwandt sind, aber von derselben dritten Person abstammen, sind in der Seitenlinie verwandt. Der Grad der Verwandtschaft bestimmt sich nach der Zahl der sie vermittelnden Geburten.

Ein uneheliches Kind und dessen Vater gelten nicht als verwandt.

## § 1590

Die Verwandten eines Ehegatten sind mit dem anderen Ehegatten verschwägert. Die Linie und der Grad der Schwägerschaft bestimmen sich nach der Linie und dem Grade der sie vermittelnden Verwandtschaft.

Die Schwägerschaft dauert fort, auch wenn die Ehe, durch die sie begründet wurde, aufgelöst ist.

## § 1906

Ein Volljähriger, dessen Entmündigung beantragt ist, kann unter vorläufige Vormundschaft gestellt werden, wenn das Vormundschaftsgericht es zur Abwendung einer erheblichen Gefährdung der Person oder des Vermögens des Volljährigen für erforderlich erachtet.

## § 1910

Ein Volljähriger, der nicht unter Vormundschaft steht, kann einen Pfleger für seine Person und sein Vermögen erhalten, wenn er infolge körperlicher Gebrechen, insbesondere weil er taub, blind oder stumm ist, seine Angelegenheiten nicht zu besorgen vermag.

Vermag ein Volljähriger, der nicht unter Vormundschaft steht, infolge geistiger oder körperlicher Gebrechen einzelne seiner Angelegenheiten oder einen bestimmten Kreis seiner Angelegenheiten, insbesondere seine Vermögensangelegenheiten, nicht zu besorgen, so kann er für diese Angelegenheiten einen Pfleger erhalten.

Die Pflegschaft darf nur mit Einwilligung des Gebrechlichen angeordnet werden, es sei denn, daß eine Verständigung mit ihm nicht möglich ist.

§ 1911

Ein abwesender Volljähriger, dessen Aufenthalt unbekannt ist, erhält für seine Vermögensangelegenheiten, soweit sie der Fürsorge bedürfen, einen Abwesenheitspfleger. Ein solcher Pfleger ist ihm insbesondere auch dann zu bestellen, wenn er durch Erteilung eines Auftrags oder einer Vollmacht Fürsorge getroffen hat, aber Umstände eingetreten sind, die zum Widerrufe des Auftrags oder der Vollmacht Anlaß geben.

Das gleiche gilt von einem Abwesenden, dessen Aufenthalt bekannt, der aber an der Rückkehr und der Besorgung seiner Vermögensangelegenheiten verhindert ist.

§ 2233

Zur Errichtung des Testaments muß der Richter einen Gerichtsschreiber oder zwei Zeugen, der Notar einen zweiten Notar oder zwei Zeugen zuziehen.

§ 2234

Als Richter, Notar, Gerichtsschreiber oder Zeuge kann bei der Errichtung des Testaments nicht mitwirken:

1. der Ehegatte des Erblassers, auch wenn die Ehe nicht mehr besteht;
2. wer mit dem Erblasser in gerader Linie oder im zweiten Grade der Seitenlinie verwandt oder verschwägert ist.

§ 2235

Als Richter, Notar, Gerichtsschreiber oder Zeuge kann bei der Errichtung des Testaments nicht mitwirken, wer in dem Testamente bedacht wird oder wer zu einem Bedachten in einem Verhältnisse der im § 2234 bezeichneten Art steht.

Die Mitwirkung einer hiernach ausgeschlossenen Person hat nur zur Folge, daß die Zuwendung an den Bedachten nichtig ist.

§ 2274

Der Erblasser kann einen Erbvertrag nur persönlich schließen.

§ 2275

Einen Erbvertrag kann als Erblasser nur schließen, wer unbeschränkt geschäftsfähig ist.

Ein Ehegatte kann als Erblasser mit seinem Ehegatten einen Erbvertrag schließen, auch wenn er in der Geschäftsfähigkeit beschränkt ist. Er bedarf in diesem Falle der Zustimmung seines gesetzlichen Vertreters; ist der gesetzliche Vertreter ein Vormund, so ist auch die Genehmigung des Vormundschaftsgerichts erforderlich.

Die Vorschriften des Abs. 2 gelten auch für Verlobte.

§ 2276

Ein Erbvertrag kann nur vor einem Richter oder vor einem Notar bei gleichzeitiger Anwesenheit beider Teile geschlossen werden. Die Vorschriften der §§ 2233 bis 2245 finden Anwendung; was nach diesen Vorschriften für den Erblasser gilt, gilt für jeden der Vertragschließenden.

Für einen Erbvertrag zwischen Ehegatten oder zwischen Verlobten, der mit einem Ehevertrag in derselben Urkunde verbunden wird, genügt die für den Ehevertrag vorgeschriebene Form.

## 15. Grundbuchordnung

In der Fassung der Bekanntmachung vom 5. August 1935 (RGBl. I S. 1073)

(Auszug)

§ 15

Ist die zu einer Eintragung erforderliche Erklärung von einem Notar beurkundet oder beglaubigt, so gilt dieser als ermächtigt, im Namen eines Antragsberechtigten die Eintragung zu beantragen.

§ 32

(1) Der Nachweis, daß der Vorstand einer Aktiengesellschaft aus den im Handelsregister eingetragenen Personen besteht, wird durch ein Zeugnis des Gerichts über die Eintragung geführt.

(2) Das gleiche gilt von dem Nachweis der Befugnis zur Vertretung einer offenen Handelsgesellschaft, einer Kommandit-

gesellschaft, einer Kommanditgesellschaft auf Aktien oder einer Gesellschaft mit beschränkter Haftung.

## § 33

Der Nachweis, daß zwischen Ehegatten Gütertrennung oder ein vertragsmäßiges Güterrecht besteht oder daß ein Gegenstand zum Vorbehaltsgut eines Ehegatten gehört, wird durch ein Zeugnis des Gerichts über die Eintragung des güterrechtlichen Verhältnisses im Güterrechtsregister geführt.

## § 36

(1) Soll bei einem zu einem Nachlaß oder zu dem Gesamtgut einer ehelichen oder fortgesetzten Gütergemeinschaft gehörenden Grundstück oder Erbbaurecht einer der Beteiligten als Eigentümer oder Erbbauberechtigter eingetragen werden, so genügt zum Nachweis der Rechtsnachfolge und der zur Eintragung des Eigentumsübergangs erforderlichen Erklärungen der Beteiligten ein Zeugnis des Nachlaßgerichts oder des nach § 99 Abs. 2[1]) des Reichsgesetzes über die Angelegenheiten der freiwilligen Gerichtsbarkeit zuständigen Amtsgerichts.

(2) Das Zeugnis darf nur ausgestellt werden, wenn

a) die Voraussetzungen für die Erteilung eines Erbscheins vorliegen oder der Nachweis der ehelichen Gütergemeinschaft durch öffentliche Urkunden erbracht ist und

b) die Abgabe der Erklärungen der Beteiligten in einer den Vorschriften der Grundbuchordnung entsprechenden Weise dem Nachlaßgericht oder dem nach § 99 Abs. 2[1]) des Reichsgesetzes über die Angelegenheiten der freiwilligen Gerichtsbarkeit zuständigen Amtsgericht nachgewiesen wird.

(3) Die Vorschriften über die Zuständigkeit zur Entgegennahme der Auflassung bleiben unberührt[2]).

## § 37

Die Vorschriften des § 36 sind entsprechend anzuwenden, wenn bei einer Hypothek, Grund- oder Rentenschuld, die zu einem Nachlaß oder zu dem Gesamtgut einer ehelichen oder fortgesetzten Gütergemeinschaft gehört, einer der Beteiligten als neuer Gläubiger eingetragen werden soll.

---

[1]) Siehe S. 227.

[2]) Siehe § 77 Abs. 1 und 2 nebst Verweisungen.

§ 80

(1) Die weitere Beschwerde kann bei dem Grundbuchamte, dem Landgericht oder bei dem Oberlandesgericht eingelegt werden. Wird sie durch Einreichung einer Beschwerdeschrift eingelegt, so muß diese von einem Rechtsanwalt unterzeichnet sein. Der Zuziehung eines Rechtsanwalts bedarf es nicht, wenn die Beschwerde von einer Behörde oder von dem Notar eingelegt wird, der nach § 15 den Eintragungsantrag gestellt hat.

## 16. Erbhofverfahrensordnung

(EHVfO.)

vom 21. Dezember 1936 (RGBl. I S. 1082)

(Auszug)

§ 14

(1) ............

(2) Personen, die nicht arischer Abstammung im Sinne des § 1a des Reichsbeamtengesetzes sind, oder die, ohne Rechtsanwalt zu sein, das Verhandeln vor Gericht geschäftsmäßig betreiben, sind vor den Anerbenbehörden als Beistände oder Prozeßbevollmächtigte ausgeschlossen. Werden von diesen Personen schriftliche Eingaben eingereicht, so soll der Vorsitzende oder das Gericht sie zurückweisen; das gleiche gilt für Eingaben, die von einem andern eingereicht, aber von diesen Personen angefertigt sind. Im übrigen finden die Vorschriften des § 157 Abs. 1 Satz 2, Abs. 2 der Zivilprozeßordnung in der Fassung der Bekanntmachung vom 8. November 1933 (Reichsgesetzbl. I S. 821) entsprechende Anwendung.

§ 24

Form und Zulässigkeit der sofortigen weiteren Beschwerde

(1) Die sofortige weitere Beschwerde an das Reichserbhofgericht (§ 49 des Gesetzes) muß von einem Rechtsanwalt unterzeichnet sein. Dies gilt nicht für die Beschwerde des Landesbauernführers (§ 49 Abs. 2 des Gesetzes).

### § 64

**Antragsrecht des Notars**

(1) Ist ein Rechtsgeschäft, das der Zustimmung oder Genehmigung des Anerbengerichts bedarf, von einem Notar beurkundet oder beglaubigt worden, so gilt der Notar als ermächtigt, im Namen eines Antragsberechtigten die Entscheidung des Anerbengerichts zu beantragen; dies gilt entsprechend, wenn ein vom Notar gefertigter Entwurf der späteren rechtsgeschäftlichen Erklärungen dem Antrag zugrunde liegt.

(2) Anträgen und Eingaben, die der Notar in diesen Sachen an die Anerbenbehörden richtet, stehen die Vorschriften des § 14 Abs. 2 dieser Verordnung, mit Ausnahme der die arische Abstammung betreffenden, nicht entgegen.

### § 65

**Beschwerdeeinlegung durch den Notar**

Zur Einlegung der sofortigen weiteren Beschwerde an das Reichserbhofgericht (§ 24 Abs. 1 dieser Verordnung) bedarf es der Zuziehung eines Rechtsanwalts nicht, wenn die Beschwerde von einem Notar eingelegt wird, der in der Angelegenheit für den Beschwerdeführer unter den Voraussetzungen des § 64 einen Antrag beim Anerbengericht gestellt hat.

## 17. Strafgesetzbuch

für das Deutsche Reich

(Auszug)

### § 139

Wer von dem Vorhaben eines Hochverrats, Landesverrats, Münzverbrechens, Mordes, Raubes, Menschenraubes oder eines gemeingefährlichen Verbrechens zu einer Zeit, in welcher die Verhütung des Verbrechens möglich ist, glaubhafte Kenntnis

---

[1]) Hoch- und Landesverrat.

erhält und es unterläßt, hiervon der Behörde oder der durch das Verbrechen bedrohten Person zur rechten Zeit Anzeige zu machen, ist, wenn das Verbrechen oder ein strafbarer Versuch desselben begangen worden ist, mit Gefängnis zu bestrafen.

## § 300

...... Notare ...... sowie die Gehilfen dieser Personen werden, wenn sie unbefugt Privatgeheimnisse offenbaren, die ihnen kraft ihres Amtes, Standes oder Gewerbes anvertraut sind, mit Geldstrafe bis zu 1500 Mark oder mit Gefängnis bis zu drei Monaten bestraft.

Die Verfolgung tritt nur auf Antrag ein.

## § 353 b

Ein Beamter oder früherer Beamter, der unbefugt ein ihm bei Ausübung seines Amtes anvertrautes oder zugänglich gewordenes Geheimnis offenbart und dadurch wichtige öffentliche Interessen gefährdet, wird mit Gefängnis, in besonders schweren Fällen mit Zuchthaus bis zu 10 Jahren bestraft; hat der Täter mit der eingetretenen Gefährdung fahrlässig nicht gerechnet, so ist auf Gefängnis bis zu 2 Jahren oder auf Geldstrafe zu erkennen.

Einem Beamten steht eine für eine Behörde tätige Person gleich, die auf die gewissenhafte Erfüllung ihrer Dienstpflicht durch Handschlag oder zur Verschwiegenheit besonders verpflichtet worden ist.

Der Versuch ist strafbar.

Die Tat wird nur mit Zustimmung der dem Täter vorgesetzten Behörde, und, wenn er nicht mehr in seinem Amt oder seiner Stellung ist, mit Zustimmung der letzten vorgesetzten Behörde verfolgt. Die Verfolgung von Personen, die zur Verschwiegenheit besonders verpflichtet worden sind, tritt nur auf Anordnung des Reichsministers der Justiz ein.

## § 359

Unter Beamten im Sinne dieses Strafgesetzes sind zu verstehen . . . . , ingleichen Notare . . . .

# 18. Strafprozeßordnung

in der ab 1. September 1935 geltenden Fassung

(Auszug)

## § 52

### Zeugnisverweigerungsrecht

(1) Zur Verweigerung des Zeugnisses sind berechtigt:

1. der Verlobte des Beschuldigten;
2. der Ehegatte des Beschuldigten, auch wenn die Ehe nicht mehr besteht;
3. wer mit dem Beschuldigten in gerader Linie verwandt, verschwägert oder durch Annahme an Kindes Statt verbunden oder in der Seitenlinie bis zum dritten Grade verwandt oder bis zum zweiten Grade verschwägert ist, auch wenn die Ehe, durch welche die Schwägerschaft begründet ist, nicht mehr besteht.

(2) Die bezeichneten Personen sind vor jeder Vernehmung über ihr Recht zur Verweigerung des Zeugnisses zu belehren. Sie können den Verzicht auf dieses Recht auch während der Vernehmung widerrufen.

## § 53

(1) Zur Verweigerung des Zeugnisses sind ferner berechtigt:

1. ............
2. ............
3. Rechtsanwälte und Ärzte über das, was ihnen bei Ausübung ihres Berufs anvertraut ist;
4. ............

(2) Die unter Nr. 2, 3 bezeichneten Personen dürfen das Zeugnis nicht verweigern, wenn sie von der Verpflichtung zur Verschwiegenheit entbunden sind.

## § 112

### Zulässigkeit der Untersuchungshaft

(1) Der Angeschuldigte darf nur dann in Untersuchungshaft genommen werden, wenn dringende Verdachtsgründe gegen ihn vorhanden sind und entweder er der Flucht verdächtig ist oder Tatsachen vorliegen, aus denen zu schließen ist, daß er Spuren der Tat vernichten oder daß er Zeugen dazu verleiten werde, sich der Zeugnispflicht zu entziehen, oder daß er die

Freiheit zu neuen strafbaren Handlungen mißbrauchen werde oder wenn es mit Rücksicht auf die Schwere der Tat und die durch sie hervorgerufene Erregung der Öffentlichkeit nicht erträglich wäre, den Angeschuldigten in Freiheit zu lassen. Diese Tatsachen sind aktenkundig zu machen.

(2) Der Verdacht der Flucht bedarf keiner weiteren Begründung:

1. wenn ein Verbrechen den Gegenstand der Untersuchung bildet;
2. wenn der Angeschuldigte ein Heimatloser oder Landstreicher oder nicht imstande ist, sich über seine Person auszuweisen;
3. wenn der Angeschuldigte ein Ausländer ist und begründeter Zweifel besteht, daß er sich auf Ladung vor Gericht stellen und dem Urteile Folge leisten werde.

## 19. Zivilprozeßordnung

in der Fassung der Bekanntmachung vom 8. November 1933 (RGBl. I S. 821)

(Auszug)

### § 383

Zur Verweigerung des Zeugnisses sind berechtigt:

1. ............
2. ............
3. ............
4. ............
5. Personen, welchen kraft ihres Amtes, Standes oder Gewerbes Tatsachen anvertraut sind, deren Geheimhaltung durch die Natur derselben oder durch gesetzliche Vorschrift geboten ist, in betreff der Tatsachen, auf welche die Verpflichtung zur Verschwiegenheit sich bezieht. ............

### § 385

............ Die im § 383 Nr. 4, 5 bezeichneten Personen dürfen das Zeugnis nicht verweigern, wenn sie von der Verpflichtung zur Verschwiegenheit entbunden sind.

§ 547

Ohne Rücksicht auf den Wert des Beschwerdegegenstandes findet die Revision statt:

1. ............
2. in den Rechtsstreitigkeiten über Ansprüche, für welche die Landgerichte ohne Rücksicht auf den Wert des Streitgegenstandes ausschließlich zuständig sind[1]).

§ 797

(1) ............

(2) Die vollstreckbare Ausfertigung notarieller Urkunden wird von dem Notar erteilt, welcher die Urkunde verwahrt. Befindet sich die Urkunde in der Verwahrung einer Behörde, so hat diese die vollstreckbare Ausfertigung zu erteilen.

(3) Die Entscheidung über Einwendungen, welche die Zulässigkeit der Vollstreckungsklausel betreffen, sowie die Entscheidung über Erteilung einer weiteren vollstreckbaren Ausfertigung erfolgt bei gerichtlichen Urkunden von dem im ersten Absatz bezeichneten Gerichte, bei notariellen Urkunden von dem Amtsgerichte, in dessen Bezirke der im zweiten Absatz bezeichnete Notar oder die daselbst bezeichnete Behörde den Amtssitz hat.

(4) ............

(5) ............

## 20. Reichsabgabenordnung

Vom 22. Mai 1931

(RGBl. I S. 161)

In der Fassung des Urkundensteuergesetzes vom 5. Mai 1936

(Auszug)

§ 188

(1) Die Reichs-, Staats- und Gemeindebehörden, die Beamten und Notare sowie die Verbände und Vertretungen von Betriebs- und Berufszweigen haben den Finanzämtern jede zur Durchführung der Besteuerung und der den Finanzämtern obliegenden Prüfung und Aufsicht dienliche Hilfe zu leisten,

[1]) Siehe § 71 Abs. 2 Nr. 2 GVG. S. 226.

insbesondere Einsicht in ihre Bücher, Verhandlungen, Listen und Urkunden zu gewähren.............

## § 189

Sämtliche Behörden, Beamten und Notare haben Steuerzuwiderhandlungen, die sie dienstlich erfahren, den Finanzämtern mitzuteilen.............

## § 189a

(1) Die Behörden, Beamten und Notare haben dem Finanzamt Anzeige zu erstatten über diejenigen Beurkundungen, Zeugnisse und Anordnungen, die für die Festsetzung einer Erbschaftsteuer (Schenkungssteuer) von Bedeutung sein können.

(2) Insbesondere haben anzuzeigen:

1. .............
2. .............
3. Die Gerichte und Notare:
   die eröffneten Verfügungen von Todes wegen, die abgewickelten Erbauseinandersetzungen und die beurkundeten Schenkungen und Zweckzuwendungen.

(3) Die Anzeigen sind an das für die Verwaltung der Erbschaftssteuer zuständige Finanzamt zu richten.

## § 189b

(1) Die Behörden, Beamten und Notare haben dem Finanzamt Anzeige zu erstatten über:

1. Rechtsvorgänge, die sie beurkundet oder über die sie eine Urkunde entworfen und eine Unterschrift beglaubigt haben:
   wenn die Rechtsvorgänge unter das Grunderwerbsteuergesetz oder das Kapitalverkehrsteuergesetz fallen;
2. Anträge auf Berichtigung des Grundbuchs, die sie beurkundet oder über die sie eine Urkunde entworfen und eine Unterschrift beglaubigt haben:
   wenn der Berichtigungsantrag darauf gestützt wird, daß bei einem Grundstück der Eigentümer oder bei einem grundstücksgleichen Recht der Berechtigte gewechselt hat;
3. .............

(2) Die Anzeigen (Absatz 1) sind auch dann zu erstatten, wenn es sich handelt um:

1. Rechtsvorgänge (Absatz 1 Ziffer 1), die von der Besteuerung ausgenommen sind;
2. Berichtigungsanträge (Absatz 1 Ziffer 2), ............, die sich auf einen von der Besteuerung ausgenommenen Übergang des Eigentums oder eines grundstücksgleichen Rechts beziehen.

(3) Die Anzeigen sind zu richten:

1. soweit sie einen Rechtsvorgang, der unter das Grunderwerbsteuergesetz fällt, einen Antrag auf Berichtigung des Grundbuchs ............ betreffen:
   an das für die Verwaltung der Grunderwerbsteuer zuständige Finanzamt, in dessen Bezirk das Grundstück (der wertvollste Teil des Grundstücks) belegen ist;
2. soweit sie einen Rechtsvorgang betreffen, der unter das Kapitalverkehrsteuergesetz fällt:
   an das für die Verwaltung der Kapitalverkehrsteuern zuständige Finanzamt.

(4) ............

## § 189 c

(1) Die Behörden, Beamten und Notare dürfen Urkunden, die einen unter das Grunderwerbsteuergesetz oder das Kapitalverkehrsteuergesetz fallenden anzeigepflichtigen Rechtsvorgang oder einen anzeigepflichtigen Antrag auf Berichtigung des Grundbuchs betreffen, den Beteiligten erst dann aushändigen und Ausfertigungen oder beglaubigte Abschriften solcher Urkunden den Beteiligten erst dann erteilen, wenn das Finanzamt den Empfang der Anzeige bestätigt oder sich mit der Aushändigung der Urkunden oder mit Erteilung der Ausfertigungen oder beglaubigten Abschriften einverstanden erklärt hat.

(2) Die Behörden, Beamten und Notare dürfen Urkunden, die einen nach dem Urkundensteuergesetz steuerpflichtigen Rechtsvorgang betreffen oder nach dem Urkundensteuergesetz steuerpflichtig sind, den Beteiligten erst dann aushändigen und Ausfertigungen oder beglaubigte Abschriften solcher Urkunden den Beteiligten erst dann erteilen, wenn die Urkundensteuer entrichtet worden ist oder das Finanzamt sich mit Aushändigung der Urkunden oder mit Erteilung der Ausfertigungen oder beglaubigten Abschriften einverstanden erklärt hat.

(3) Die Absätze 1 und 2 gelten nur für diejenigen Urkunden, die die Behörde, der Beamte oder der Notar errichtet oder die er entworfen und bei denen er eine Unterschrift beglaubigt hat. Der Absatz 2 gilt nicht für Verfügungen von Todes wegen.

### § 189 d

(1) Der Erwerber eines Grundstücks oder grundstücksgleichen Rechts darf in das Grundbuch erst dann eingetragen werden, wenn eine Bescheinigung des Finanzamts vorgelegt wird, daß der Eintragung steuerliche Bedenken nicht entgegenstehen.

(2) Eine Kapitalgesellschaft oder ihre Kapitalerhöhung (bei Aktiengesellschaften und Kommanditgesellschaften auf Aktien die Durchführung der Erhöhung) darf in das Handelsregister erst dann eingetragen werden, wenn eine Bescheinigung des Finanzamts vorgelegt wird, daß der Eintragung steuerliche Bedenken nicht entgegenstehen.

(3) Das Finanzamt hat die Bestätigung zu erteilen, wenn die Grunderwerbsteuer und die Kapitalverkehrsteuern entrichtet worden oder gestundet sind oder wenn Steuerfreiheit gegeben ist.

## 21. Wechselsteuergesetz

Vom 12. Juli 1930 (RGBl. I S. 219)

mit verschiedenen Änderungen

(Auszug)

### § 18

(1) ............ Notare ............ sind verpflichtet, die Versteuerung der bei ihnen vorkommenden Wechsel, Schecks und Anweisungen von Amts wegen zu prüfen[1]).

(2) Auf der nach der Wechselordnung zurückzubehaltenden Abschrift des Protestes ist zu vermerken, welche Wechselsteuer zu der protestierten Urkunde entrichtet ist. Ist keine Steuer entrichtet, so ist dies zu vermerken.

---

[1]) Siehe hierzu §§ 188, 189 RAbgO. S. 248.

## 22. Die Verfassung des Deutschen Reiches

Vom 11. August 1919 (RGBl. I S. 1383)

(Auszug)

### Artikel 131

Verletzt ein Beamter in Ausübung der ihm anvertrauten öffentlichen Gewalt die ihm einem Dritten gegenüber obliegende Amtspflicht, so trifft die Verantwortlichkeit grundsätzlich den Staat oder die Körperschaft, in deren Dienste der Beamte steht. Der Rückgriff gegen den Beamten bleibt vorbehalten. Der ordentliche Rechtsweg darf nicht ausgeschlossen werden.

Die nähere Regelung liegt der zuständigen Gesetzgebung ob.

## 23. Konkursordnung

In der Fassung der Bekanntmachung vom 20. Mai 1898 (RGBl. S. 230, 612)

(Auszug)

### § 6

Mit der Eröffnung des Verfahrens verliert der Gemeinschuldner die Befugnis, sein zur Konkursmasse gehöriges Vermögen zu verwalten und über dasselbe zu verfügen.

Das Verwaltungs- und Verfügungsrecht wird durch einen Konkursverwalter ausgeübt.

### § 106

Das Gericht kann[1]) die zwangsweise Vorführung und die Haft des Schuldners anordnen. Dasselbe kann alle zur Sicherung der Masse dienenden einstweiligen Anordnungen treffen. Es kann insbesondere ein allgemeines Veräußerungsverbot an den Schuldner erlassen. ............

---

[1]) Im Eröffnungsverfahren.

## 24. Vergleichsordnung

Vom 20. Februar 1935 (RGBl. I S. 321)

(Auszug)

### § 12

Das Gericht hat[1]) alle Maßnahmen zu treffen, die erforderlich erscheinen, um eine den Gläubigern nachteilige Veränderung in der Vermögenslage des Schuldners bis zur Entscheidung über den Antrag zu verhüten. Es kann insbesondere dem Schuldner Verfügungsbeschränkungen auferlegen. ............

### § 58

Das Gericht kann jederzeit von Amts wegen oder auf Antrag des Vergleichsverwalters, eines Mitglieds des Gläubigerbeirats oder eines Vergleichsgläubigers dem Schuldner Verfügungsbeschränkungen auferlegen. ............

### § 59

Die Verfügungsbeschränkungen können darin bestehen, daß an den Schuldner ein allgemeines Veräußerungsverbot erlassen wird, oder daß dem Schuldner die Verfügung über einzelne Vermögensgegenstände verboten wird. ............

## 25. Gesetz über Aktiengesellschaften und Kommanditgesellschaften auf Aktien (Aktiengesetz)

Vom 30. Januar 1937 (RGBl. I S. 107)

(Auszug)

### § 97

**Vertretung der Gesellschaft**

(1) Der Aufsichtsrat ist befugt, die Gesellschaft bei der Vornahme von Rechtsgeschäften mit den Vorstandsmitgliedern zu vertreten und gegen diese die von der Hauptversammlung beschlossenen Rechtsstreitigkeiten zu führen.

---

[1]) Im Eröffnungsverfahren.

(2) Der Aufsichtsrat kann, wenn die Verantwortlichkeit eines seiner Mitglieder in Frage kommt, ohne und selbst gegen den Beschluß der Hauptversammlung gegen die Vorstandsmitglieder klagen.

§ 199

(1) . . . . . . . . . . . .

(2) Die Klage ist gegen die Gesellschaft zu richten. Die Gesellschaft wird durch Vorstand und Aufsichtsrat und, wenn der Vorstand klagt, durch den Aufsichtsrat vertreten.

## 26. Satzung der Reichsnotarkammer

Bekanntmachung des Reichsministers der Justiz vom 30. 7. 1937 — Deutsche Justiz S. 1170.

### Artikel 1

Die Dienststellen der Notarkammer haben ihren Sitz an dem Ort des Oberlandesgerichts, für dessen Bezirk sie gebildet sind; der Reichsminister der Justiz kann im Einzelfall etwas anderes bestimmen.

### Artikel 2

Der Beirat der Reichsnotarkammer soll in jedem Geschäftsjahr wenigstens einmal am Sitze der Reichsnotarkammer zusammentreten. Der Präsident der Reichsnotarkammer hat den Beirat ferner zu einer Sitzung einzuberufen, wenn der Reichsminister der Justiz dieses verlangt.

Von jeder Sitzung des Beirats hat der Präsident der Reichsnotarkammer den Reichsminister der Justiz rechtzeitig unter Mitteilung des Gegenstandes der Beratungen schriftlich zu benachrichtigen. Der Reichsminister der Justiz kann zu den Beratungen einen Vertreter entsenden; diesem ist auf Verlangen jederzeit das Wort zu erteilen.

### Artikel 3

Der Erlaß einer Geschäftsordnung und ihre Abänderung bedarf der Bestätigung des Reichsministers der Justiz.

Das gleiche gilt für den Erlaß von Richtlinien und allgemeinen Weisungen.

### Artikel 4

Die Übernahme eines Ehrenamtes bei der Reichsnotarkammer und die Führung dieses Amtes ist eine Amtspflicht des Notars. Die Berufung in ein Ehrenamt darf nur ablehnen, wer das 60. Lebensjahr vollendet hat; ferner, wer die letzten vier Jahre lang ein Ehrenamt bei der Reichsnotarkammer innegehabt hat, für die Dauer der nächsten vier Jahre.

### Artikel 5

Die Pflichten, welche den Notaren und den Notariatsassessoren nach der Reichsnotarordnung gegenüber den Organen der Reichsnotarkammer obliegen, sind allgemeine Dienstpflichten.

### Artikel 6

Das Rechnungsjahr beginnt mit dem 1. 4. und endet mit dem 31. 3.

Alle Einnahmen und Ausgaben der Reichsnotarkammer müssen für jedes Rechnungsjahr veranschlagt und in den Haushaltplan eingestellt werden.

Die Präsidenten der Notarkammern reichen nach näherer Weisung des Präsidenten der Reichsnotarkammer spätestens bis zum 1. 11. jeden Jahres der Reichsnotarkammer einen Vorschlag über die innerhalb ihres Geschäftsbereichs im nächsten Rechnungsjahre zu erwartenden Einnahmen und Ausgaben ein.

Der Präsident der Reichsnotarkammer oder sein Beauftragter prüft die Voranschläge, veranlaßt die etwa erforderlichen Berichtigungen und faßt die Voranschläge mit den sonstigen im nächsten Rechnungsjahre zu erwartenden Einnahmen und Ausgaben der Reichsnotarkammer zu einem Gesamtvorschlag zusammen. Bei Bemessung der Beiträge der Notare hat er auf ihre wirtschaftliche Lage Rücksicht zu nehmen; die Beiträge können angemessen gestaffelt werden.

Nach gutachtlicher Anhörung des Beirats stellt der Präsident der Reichsnotarkammer die Entwürfe des Haushaltplans und der Beitragsfestsetzung auf und legt beide bis spätestens 1. 2. dem Reichsminister der Justiz vor.

Nach Maßgabe der von den zuständigen Reichsministern erteilten Genehmigung (§ 4 des Ges. zur Erhaltung und Hebung der Kaufkraft vom 24. 3. 1934 — RGBl. I S. 235 —) setzt der Präsident der Reichsnotarkammer den Haushaltplan und die Beiträge endgültig fest.

## Artikel 7

Die Präsidenten der Notarkammern dürfen Ausgaben nur im Rahmen der ihnen auf Grund des Haushaltplans zugewiesenen Mittel leisten. Auch soweit ihnen danach Mittel zur Verfügung stehen, dürfen sie Miet-, Pacht-, Dienst- und Arbeitsverträge von längerer als zweijähriger Dauer und Versicherungsverträge aller Art nur mit ausdrücklicher schriftlicher Ermächtigung des Präsidenten der Reichsnotarkammer abschließen.

## Artikel 8

Nach Abschluß des Rechnungsjahres hat der Präsident der Reichsnotarkammer über alle Einnahmen und Ausgaben des abgeschlossenen Rechnungsjahres Rechnung zu legen (Haushaltsrechnung).

Die Haushaltsrechnung wird vom Beirat vorgeprüft, die endgültige Prüfung obliegt dem Rechnungshof des Deutschen Reiches.

## Artikel 9

Zur Sicherstellung von Mitteln für die Gewährleistung der Bezüge der Assessoren im Probe- und Anwärterdienst und für die Besoldung der Notarverweser sammelt die Reichsnotarkammer einen besonderen Fonds an. Welche Beträge dem Fonds zufließen, bestimmt der Haushaltsplan.

Die Zahlung der Bezüge an einen Assessor wird, soweit sie der Notar nicht leisten kann, durch einen im Einzelfall festzusetzenden Zuschuß gewährleistet, den die Reichsnotarkammer dem Notar zugunsten des Assessors zahlt.

## Artikel 10

Die Reichsnotarkammer kann durch ihre Fürsorge- und Versorgungseinrichtungen im Rahmen der vorhandenen Mittel auch frühere Notare und deren Angehörige (Hinterbliebene) unterstützen. Ebenso kann sie einem Notar, der einen ihm zur Ausbildung überwiesenen Assessor im Probe- und Anwärterdienst, der infolge eines notwendigen Wechsels des Wohnsitzes in wirtschaftliche Not geraten ist, Unterstützung zuteil werden lassen.

# Sachverzeichnis

Die Zahlen bezeichnen die Seiten

## A

## H



## J



## K

FSC
www.fsc.org
MIX
Papier | Fördert gute Waldnutzung
FSC® C083411

Kolibri 360 GmbH
Ferdinand-Jühlke-Straße 7
99095 Erfurt, Deutschland
produktsicherheit@kolibri360.de